Die 111 schönsten RADTOUREN in Deutschlands Süden

Erlebnisreiche Tagestouren in
Bayern, Baden-Württemberg, Rheinland-Pfalz,
Saarland, Hessen, Thüringen und Sachsen

Impressum

1. Auflage 2023

Touren/Texte: Oliver Kockskämper, Köln
Buch- und Umschlaggestaltung: Horst Krückemeier, www.hokrue.de, Bielefeld
Kartografie: BVA BikeMedia GmbH
Titelbild: © AdobeStock/Animaflora PicsStock; iStock / Wavebreakmedia.

Bildmaterial wurde geliefert von:
© www.gesundes-bayern.de/Gert Krautbauer (Einleitung, S. 10); © Klop Pe / flickr (Einleitung, S. 13); © Claudia-Barth / schloesserland-sachsen.de (Einleitung, S. 14); © Moritz Kertzscher, Thüringer Tourismus GmbH (Einleitung, S. 17); © Joachim Negwer (CMR Cross Media Redaktion GmbH), Thüringer Tourismus GmbH (Einleitung, S. 18); © Arch Stanton / pixabay (Tour 1); © Manfred Antranias Zimmer / pixabay (Tour 2); © erlebe.bayern / Peter von Felbert (Tour 3); © H. Helmlechner / wikimedia (Tour 4); © Felix Mittermeier / wikimedia (Tour 5); © Stefan Schweihofer / pixabay (Tour 6); © 758139 / pixabay (Tour 7); © erlebe.bayern - Thomas Linkel (Tour 8); © Paul Gagnon / flickr (Tour 9); © Karlheinz Melzer / pixabay (Tour 10); © Mike Hodan / pixabay (Tour 11); © erlebe.bayern - Tobias Gerber (Tour 12, 20); © Helmlechner / wikimedia (Tour 13); © Naturparkverein Augsburg (Tour 14 oben); © Regio Augsburg Tourismus GmbH, Reinhard Paland (Tour 14 unten); © Simon Brixel / wikimedia (Tour 15); © Helmlechner (Tour 16); © Stadt Dachau (Tour 17); © München Tourismus, Jörg Lutz (Tour 18); © Rufus46 / wikimedia (Tour 19 links); © Terme Erding (Tour 19 rechts); © erlebe.bayern - Florian Trykowski (Tour 21); © W Bulach / wikimedia (Tour 22 links); © Birgit Bernkopf / wikimedia (Tour 22 rechts); © Hajo Dietz (Tour 23); © APneunzehn74 / wikimedia (Tour 24); © SimonWaldherr / wikimedia (Tour 25); © Ladislav Boháč / wikimedia (Tour 26); © Rainer Lippert / wikimedia (Tour 27); © Andreas Mühlbauer (Tour 28); © luckyprof / wikimedia (Tour 29); © Roswitha Lang & Hans Luntz (Tour 30 links, 35 unten, 36); © Informationszentrum Naturpark Altmühltal (Tour 30 rechts); © Derzno / wikimedia (Tour 31); © Naturpark Altmühltal (Tour 32); © erlebe.bayern - Bernhard Huber (Tour 33, 45 rechts); © Xocolatl / wikimedia (Tour 34); © Buendia22 / wikimedia (Tour 35 oben); © btr / wikimedia (Tour 37); © Flodur63 / wikimedia (Tour 38, 53 rechts, 95 links, 100 oben); © PantheraLeo1359531 / wikimedia (Tour 39 oben u. unten); © Kur & Tourismus Service Bad Staffelstein (Tour 40 links); © Ramona Schirner (Tour 40 rechts); © tma / pixabay (Tour 41); © Frankenwald Tourismus & Marco Felgenhauer (Tour 42); © Tilman2007 / wikimedia (Tour 43 oben u. unten, 53 links, 105); © erlebe.bayern - Frank Heuer (Tour 44); © erlebe.bayern - Gert Krautbauer (Tour 45 links); © lapping / pixabay (Tour 46); © r.schwarzkopf / flickr (Tour 47 links); © Kiefer / flickr (Tour 47 rechts); © More pics than views / wikimedia (Tour 48); © Florian Utesch / flickr (Tour 49 oben); © Regina / pixabay (Tour 49 unten); © Achim Mende / Internationale Bodensee Tourismus GmbH (Tour 50 oben); © H. Zell / wikimedia (Tour 50 unten); © Fb78 / wikimedia (Tour 51 links); © David Gubler / wikimedia (Tour 51 rechts); © KlaraLang / wikimedia (Tour 52); © Olga Ernst / wikimedia (Tour 54, 60); © Th G / pixabay (Tour 55, 67, 69); © Matthias Serfling / flickr (Tour 56); © PaulT / wikimedia (Tour 57); © Rainer O. Molitor (Tour 58 links); © bebatut / flickr (Tour 58 rechts); © Sven Puth / wikimedia (Tour 59); © Rainer Sturm / pixelio.de (Tour 61 links); © Harke / wikimedia (Tour 61 rechts, 62 rechts/oben); © Frank Vincentz wikimedia (Tour 62 links); © Michielverbeek / wikimedia (Tour 62 rechts/unten); © Elizaveta Butryn / wikimedia (Tour 63); © Mikel Ortega / flickr (Tour 64); © MI-Ingrid / wikimedia (Tour 65); © Wolfgang Vogt / pixabay (Tour 66); © Michael Gaida / pixabay (Tour 68); © Holger Uwe Schmitt / wikimedia (Tour 70); © Billy Wilson / flickr (Tour 71 oben); © Allie Caulfield / flickr (Tour 71 unten); © LoKiLeCh / wikimedia (Tour 72); © FrankBothe / wikimedia (Tour 73 oben); © HerrHofnarr / wikimedia (Tour 73 unten); © Tristan Schmurr / flickr (Tour 74); © Günther Schneider / Pixabay (Tour 75 links); © Gilbert Sopakuwa / flickr (Tour 75 rechts); © MMFE / wikimedia (Tour 76); © Raico Rosenberg / flickr (Tour 77 oben); © Dominik / pixabay (Tour 77 unten); © colling-architektur / wikimedia (Tour 78); © Roman Eisele / wikimedia (Tour 79 links, 84); © Balou46 / wikimedia (Tour 79 rechts); © Phantom3Pix / wikimedia (Tour 80); © Udo auf Pixabay (Tour 81); © Claudia Döhring auf Pixabay (Tour 82); © WilliSchrott.de / flickr (Tour 83); © Michael Ranzau / flickr (Tour 85); © barnyz / flickr (Tour 86); © andreas N / Pixabay (Tour 87); © GerritR / wikimedia (Tour 88); © Sven Teschke (Tour 89 rechts oben u. unten); © Feuerwehr Stadt Bruchköbel-Innenstadt (Tour 90); © Rainer Lippert / wikimedia (Tour 91); © Gargolla / wikimedia (Tour 92 links); © Sfintu1 / wikimedia (Tour 92 rechts); © pilot micha / flickr (Tour 93); © Heinrich Stürzl / wikimedia (Tour 94); © Mr Goodkat / wikimedia (Tour 95 rechts); © Werner Wilmes / flickr (Tour 96 oben); © Presse03 / wikimedia (Tour 96 unten); © Sfintu1 (Tour 97); © Heinz K. S. / wikimedia (Tour 98); © Kramer96 / wikimedia (Tour 99 links); © Jörg Blobelt / wikimedia (Tour 99 rechts); © Bernd Hutschenreuther / wikimedia (Tour 100 unten); © magro kr / flickr (Tour 101); © Eremeev / wikimedia (Tour 102); © Steffen Schmitz / wikimedia (Tour 103 links); © Lars0001 / wikimedia (Tour 103 links); © Jungpionier (Tour 104); © S. John, Elsterwerda wikimedia (Tour 106); © Rainer Weisflog, www.schloesserland-sachsen.de (Tour 107); © Avda / wikimedia (Tour 108 oben); © Dr. Lutz Gebhardt & Jens-Ulrich Groß (Tour 108 unten); © A. Savin / wikimedia (Tour 109); © RainerWeisflog Mediaarchiv Görlitz (Tour 110); © melzig / wikimedia (Tour 111).

ISBN: 978-3-96990-187-8

Inhalt

Die 111 schönsten Radtouren in Deutschlands Süden

BAYERN

BADEN-WÜRTTEMBERG

THÜRINGEN

SACHSEN

Das Voralpenland ist wie geschaffen für entspannte Radtouren – wie hier bei Bad Füssing

Radeln in Deutschlands Süden

Radfahrer-Paradies Deutschland! Legt man den europäischen Vergleich zugrunde, so kann dieser Begriff mit Fug und Recht verwendet werden. Das deutsche Radwegenetz wurde in den vergangenen Jahren ständig erweitert und optimiert, so dass einem ungetrübten Radel-Genuss nichts im Wege steht. Allen voran sind die „Klassiker" unter den Radfernwegen zu nennen, die meist dem Verlauf von Flüssen folgen. An Altmühl, Donau, Mosel, Rhein, oder Saar etwa finden wir hervorragend ausgebaute und perfekt ausgeschilderte Radwege. Die Infrastruktur ermöglicht es, entweder aneinander gereihte Streckentouren zu absolvieren, um den Fluss in seiner vollen Länge genießen zu können, oder mit öffentlichen Verkehrsmitteln zum Ausgangspunkt der Tagestour zurückzukehren.

Zu diesen traditionellen Fernradrouten gesellen sich in Deutschland traditionelle Radfahrer-Regionen. Wer hätte noch nicht von „Radeln im Fränkischen Seenland" gehört? Wer würde in Frage stellen, dass das Rad in den meisten deutschen Großstädten eines der wichtigsten Fortbewegungsmittel ist? Auch die oberbayerischen Seen, die oberrheinische Tiefebene oder das bayerische Bäder-Dreieck sind weithin bekannte und begehrte Radel-Reviere.

Diese Gegenden werden in diesem Buch selbstverständlich erschlossen. Darüber hinaus möchten wir Sie aber auch für Reviere begeistern, die vielleicht noch nicht so

1 - 111 = Die 111 schönsten Radtouren in Deutschlands Süden
SCHWEDEN
DÄNEMARK
Rügen
Binz
Kiel
Stralsund
Lübeck
Zinnowitz
Glückstadt
Hamburg
Waren (M.)
Norden
Lüneburg
Bremen
Soltau
NIEDER-
LANDE
POLEN
Berlin
Potsdam
Hannover
Münster
Cottbus
Dortmund
Göttingen
Leipzig
Hattingen
Weimar
Naumburg (S.)
Dresden
Köln
Bad Hersfeld
Wetzlar
B
Frankfurt/M.
TSCHECHIEN
Bernkastel
Würzburg
L
Nürnberg
Merzig
Regensburg
Saarbrücken
Heilbronn
Eichstätt
FRANKREICH
Stuttgart
Passau
Ulm
München
Freiburg
Murnau
Friedrichshafen
Füssen
ÖSTERREICH
SCHWEIZ

bekannt sind, wie die Augsburger Region, den Schwarzwald, das Rhein-Main-Gebiet oder den Bayerischen Wald. Ja, sogar am berühmten Wanderweg „Rennsteig" finden wir bestens ausgebaute Radwege.

Bei der Auswahl der Touren wurde auf Familienfreundlichkeit besonderer Wert gelegt. Daher sind alle Vorschläge als Tagesetappen ausgelegt, die in fast allen Fällen auch problemlos für Kinder und ungeübte Radler zu schaffen sind. Bei Zweifeln ist ein Blick in die „111Touren Info" angebracht, denn hier geben wir nützliche Hinweise über Streckenlänge und Wegbeschaffenheit. Soweit möglich, wird auf die Benutzung öffentlicher bzw. stark befahrener Straßen ebenso verzichtet, wie auf kraftraubende „Bergwertungen".

Die Touren beginnen, sofern vorhanden, am örtlichen Bahnhof. Dies hat den Vorteil einer ökologischen Anreise mit öffentlichen Verkehrsmitteln. Bei Streckentouren ist es ohnehin meist erforderlich, am Ende des Tages zum Ausgangspunkt zurück zu kehren (wenn keine Übernachtung eingeplant wird). Des Weiteren bietet sich in vielen Fällen die Möglichkeit, die Tour „mittendrin" zu unterbrechen und mit dem Zug zurück zum Start zu fahren - vor allem, wenn Sie Kinder dabei haben, oder sich das Wetter verschlechtert, werden Sie den Charme dieser Möglichkeit zu schätzen wissen!

Sie sind an einem Fluss oder einem See unterwegs? Kombinieren Sie doch einfach das Nützliche mit dem Angenehmen und legen Sie einen Teil des (Rück-) Weges mit dem Schiff zurück – nicht nur für Kinder ist diese Mini-Kreuzfahrt ein Genuss.

Selbstverständlich besteht bei allen Touren auch die Möglichkeit, mit dem PKW anzureisen. Damit Ihr Auto abends noch dort steht, wo sie es morgens abgestellt haben, und gleichzeitig keine Parkgebühren in astronomischer Höhe angefallen sind, sollten Sie bei der regionalen Touristeninformation nach entsprechenden Parkplätzen fragen. Zu jeder Tour liefern wir Ihnen die entsprechenden Internetadressen.

In diesem Zusammenhang noch ein Tipp aus eigener Erfahrung: Nichts ist schlimmer, als am Ende eines Radel-Tages –bei „Super-Gau" regnet es auch noch aus „Kübeln" –, Probleme mit der Rückfahrt zu haben. Als Beispiel: Sie planen eine Streckentour am Fluss entlang. Am Ziel stellen Sie fest, dass Sie die Eindrücke entlang der Strecke völlig aus dem Zeitplan gebracht haben – der letzte Zug ist weg, ein Schiff verkehrt auch nicht mehr... was tun? Da kann ein eigentlich schöner Ausflug schnell zur „Spaßbremse" werden, denn die Alternativen schwanken dann zwischen (teu-

Der Bodensee-Königssee-Radweg ist etwas anstrengend, verwöhnt uns aber mit phantastischen Aussichten

rem) Taxi und (kraftraubender) Rückfahrt mit dem Rad. Der gut gemeinte Rat also: Parken Sie Ihren PKW am Etappenziel und fahren Sie morgens mit der Bahn zum Start – ihr Auto wird bestimmt auf Sie warten! Ihnen hat der Tagestrip Appetit auf Mehr gemacht? Kein Problem – die BVA BikeMedia hält zu allen in diesem Buch beschriebenen Touren umfangreiches Material bereit. Mit ADFC Regional- und Radtourenkarten sowie Radwanderkarten, in denen ausführliche touristische Informationen enthalten sind, dürfte die Streckenfindung kein Problem sein. Komplettiert wird das Programm durch die Buchreihen „Die schönsten Radtouren in Deutschland" und „RadLandLust". Die Buchreihen widmen sich weiteren Regionen im Detail und entführen Sie in ein einzigartiges Radel-Erlebnis.

Warum Freizeit mit dem Rad?

Mit dem Auto erlebt man Land und Leute wie im Kino, auf dem Rad ist man mitten drin und erfährt unzählige schöne Augenblicke und kleine Abenteuer – diese Schwärmerei eines erfahrenen Reiseradlers trifft es auf den Punkt: Radfahren ist DIE Möglichkeit, unab-

Festung Königstein scheint aus dem Elbsandsteingebirge heraus zu wachsen

hängig und frei von Ort zu Ort zu fahren und an den herrlichsten Stellen zu rasten. Wir lassen den hektischen Alltag, das Verkehrschaos der Städte hinter uns und genießen die Individualität der Freizeit.

Selbst die vermeintlichen Nachteile des Radfahrens bzw. eines Radurlaubes erweisen sich, wenn wir ehrlich darüber nachdenken, als Vorteile: Die Ungewissheit, bei einem Regenschauer pudelnass zu werden oder bei Hitze den Schweiß über den Körper rinnen zu haben, lässt uns das Wetter viel intensiver wahrnehmen als beim Blick aus dem Fenster. Bei längeren Radreisen können wir nicht kofferweise Gepäck mitschleppen. Aber gerade die Beschränkung auf das Wesentliche lässt uns merken, wie unwichtig die vermeintlich „dringend" benötigten Dinge des Alltags sind. Dabei ist es fast unerheblich, ob Sie Ihre Touren puristisch planen, sich also auch nachts mit Zelt und Schlafsack der Natur aussetzen, ob Sie von Hotel zu Hotel radeln, oder ob Sie Radelurlaub „deLuxe" mit externem Gepäcktransport wollen. Ihnen ist gewiss: Eine überschäumende Flut von Impressionen, die Sie hautnah wahrnehmen, viele Gleichgesinnte und abends der Stolz, etwas geleistet zu haben.

Betrachten Sie die Touren bitte lediglich als Empfehlungen - einer individuellen Gestaltung der Tagesetappen steht selbstverständlich nichts im Wege. Die Kilometerangaben sind für die beschriebene Strecke ohne Abstecher definiert. Die Kilometerangaben dienen zur Orientierung. Schon zwei oder drei „Schlenker" zu Sehenswürdigkeiten oder ein verpasstes Abbiegen können Abweichungen von den Angaben ergeben.

Zu Gunsten einer guten Übersicht ist jede Tour auf zwei Seiten reduziert. Viel Wert wurde auf die Abbildung einer „zielsicheren" Karte gelegt, die Ihnen im Zusammenspiel mit der in kursiv gedruckten Streckenbeschreibung hilft, den rechten Weg zu finden. Die Streckenbeschreibungen wurden zu Gunsten der Übersichtlichkeit bewusst knapp gehalten.

Viele der beschriebenen Routen sind perfekt ausgeschildert, so dass ein „Verfransen" kaum möglich ist. Ausführlicher werden die Sehenswürdigkeiten beschrieben – denn wir radeln ja nicht (nur) des Radelns wegen, sondern um die Gegend kennen zu lernen.

Die Tipps weisen den Weg zu ausgefallenen Attraktionen, die wir eventuell verpassen würden, weil sie etwas abseits liegen, nicht beschildert oder einfach wenig bekannt sind.

Dieses Buch

Das Buch gibt eine Auswahl der schönsten Radtouren in der Südhälfte Deutschlands wieder. Wir haben dieses Buch nach Bundesländern gestaffelt, die wiederum in etwa in Süd-Nord-Richtung sortiert sind. Zusätzlich informieren wir Sie über die „beradelte" Region am Kopf jeder Beschreibung. In der „111Touren Info" sind die wesentlichen Eckpunkte der Tour zusammengefasst: Distanz, Wegbeschaffenheit, Hinweise auf Steigungen, Abkürzungen, Beschilderungen, Start- und Zielpunkt sowie Internetadressen der Touristen-Informationen.

Kinder, Kinder

Wer mit Kindern reist, plant seinen Urlaub anders. Zwar sind vieleTouren mühelos auch mit kleineren Kindern zu bewältigen, doch verlangt der Nachwuchs auch nach anderen Beschäftigungsmöglichkeiten. Dies gilt vor allem dann, wenn Kleinkinder in entsprechenden Sitzen oder in einem Anhänger transportiert werden. Vergessen Sie niemals, die Kinder auf diesen Mitfahrgelegenheiten entsprechend zu sichern – der Helm dürfte ebenso selbstverständlich sein wie die Gurte. Vor allem in den Mitfahrgelegenheiten können sich die Kleinen nicht ausreichend bewegen, was bei niedrigen Temperaturen auch zu Unterkühlung führen kann – häufigere Pausen sind also angesagt!

In vielen Orten liegen immer wieder gut ausgestattete Spielplätze direkt am Wegesrand. Pausen werden ohnehin eingelegt, warum also nicht gleich hier? Die Burgen auf den Bergrücken locken die Kinder natürlich ganz besonders. Vergessen Sie aber nicht, dass die Burg eben meist auf einem Berg liegt – und dort hinzugelangen, ist mit Fahrrädern nun mal mühselig. Aber es gibt noch viel mehr zu entdecken: Interessante alte Orte, die Spuren unserer Vorfahren, alte Technik und Lebensarten in Museen, Tiere in Parks und Zoos und natürlich Badespaß in den Seen, an der Küste und in den Frei- und Hallenbädern der Region. Auf viele dieser Aktivitäten wird im Buch hingewiesen.

Wenn der Nachwuchs selbst radelt, ist zu beachten, dass kleinere Kinder nicht auf Straßen, sondern auf dem Bürgersteig fahren müssen und dass die Räder deutlich kleiner, oftmals auch einfacher ausgestattet sind. Weshalb diese Binsenweisheit? Nun, nicht selten werden Familien gesichtet, bei denen die Eltern auf High-Tech-Bikes vorweg brausen und die Kinder auf ihren einfachen Rädern hinterher hecheln. Hier ist der Ärger vorprogrammiert, und genau den wollen wir ja mit diesem Familienausflug vermeiden!

Sie werden sehen: Wenn wir auf die Kinder eingehen, werden diese schnell Spaß an der sportlichen Betätigung mit Mama und Papa an der frischen Luft finden.

Reisezeit und Klima

Unsere Radwege können ganzjährig gefahren werden, wobei der Winter die von Radfahrern eher nicht bevorzugte Reisezeit sein dürfte. Ab Beginn des Frühlings kommt man vielfach bereits in den Genuss unseres milden Klimas – in den höher gelegenen Regionen kann es allerdings noch „frisch" werden. Dennoch ist der Frühling eine der optimalen Reisezeiten, vor allem wegen der nachstehenden Umstände: Im Sommer ist die Wettergarantie am besten. Es kann mitunter recht heiß werden, vor allem, wenn wir durch enge Täler radeln. Ein Nachteil der Sommer-Radeltour ist sicherlich, dass wir nun wahrlich nicht alleine unterwegs sind. In der Hauptferienzeit, hier verstärkt noch an Wochenenden, wimmelt es auf manchen Wegen nur so von Radfahrern. Zu nennen sind hier vor allem wieder die „Klassiker" an den Flüssen und Seen. Es macht nur noch wenig Vergnügen, wenn wir ständig Acht geben müssen, uns nicht aus den Augen zu verlieren und mit keinem zu kollidieren. Der entspannte Plausch entfällt dann auch, denn nebeneinander radeln können Sie

Bei den beschriebenen Radtouren bleibt immer genügend Zeit für aussichtsreiche Pausen

zur „Rush-Hour" getrost vergessen. Daher der Tipp: Im Sommer auf die Wochentage ausweichen und an den Wochenenden auf die touristisch weniger überlaufenen Wege ausweichen – in diesem Buch werden Sie dafür reichlich „Stoff" finden. Der Herbst ist als Radelzeit beliebt und empfehlenswert zugleich. Die Wege sind lange nicht mehr so überladen mit Menschenmassen, die Temperaturen sind im „goldenen Herbst" zumeist ideal. In vielen Orten finden nach Ausklang der Sommerferien Feste statt, was unsere Touren noch kurzweiliger ausfallen lässt. Besonders beliebt sind Stadtfeste, Märkte, Schützenfeste, Kirchweihfeste und in den Weinregionen natürlich die unzähligen Weinfeste. Doch Vorsicht: Auch auf dem Rad wird die Fahrtüchtigkeit durch den Genuss von Alkohol erheblich eingeschränkt. Nicht verschwiegen werden darf, dass im Herbst auch die Zeit der organisierten Reisen kommt. So ist es z.B. nicht gerade einem entspannten Stadtbesuch zuträglich,

Ob Goethe und Schiller auch mit dem Bike nach Weimar kamen?

wenn mehrere Reisebusse ihre Ladung über den Ort ergossen haben.

Wer es zeitlich einrichten kann, sollte sich bei den Touristen-Informationen nach Radel-Aktionstagen erkundigen, die sich in immer mehr Regionen großer Beliebtheit erfreuen. Dabei werden Straßenzüge, Bundesstraßen, teils sogar ganze Täler, für den Autoverkehr gesperrt und nur für Radler und Skater freigeben. An diesen Tagen locken die Orte an der Strecke mit Attraktionen wie Straßenfesten o.ä., so dass der ungetrübte Radel-Genuss garantiert ist.

Reiseveranstalter

Der Trend zum Radurlaub ist den Reiseprofis nicht verborgen geblieben. So drängen immer mehr Veranstalter auf den Markt, die Ihnen auf Wunsch alles (bis auf das Fahren) abnehmen. Der Vorteil der organisierten Reise ist, dass Sie sich weder um den Rad- noch um den Gepäcktransport kümmern müssen. Auch die Übernachtungen sind hier ebenso vorgebucht wie die Verpflegungen unterwegs. Unterscheiden kann man bei organisierten Reisen die individuelle und die Gruppen-Radreise. Die Kosten einer solchen Reise variieren natürlich je nach gebuchtem Standard deutlich. Das „Rundum-Sorglos-Paket" geht freilich zu Lasten der Spontanität – SIE entscheiden nicht, wo sie übernachten, sondern die Reiseplanung.

Der Rat zum Rad

Die meisten der beschriebenen Touren stellen keine besonderen Ansprüche an Mensch und Material. Da die meisten Radwege bestens ausgebaut und nur wenige Steigungen zu verzeichnen sind, reicht ein City- oder Tourenfahrrad mit sieben Gängen aus. Für längere Strecken, mit Gepäck oder bei gelegentlichen Steigungen ist es allerdings angenehm, ein paar mehr Gänge zur Verfügung zu haben. Wer einmal mit 20 kg Gepäck eine längere Steigung absolviert hat, weiß dies zu schätzen. Wichtiger noch als die Anzahl der Gänge ist die Robustheit des Rades – was nützen die Gänge, wenn alle paar Kilometer Reparaturen vorgenommen werden müssen? In den meisten größeren Städten, die wir tangieren, gibt es zwar Rad-Werkstätten, doch eine Panne tritt „bestimmt" während deren Mittagspause, nach Geschäftsschluss oder am Wochenende auf.

Dass sich das Fahrrad in verkehrssicherem Zustand befindet, sollte Voraussetzung für jede Radeltour sein. Dazu gehören z.B. intakte Bremsen und Reifen, geschmierte Kette, Beleuchtung, Reflektoren, Schutzbleche, etc.

Vor dem Fahrtantritt sollten Sie Ihr Fahrrad kurz durchchecken – es kostet sie vor der Fahrt gerade einmal 5 Minuten, eine Panne kann den ganzen Tag kaputt machen. Hier die einfachen Handgriffe:

- Vorder- und Hinterrad abwechselnd vom Boden heben und daran rütteln bzw. seitlich wackeln, um festen Sitz und Lagerspiel zu testen.
- Am Sattel drehen und ziehen – er muss absolut fest sitzen.
- Kontrollieren, ob die Schnellverschlüsse der Bremsen geschlossen sind, ferner, ob

die Bremshebel sich nicht bis zum Lenker ziehen lassen und selbständig zurück gehen.
- Die Bremsbeläge auf Verschleiß prüfen.
- Vorderbremse ziehen und das Rad nach vorne schieben, um das Steuerlager auf Spiel zu testen.
- Durchtesten aller Gänge im Reparaturständer.
- Luftdruck in den Reifen prüfen.

Wenn es bei aller Vorbereitung doch zur Panne kommt, muss folgendes Bordwerkzeug mitgeführt werden:

Faltdecke („Mantel")	☐
Schläuche	☐
Pumpe	☐
Inbusschlüsselsatz	☐
Nippeldreher	☐
Ventilverlängerung	☐
Öl	☐
Deckenheber	☐
Flicken	☐
Gummilösung	☐
Flickzeug	☐

Noch ein Tipp zu diesem Thema: lassen Sie sich doch einfach von der Werkstatt Ihres Vertrauens mit den wichtigsten Handgriffen vertraut machen. Hoffen wir, dass Sie es niemals brauchen, aber ein kleines Erste-Hilfe-Täschchen gehört IMMER ins Gepäck, auch bei jedem noch so kleinen Ausflug.

Bekleidung

Ein Blick in die Textilecke des Fahrradladens reicht aus, um zu erkennen: Das Angebot an Fahrradbekleidung ist unüberschaubar!

Seit einigen Jahren bieten auch Discount-Märkte rechtzeitig zur Saison entsprechende Artikel an. Was Sie wählen, hängt auch von Geschmack und Geldbeutel ab, doch unbedingt zu empfehlen ist folgende Ausstattung:

- Helm (absolut unverzichtbar!)
- Radhosen in kurzer und langer Version
- Radtrikots in kurzer und langer Version
- Handschuhe
- Radbrille (gegen UV-Strahlung und Insekten)
- Leichte, faltbare Regenjacke / -hose

Darüber hinaus gibt es weitere sinnvolle Accessoires, wie z.B. Funktionsunterwäsche, Radschuhe (mit Klickplättchen gegen das Abrutschen von den Pedalen), Windweste, Armlinge und Beinlinge.

Gepäck / Ausrüstung

Auf einer längeren Tour werden Sie Gepäck mit sich führen wollen. Was dies umfasst, ist nicht zuletzt abhängig von der Art der Tour. Für eine kurze Sonntagsfahrt reicht es sicherlich aus, einen Flaschenhalter mit Trinkflasche und eine Sattelstützentasche für Werkzeug und Erste-Hilfe-Material mit sich zu führen. Als Alternative haben sich hier Fahrradrucksäcke bewährt, die etwas Gepäck aufnehmen können und einen Trinkvorrat beinhalten. Mehr als dies sollten Sie keinesfalls auf dem Rücken transportieren – erhebliche Rückenschmerzen wären sonst die Folge!

Eine durchaus ernst zu nehmende Alternative ist für größere Touren der Fahrradanhänger, der in vielen Versionen angeboten wird. Dieser kann deutlich mehr Gepäck aufnehmen als Packtaschen und beeinflusst das Fahrverhalten deutlich weniger. Am häufigsten werden Lenkertaschen, Packtaschen (hinten) und Lowrider (vorne) verwendet. In die Lenkertasche sollten nur leichte Gegenstände. Optimal ist eine Lenkertasche mit Schnellverschluss, denn so können Sie hier Wertgegenstände deponieren, die Sie beim Verlassen des Fahrrads mit sich führen mögen. In die Lowrider-Taschen sollten möglichst leichte Gegenstände, denn diese beeinflussen das Lenkverhalten erheblich, zudem werden höhere Anforderungen an die Arm- und Nackenmuskulatur des Fahrers gestellt.

Für den Gepäckträger werden unterschiedliche Systeme angeboten, wobei sich

Einzeltaschen offenbar durchsetzen. Hier gilt: Schweres möglichst nach unten verstauen. Bei allen Gepäckstücken sollten Sie darauf achten, dass diese wasserdicht sind oder sich schnell mit Regenhauben abdecken lassen. Nichts ist schlimmer, als die verschwitzte Rad-Kleidung auszuziehen und in andere feuchte Kleidung einzusteigen.

Essen, Trinken, Schlafen

Viele der im Buch vorgestellten Regionen stellen alles andere als touristisches Entwicklungsland dar. Vielmehr lebt häufig ein Großteil der Bevölkerung von dem Geld der Besucher. Die Verpflegung ist aber auch in den eher ländlichen Gebieten kein Problem – in jedem größeren Ort gibt es Einkehr- und Einkaufsmöglichkeiten. Das Angebot reicht von Hausmannskost in rustikalem Ambiente bis zum Nobelrestaurant. In der Hochsaison kann es zu Wartezeiten kommen, vor allem, wenn gerade eine Busgesellschaft über das Restaurant hergefallen ist.

Nicht versäumen sollten Sie den Besuch der für die Region typischen Gaststätten, um die kulinarischen Genüsse der Gegend kennen zu lernen – nicht selten speist man hier sogar noch günstiger.

Bei der Übernachtung sollten Sie in der Hochsaison kein Risiko eingehen und rechtzeitig reservieren. Die Fremdenverkehrsbüros (s. Infoblock) sind bei der Suche gerne behilflich. Wie bei den Restaurants ist das Angebot breit gefächert und reicht vom einfachen Privatzimmer bis zum Luxushotel. Jugendherbergen sind in vielen Regionen ebenfalls zu finden, allerdings nicht flächendeckend vorhanden. Für diejenigen, die als „echte" Radpuristen mit dem Zelt unterwegs sind, stellt sich die Frage nicht, ob noch ein freies Bett gefunden wird. Wildes Camping ist grundsätzlich in Deutschland verboten – Campingplätze sind allerdings so verbreitet, dass es keine größeren Probleme geben dürfte. Falls doch, wird sich bestimmt in der Nähe ein Bauer finden, der Ihnen ein Fleckchen zur Verfügung stellt.

GPS

Immer mehr Freizeitradler nutzen die Vorteile durch das Internet und durch GPS-Geräte für die Planung und Durchführung von Radtouren. So können die Touren präzise am PC geplant und jeder Weg gefunden werden: metergenau, ohne sich zu verfahren und vor allem ohne jemals vorher dort gewesen zu sein.

Auch für dieses Buch möchten wir Ihnen zusätzlich diese Hilfestellung für die Nutzung auf Ihrem GPS-Gerät bieten: für jede der im Buch aufgeführten Touren finden Sie auf unserer Internet-Seite entsprechende Track-Daten für Ihr Mobil-Gerät.

Mit Hilfe des Zugangscodes **111S-01-187-628-RF** stehen Ihnen die Daten auf der Seite **www.fahrrad-buecher-karten.de/111digital** kostenlos zum Download zur Verfügung.

Helfen Sie mit!

Die Informationen zu diesem Buch wurden sorgfältig nach bestem Wissen und Gewissen zusammengetragen. Dennoch gibt es in unserer schnelllebigen Zeit ständig Veränderungen. Straßennamen und Wegeführungen werden verändert, ebenso Anschriften und Öffnungszeiten. Helfen Sie uns mit, dieses Buch ständig aktuell zu halten, in dem Sie uns etwaige Änderungen mitteilen – gerne per Post oder Mail an **buecher@bva-bikemedia.de**. Unser Dank ist Ihnen so gewiss wie der Dank der anderen Leser!

Zum Abschluss bleibt nur noch eines:

Viel Spaß beim Radeln und allzeit eine Handbreit Luft unter der Felge!

Zeichenerklärung

Radrouten

Radroute

Fähre für Radfahrer

Straßen

8 Autobahn

305 Fernstraße

Hauptstraße

Nebenstraße

Sonstige Straße

Bahnen

Bahnlinie mit Bahnhof

S S-Bahn-Haltstelle

U U-Bahn-Haltstelle

Grenzen

Staatsgrenze

Gewässer

See

Strom

Fluss

Flächen

Bebauung

Industriegebiet

Wald

Park

Freifläche

Weinberg

Sperrgebiet

Sonstige Objekte

Hallenbad

Freibad, Bademöglichkeit

Tourist-Information

Fahrradreparatur

Fahrradvermietung

Jugendherberge

Campingplatz

Ausflugsgaststätte

Museum

Spielplatz

Rastplatz

Schutzhütte

Aussichtspunkt

Sehenswertes Ortsbild

Sehenswürdigkeit

Fußgängersteg mit Treppe

P Parkplatz

Anlegestelle für Schiffsverkehr

Kirche, Kloster/sehenswert

Schloss/sehenswert

Schlossruine/sehenswert

Mühle/sehenswert

Denkmal/sehenswert

Bergwerk in/außer Betrieb

Windmühle/sehenswert

Windrad

Turm

Leuchtturm

Friedhof, Stadion

Flughafen, Flugplatz

In den Tourenkarten stecken viele nützliche Radler-Infos, die als Signaturen dargestellt werden. Bitte benutzen Sie diese Legende, um die Signaturen zu „entschlüsseln".

1 Bei den Bajuwaren

Von Waging über Laufen

Rund um den wärmsten See Bayerns und zur Salzstadt Laufen an der österreichischen Grenze führt uns diese wunderschöne, landschaftlich geprägte Tour.

111Touren Info:

49 km, Kürzung möglich, hügelige Rundtour über Nebenstraßen, Teile mit Rad-Wegweisung.
Start / Ziel: Bahnhof Waging
Info: **www.waging-am-see.de**

Über den malerischen Waginger **Bürger-, Handwerker- und Gasthäusern** am Marktplatz erhebt sich die **St. Martinskirche**. Frühgeschichtliche Funde zeigt das **Bajuwarenmuseum**.

Los geht´s gegenüber vom Bahnhof durch die kleine Lindenallee über Traunsteiner Str., Brückenweg, Postkeller-, Bahnhofstraße und Marktplatz. Über Salzburger Str. am Museum vorbei, unter der Straße her, auf Radweg links (Seeweg), zweimal rechts, über einen Bach, hinauf durch Egg nach Gaden und weiter Seeleiten und Buchwinkel nach Petting.

Tipp: In Petting kann die Tour auf eine **See-Umrundung** reduziert werden, indem wir auf dem **Mozart-Radweg** direkt nach Wolkersdorf radeln.

Weiter geht´s an der Dorfkirche Pettings vorbei in einem Haken auf die Straße nach Schönram, dort links Richtung Abtsee, nach 750m nochmals links in den Wald und weiter ins Schönramer Filz, ein großes **Hochmoor**. Entweder auf »zackigen« Wegen durch das Moos oder direkt auf der Straße nach Leobendorf. Hinter der Kirche

Urlaubsfeeling am wärmsten See Bayerns

die Straße queren, am Radweg entlang des Abtsdorfer Sees, nach dem Wald links auf Radweg über Oberheining und Oberhaslbach nach Laufen.

Das **Salzburger Tor** geleitet uns in die Laufener **Altstadt**. Durch die **engen Gassen** geht es vorbei an der **Pfarr- und Stiftskirche**, der ältesten gotischen Hallenkirche Bayerns. Schön anzusehen ist auch die eiserne **Salzachbrücke**. Vom österreichischen Ufer sieht die Altstadt besonders schön aus. Hier in Oberndorf steht auch die **Stille-Nacht-Kapelle** an der Stelle, wo am 24.12.1818 zum ersten mal das gleichnamige Lied erklang.

Weiter geht´s in Laufen aus dem Tal heraus, wie wir herkamen, dann auf dem Salzhandelsweg über Biburg und Pölln zum Weiler Hof.

Tipp: Ein kleiner Abstecher bringt uns zum **Bauernhofmuseum** mit vielen landwirtschaftlichen Geräten.

Weiter geht´s über Kirchanschöring, hinaus nach Herrnöd, hügelig über Dürnberg nach Hausen, den höchsten Punkt, dann hinunter und mit dem Seeweg ab Tettenhausen wieder beschildert zurück nach Waging.

Kartentipp:
ADFC Regionalkarte »Chiemgau« 1:75.000,
ISBN 978-3-96990-023-9, 9,95 €

Digital für Smartphones und Tablets: www.fahrrad-buecher-karten.de/kartenapp

2 Sehenswertes Seeon

Von Traunstein über Seeon

Eine Tour mit viel Kultur ist angesagt bei der Tour nördlich des Chiemsees vorbei an Burgen und Klöstern. Traun- und Mozart-Radweg weisen uns den Weg.

111Touren Info:

51 km, hügelige Rundtour über geschotterte Radwege und Nebenstraßen, Teile mit Rad-Wegweisung, Kürzung möglich.
Start / Ziel: Bahnhof Traunstein
Info: www.traunstein.de

Zentrum des Chiemgaus ist Traunstein, dessen Mitte markiert wird durch den großzügigen **Stadtplatz** mit dem **Lindlbrunnen**. Die **Salinenkirche** weist auf die Bedeutung des Salzes für die Stadtentwicklung hin.

Los geht´s nicht vom Bahnhofsplatz, sondern von der Rückseite aus über Güterhallen-, Theresien-, Jahn- und Traunstorfer Str. über Traunstorf nach Wand. Bis Weiderting auf dem Chiemsee-Waginger See-Radweg, dann auf dem Traun-Alz-Radweg nach Aiging mit seinem über 500 Jahre alten **Wirtshaus**. Die Radschilder bringen uns über Herbsdorf, Biebing und Höberich nach Traunwalchen.

Auf der Traunbrücke schweift der Blick von den **Zwiebeltürmen** von Mariä Geburt zum **Wasserschloss Pertenstein**.

Weiter geht´s am Fluss, dann am Kanal nach Hörpolding. Entlang der B 304 über St.Georgen mit der unübersehbaren **Kirche** nach Stein a.d.T.

Schloss Stein besteht aus drei unterirdisch verbundenen **Burgen** – so etwas brauchte nur ein echter Raubritter namens Heinz von Stein. Führungen informieren über die Untaten des Mannes, der das Ende durch die Hand seines eigenen Sohnes gefunden haben soll.

Kloster Seeon ist wirklich sehenswert!

Weiter geht´s noch ein wenig an der B 304, dann auf kleinem Weg nach Altenmarkt an der Alz, das bewacht wird vom Kloster Baumburg mit seiner doppeltürmigen Rokoko-Kirche. Oberhalb des Parkplatzes geht es auf dem Klosterweg nach Garsch, wo beim Übersetzen mit der Alzfähre Nervenkitzel angesagt ist (dienstags Ruhetag!). Über Mörn und Höllthal radeln wir über den Klosterweg über Seeon nach Bräuhausen.

Ein Holzsteg führt auf die Insel mit **Kloster Seeon**. Nach wechselvoller Geschichte blieben zum Glück einige Teile der herrlichen Anlage, wie die **Klosterkirche**, erhalten.

Weiter geht´s auf dem Klosterweg entlang der Straße, dann am Südufer des Klostersees vorbei zurück nach Seeon. Nun geht es auf den Mozart-Radweg weiter, der uns via Point und Döging nach Truchtlaching mit einer **Pfarrkirche** bringt, in der Grabsteine von Rittern zu sehen sind. Den Mozart-Schildern folgend geht es über Tabing, Hart, Manholding, Nußdorf, Wang und Traunstorf retour nach Traunstein.

Kartentipp:

ADFC Regionalkarte »Chiemgau« 1:75.000,
ISBN 978-3-96990-023-9, 9,95 €

Digital für Smartphones und Tablets: www.fahrrad-buecher-karten.de/kartenapp

3 Um's Bayerische Meer

Rund um den Chiemsee

Wer den Chiemsee sieht, braucht kein Meer mehr, denn das größte bayerische Gewässer wirkt ähnlich weit und bietet Badespaß in hohem Maß.

111Touren Info:

61 km, ebene Rundtour mit kleineren Steigungen, meist über geschotterte Radwege, perfekte Rad-Wegweisung.
Start / Ziel: Bahnhof Prien
Info: www.tourismus-oberland.de

Zu Beginn lohnt sich ein Abstecher zum Priener **Marktplatz** mit der **Rokoko-Kirche St. Maria Himmelfahrt** und dem **Heimatmuseum**. Unüberhörbar ist die alte **Dampfstraßenbahn**, deren Schienen wir zum Seeufer folgen.

Los geht´s zur Seepromenade, nach dem Hafenflair radeln wir den Schildern folgend über Harras am **Chiemsee-Infocenter** (hier gibt es alle Infos zu den 18 Seegemeinden) vorbei nach Bernau. An der T-Kreuzung durch Birkenalleen, Autobahn und Hauptstr. unterqueren, an der Bernauer Ache entlang bis zur Bahn (Kopf einziehen!). Hinter der Bahn links und auf Schotter entlang der Gleise zum **Museum Torfbahnhof**. An der Scheune links hinauf zum Gehöft, hinter Angerling den Schildern nach Übersee folgen. An der Kirche St.Michael vorbei durch Übersee Richtung See. Vorm Autobahndamm rechts, hinter der Bachbrücke

Schloss Herrenchiemsee sollte auch ein Eigenheim von König Ludwig werden

links unter der Autobahn her, vom Ufer aus dann 2,2 km an der Autobahn entlang. Ab hier greift wieder die Rundweg-Beschilderung.

Tipp: Wer einige Kilometer auf Idylle verzichten kann, nimmt vor Bernau den beschilderten Rundweg, beradelt das Südufer parallel zur Autobahn und kürzt um ca. 3 km ab.

Weiter geht´s hinter der Achenbrücke weg von der Autobahn und durchs Naturschutzgebiet zur Hirschauer Bucht.

Die **Tiroler Achen** führt derart viel Kies und Schwebstoffe mit, dass die Mündung langsam verlandet.

Weiter geht´s auf dem Rundweg via Hagenau und Unterhochstätt nach Chieming.

Der Germane Chiemo ließ sich im 5. Jhd. hier nieder und gab Stadt, Region und See den Namen. Alles ist an der **Promenade** perfekt in Szene gesetzt.

Kartentipp:
ADFC Regionalkarte »Chiemgau« 1:75.000, ISBN 978-3-96990-023-9, 9,95 €

Digital für Smartphones und Tablets: www.fahrrad-buecher-karten.de/kartenapp

Weiter geht´s auf dem Radweg hinter der Alpenklinik etwas bergauf, bei der Abfahrt müssen beim Campingplatz Treppen überwunden werden. Stets am Ufer entlang radeln wir nach Seebruck, wo das Seewasser über die Alz in den Inn abfließt. Am **Museum Bedaium**, das sich mit dem **Römerkastell** beschäftigt, vorbei über den Rundweg nach Gstadt am Chiemsee.

Tipp: In Gstadt besteht, ebenso wie in Prien, die Möglichkeit, per Boot die Frauen- oder die Herreninsel zu erreichen - dies gehört zum Pflichtprogramm des Chiemseebesuches. Die 20 Prunkräume von **Schloss Herrenchiemsee** ruinierten die Staatskasse König Ludwigs II. Lieblich, friedlich, idyllisch geht es hingegen in den Gassen der kleinen **Fraueninsel** zu.

Weiter geht´s stets in Ufernähe den Schildern folgend zurück nach Prien.

4 Rosenheim – in Natura noch schöner als im Krimi

Von Rosenheim über Krottenmühl

Von 2002 an flimmerte die Krimiserie „Die Rosenheim-Cops" über die deutschen Bildschirme. Viele Zuschauer waren verzückt über die Kulissen, die sich in der Altstadt von Rosenheim boten. Nachdem wir uns davon überzeugt haben, dass es wirklich so schön ist, erkunden wir das nicht minder schöne Umland.

111 Touren Info

37 km, Rundtour meist auf befestigten Radwegen bzw. Straßen/Wegen, vier kurze, „knackige" Steigungen, teils Wegweisung als Inn-Radweg, sowie als „Wasserburger Radrundweg"

Start / Ziel: Bahnhof Rosenheim

Info: www.rosenheim.de

Mit rund 64.000 Einwohnern ist Rosenheim die **drittgrößte Stadt Oberbayerns**, so dass es hier richtig städtisch, zugleich aber auch beschaulich-schön zugeht. Verkehrstechnisch bestens gelegen, entwickelte sich ab dem Mittelalter eine florierende Stadt, die schon bald Marktrechte erlangte.

Tipp: Krimifans stehen erstaunt vor dem Rosenheimer Rathaus, denn in der Fernsehserie „Die Rosenheim-Cops" ist in dem Gebäude die Polizei untergebracht. Ein **Flyer** führt uns zu den wichtigsten Drehorten, aber noch schöner ist es, an einer **Themenführung** teilzunehmen. Wer genau hinschaut, kann die Serienhelden an mehreren

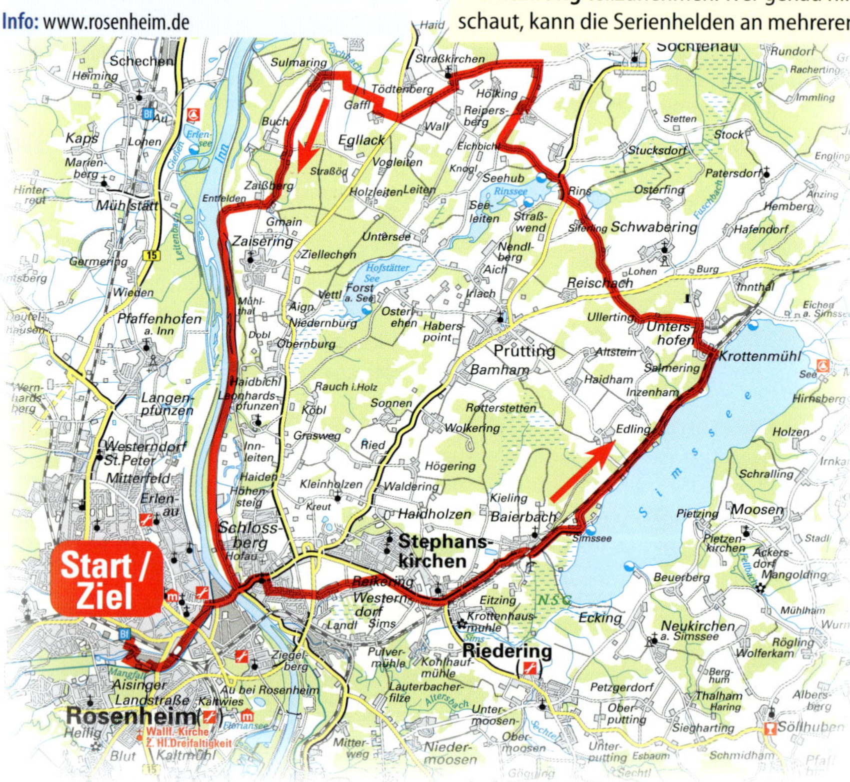

Stellen der Stadt „entdecken" und ein **Selfie** schießen.

Der Max-Josefs-Platz ist der Dreh- und Angelpunkt in Rosenheim. Rund um diesen **historischen Marktplatz** stehen wunderschöne **Bürgerhäuser**, viele von ihnen mit Arkaden und Erkern. Rund um den **Nepomukbrunnen** lässt es sich vortrefflich einkehren, bevor wir uns die anderen Highlights ansehen: **Mittertor** mit Stadtschreiberzimmer, Salzstadel, **Rathaus**, Stadtpfarrkirche St. Nikolaus – die Zeit verfliegt hier im Nu!

Prachtvolle Bürgerhäuser umringen den Marktplatz Rosenheims

Los geht´s am Bahnhof von Rosenheim, den wir am Hinterausgang verlassen, um mehrfach links und rechts abzubiegen. So gelangen wir ans Ufer des Mangfalls. Hier fahren wir links ab. Nach etwa 500 m rechts über die erste, wenig später über die zweite Flussbrücke und auf der anderen Seite entlang der Salzburger Straße kräftig bergauf. Wir sind auf dem Salinen-Radweg, der uns mit Rechts-links-Abbiegen auf dem Salinweg, dann geradeaus auf der Westerndorfer Straße heraus aus Rosenheim bringt. Wir tangieren Stephanskirchen, rollen am Ufer des Simssees vorbei und gelangen nach Krottenmühl.

Gleich zu Beginn unserer Tour radeln wir am **Mangfall** vorbei. Rund um den 58 km langen Nebenfluss des Inns gibt es weitläufige Grünanlagen, die an sonnigen Tagen sehr beliebt sind. Das Wasser hier kommt übrigens aus dem Tegernsee.

Tipp: Wir rollen auf dem **„Salinen-Radweg"**, der von Rosenheim über 135 km gen Süden bis nach Bad Reichenhall führt. Auf dem hügeligen Weg durch das Alpenvorland lernen wir bei besten Aussichten vieles über Soleleitungen, Salzgewinnung und die alten Handelswege des „Weißen Goldes".

Rechts neben uns erstreckt sich der 6,49 qkm große **Simssee**. Er entstand in der „Würm-Eiszeit" und wurde aufgrund der seltenen Flora und Fauna teils unter Naturschutz gestellt

Weiter geht´s von Krottenmühl, wo wir das Seeufer nach links über die Hauptstraße verlassen, die sogleich deutlich ansteigt. Am Ortsende links, dann auf hügeliger Strecke via Ullerting, Siferling, Rins, Aschau, Straß, Straßkirchen, Sulmaring und Entfelden ans Ufer des Inn. Dem folgen wir ein gutes Stück flussaufwärts und queren den Inn auf der ersten Brücke. Nun auf dem gleichen Weg zum Bahnhof retour, auf dem wir herkamen.

Der **Rinssee** ist nicht ganz so groß, wie der Simssee, den wir nun schon kennen. Dennoch bietet er sich mit einem kleinen Kiosk und einer Badestelle zu einem erfrischenden Stopp an.

Kartentipp:
ADFC Regionalkarte »Chiemgau«
1:75.000, ISBN 978-3-96990-023-9, 9,95 €

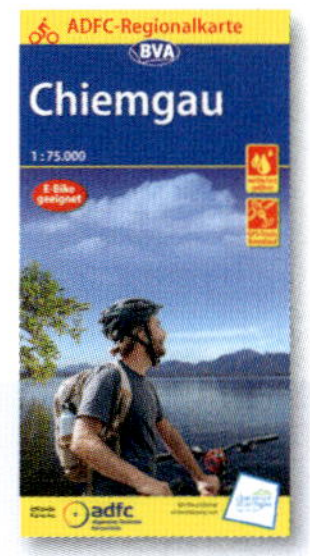

Digital für Smartphones und Tablets: www.fahrrad-buecher-karten.de/kartenapp

5 WasserRadelWege – am Inn sind die besonders schön!

Von Rottal über Wasserburg a.I.

Herrlich: Über weite Strecken genießen wir den bestens ausgebauten Inn-Radweg, der uns oftmals durch idyllische Landschaften führt. Unser Zwischenziel Wasserburg a.I. zieht uns ganz schnell in seinen Bann, denn es liegt malerisch in einer engen Schlinge des Flusses und wirkt fast wie eine Insel.

Los geht´s am Bahnhof von Rott am Inn, den wir nach links über die Innstraße verlassen. Diese führt uns alsbald nach links über die Schienen und dann weiter als Auseestraße zur B15, die wir geradeaus überqueren. Kurz vor der Rott-Brücke links, dann auf dem Radweg entlang der Rott, dann entlang des Inn. Den Fluss Attel überqueren wir mit der B15, dann geht es in einem Bogen durch Attel kräftig bergauf. Mit einer weiteren Steigung erreichen wir Wasserburg am Inn.

111 Touren Info

38 km, Rundtour meist auf befestigten Radwegen bzw. Straßen/Wegen, vier kurze „knackige" Steigungen, teils Wegweisung als Inn-Radweg, „Wasserburger Radrundweg" sowie als Mozart-Radweg

Start / Ziel: Bahnhof Rott

Info: www.rottin.de

Rott am Inn erwuchs als geistliches Zentrum der Region aus einem Kloster. Bis heute legen die ehemalige **Klosterkirche** und das imposante Gebäude des **Klosters** darüber Zeugnis ab. Wenn wir das Innere der Kirche betreten, sind wir beeindruckt von der kostbaren und filigranen Ausstattung.

Wasserburg ist einfach großartig, denn es wurde genau an der Stelle errichtet, an der der Inn eine enge **Schleife** vollzieht. So liegt die **Altstadt** wie eine Insel im Fluss. Markant ist das im 15. Jh. erbaute **Rathaus** von Wasserburg, bei dem weder an Stufengiebeln, noch an Malereien gespart wurde. Nicht minder imposant sind die Schnitzereien an der Decke des Rathaussaals. An der schmalsten Stelle des Berges über der Inn-Schleife stehen die **Burg** und die dazugehörige Burgkapelle.

Wasserburgs Altstadt schmiegt sich ans Ufer des Inn

Tipp: Wer sich einen atemberaubenden Überblick verschaffen möchte, kurbelt auf der anderen Uferseite bei Weikertsham auf den 507 m hohen Gerbelberg. Hier steht ein **Aussichtsturm**, von dem wir nicht nur über Wasserbug und die enge Inn-Schleife, sondern auf der anderen Seite zum Alpen-Panorama blicken können. Den Schlüssel zum Turm gibt's bei der Touristen-Info.

Was für ein Abschied: Wir verlassen die Altstadt von Wasserburg durch das prachtvolle **Brucktor**, hinter dem wir den Inn überqueren. Auch die **„rote Brücke"** müssen wir uns ansehen!

Weiter geht´s von Wasserburg am Inn, das wir über die Brücke hinweg verlassen. Die Schilder des Inn- bzw. des Mozart-Radwegs geleiten uns durch die Vororte und mit einer weiteren Steigung nach Spielberg. Durch Kerschdorf und Klosterfeld kommen wir nach Griesstätt, wo wir mittels Brücke auf die andere Seite des Inn wechseln. Dahinter links und auf demselben Weg zum Bahnhof von Rott a.I. zurück, auf dem wir herkamen.

Kartentipp:
ADFC Regionalkarte »Chiemgau«
1:75.000, ISBN 978-3-96990-023-9, 9,95 €
Digital für Smartphones und Tablets: www.fahrrad-buecher-karten.de/kartenapp

Wir sind auf dem **Mozart-Radweg** unterwegs, der uns nicht nur ideale Bedingungen liefert, sondern auch wichtige Stationen des weltberühmten Komponisten miteinander verknüpft. Insgesamt ist der Mozart-Radweg rund 450 km lang.

Tipp: Na, das ist doch mal eine Premiere, denn in einem **Wegmacher-Museum** waren wir auch noch nie! Bei unserer Ausfahrt aus Wasserbug können wir dieses exotische Museum in der Herderstraße 1 besuchen. Ein Wegmacher war einst dafür zuständig, dass Wege und Straßen intakt gehalten wurden. Das Museum zeigt die Geschichte des Straßenbaus und Exponate wie historische Baumaschinen.

Unweit unseres Radwegs steht die im 13. Jh. erbaute **Filialkirche St. Peter und Paul**. Sie ist das sichtbare Zeugnis des ehemaligen Klosters, das es hier in Altenhohenau gab.

6 An Loisach und Isar

Von Wolfratshausen nach Holzkirchen

Durch die wundervolle Moränenlandschaft radeln wir über ruhige Straßen durch Wiesen und Wälder mit herrlichen Blicken auf die bayerischen Alpen und das Karwendelgebirge.

111Touren Info:

53 km, hügelige Tour über Nebenstraßen.
Start: Bahnhof Wolfratshausen
Ziel: Bahnhof Holzkirchen
Info: www.wolfratshausen.de
www.tourismus-oberland.de

Das Dreieck zwischen Loisach und Isar war wie geschaffen für den Bau einer **Burg**. Um diese herum liegt eine sehenswerte **Altstadt**, die mit der **Pfarrkirche St. Andreas** ihren Höhepunkt findet. **Ober- und Untermarkt** markieren die weiteren Ziele beiderseits der Kirche. In der nahe gelegenen Isar findet man die berühmten **Isarflöße**.

Los geht´s vom Bahnhof durch den Busbahnhof, am Ende der Straße rechts in die Sauerlacher-, dann links in die Karwendelstraße. Über Königsdorfer- und Geltinger Straße kommen wir nach Gelting mit seiner Zwiebelturm-Kirche. Via Herrnhauser Straße erreichen wir über sanft gewellte Hügel Beuerberg.

Kloster Beuerberg gilt als Keimzelle weiterer Klöster der Region. Seine **Pfarrkirche St. Peter und Paul** ist ein Traum in Barock.

Weiter geht´s am Kloster vorbei den Schildern folgend mit einer kleinen Steigung nach Königsdorf mit einer ebenfalls barocken Kirche. Auch im weiteren Verlauf geht es wellig über kleine Nebenstraßen. Via Unterbuchen gelangen wir nach Bad Tölz.

Bekannt ist Bad Tölz vor allem durch die **Jodquellen**, die den Markt ab 1846 zum aufstrebenden Kurort machten. Die **Marktstraße** zählt ohne Frage zu den schönsten Straßenzügen Altbayerns – hier muss man sich einfach niederlassen, um die herrlichen Gebäude zu betrachten. Etwas südlich davon liegt die gotische **Pfarrkirche St. Mariä Himmelfahrt**.

Weiter geht´s von der **Altstadt** durch den **Torbogen** an der **Mühlfeldkirche** vorbei links in die Straße nach Dietramszell, dieser folgen wir und fahren Richtung Kirchbichl.

Tipp:
Etwa 1 km hinter Tölz steht eine alte **Steinlinde** mit über 2 m Stammdurchmesser. Die kleine Bank ist prädestiniert für eine Pause mit Alpenblick.

Weiter geht´s über Ellbach, Sachsenkam, am **Kloster Reutberg** vorbei via Leithen und Kleinhartpenning nach Holzkirchen.

Die Marktstraße von Bad Tölz lädt zum Bummeln und Einkehren ein

Eine alte Poststation war der Gasthof »**Alte Post**« mit seinen auffälligen Wandmalereien. Der Ortsname stammt übrigens nicht von »Kirche aus Holz« sondern von »Kirche im Holz«.

Kartentipp:
ADFC Regionalkarte
»München/Alpenvorland« 1:75.000,
ISBN 978-3-87073-972-0, 9,95 €

Digital für Smartphones und Tablets:
www.fahrrad-buecher-karten.de/kartenapp

7 Sissis See

Starnberger See

Schon seit dem 15. Jhd. kommen sie hierher – die Schönen und Reichen, um ihre Villen ans Ufer zu postieren und den Blick auf die Alpen zu genießen. Die Radrunde führt teils am Ufer entlang, teils durch den Possenhofener (Sissi-) Wald.

111Touren Info:

52 km, ebene Rundtour mit unterschiedlichen Wegbelägen, Wegweisung meist von Ort zu Ort.
Start / Ziel: Bahnhof Starnberg
Info: www.tourismus-oberland.de

Von der **Uferpromenade** blicken wir 21 km über den See auf Seeshaupt und die dahinter liegenden Alpen. Wer sich vom Anblick losreißt, besichtigt das **Heimatmuseum** und auf dem Schlossberg das **Schloss** mit **Kirche St. Josef**.

Los geht´s zur Seepromenade. Mit einem größeren Schlenker am Wasserpark geht es stets in Ufernähe nach Berg.

Im **Schloss** wohnen noch heute die Wittelsbacher, die benachbarte St. Ludwig-Kirche wird **Votivkapelle** genannt. Ein **Kreuz** im See markiert die Stelle, an der 1886 König Ludwig II. und sein Arzt ertrunken aufgefunden wurden, nachdem der König für unheilbar verrückt erklärt worden war. Die Todesumstände sind bis heute ungeklärt.

Weiter geht´s die nächsten 13 km in aussichtsreicher Fahrt zu Füßen beeindruckender **Villen** am Ufer entlang bis Ambach.

König Ludwig starb unter mysteriösen Umständen im Starnberger See

Am Ortseingang fällt das bunte ungarische **Szekler-Tor** ins Auge. Wer Abkühlung braucht, kann einen der gepflegten Badestrände nutzen.

Weiter geht´s durch die »Schikanen« vom Ufer an die Straße, die wir schnell wieder verlassen können. St. Heinrich mit der ehemaligen **Wallfahrtskirche** und dem hübsch bemalten Lokal **Fischerrosl** ist schnell erreicht, ehe wir durchs Schilf nach Seeshaupt radeln. An **Schloss**, Park und Promenade vorbei geht es kurz bergauf, ehe wir durch ein Schutzgebiet Bernried erreichen.

Das ehemalige »**schönste Dorf Bayerns**« mit seinen Holzhäusern ist heute noch sehr gepflegt, was auch für die **Alte Pfarrkirche** und die **Klosteranlage** gilt. Herausragend ist das Museum der Phantasie, auch **Buchheim-Museum** genannt. Das ausgefallene Gebäude präsentiert die bedeutende Kunstsammlung des Autors (»Das Boot«), Malers, Verlegers und Verfassers Buchheim.

Weiter geht´s oberhalb des Museums auf den Radweg und hinter der Klinik hinunter zum See. Die Schilder bringen uns zielsicher nach Tutzing mit den imposanten Doppeltürmen von **St. Josef** und dem ehemaligen **Kloster**. Immer in Seenähe radeln wir zum Uferpark von Feldafing.

Tipp: Mit einem flachen Boot können wir auf die **Roseninsel** fahren – genau wie es König Ludwig II. mit seiner Cousine Sissi gerne tat. Im Schloss **Possenhofen**, an dem wir vorbeiradeln, verbrachte Sissi die Sommer ihrer Kindheit.

Weiter geht´s in Possenhofen weg vom Seeufer hin zur Bahnlinie. Später queren wir zweimal die Bahn, um in Ufernähe zurück nach Starnberg zu gelangen.

Kartentipp:
ADFC Regionalkarte »Bayerische Seen« 1:75.000,
ISBN 978-3-96990-175-5, 10,95 €

Digital für Smartphones und Tablets: www.fahrrad-buecher-karten.de/kartenapp

8 Viel Grün im Blauen Land

Von Murnau über Uffing

Wir sind im „Blauen Land“ unterwegs und sind überrascht, dass der Name gar nicht von den vielen Seen hier stammt. Aus dem wunderschönen Murnau brechen wir auf, um zunächst eine halbe Runde um den Staffelsee zu drehen und dann mit einem kräftigen Anstieg nach Bad Kohlgrub zu kurbeln. Danach geht's entspannt auf einem Fernradweg wieder zurück.

111 Touren Info

31 km, Rundtour meist auf befestigten Radwegen bzw. Straßen/Wegen, eine anstrengende Steigung, die umfahren werden kann, teils Wegweisung als Bodensee-Königssee-Radweg

Start / Ziel: Bahnhof Murnau am Staffelsee

Info: www.murnau.de

Tipp: Franz Marc, Wassily Kandinsky, August Macke, Gabriele Münter: Künstler von absolutem Weltrang kamen zu Beginn des 20. Jahrhunderts nach Murnau, um eine Künstlervereinigung zu gründen. Ob es nun an den Farberscheinungen im Estergebirge oder an den Lieblingsfarben der Künstler lag? Die Gruppe gab sich den Namen **„Blauer Reiter“** – und schon haben wir die Erklärung für die Region, die sich **„Blaues Land“** nennt. Damit steht auch ein Besuch des **Schlossmuseums** von Murnau auf dem Pflichtprogramm, denn hier erfahren wir mehr über den „Blauen Reiter“. Aber auch über das **Murnauer Moos**, durch das wir radeln, wird einiges berichtet.

Durch Murnau führte schon die Via Raetia, auf der die Römer über den Brenner gen Süden bzw. Norden zogen. Später entwickelte sich rund um das **Murnauer Schloss** eine hübsche Kleinstadt, die auch wir Gäste als äußerst lebenswert empfinden.

Die fast schnurgerade **Fußgängerzone** verläuft ansteigend und vermittelt uns dadurch einen ständig wechselnden Blick auf das Bergmassiv der **Kreuzwand**. Farbenfrohe, **historische Häuser**, Villen, Landhäuser und einladende Gasthäuser säumen die Straßen, wäh-

Von Uffing blicken wir über den Staffelsee zum Wettersteingebirge

rend sich das außergewöhnlich gestaltete **Rathaus** am Untermarkt erhebt.

Los geht´s am Bahnhof von Murnau, den wir über den Kreisel geradeaus und dann links über die Mauritiusstraße verlassen. Geradeaus „Am Fügsee", am Ortsausgang links Torfstichweg und vor der Bahn rechts. Danach rollen wir neben den Schienen, bis wir diese kurz vor dem Ort nach links und ins Zentrum von Uffing queren.

In Uffing stehen wir überrascht vor dem wuchtig-großen **Rathaus**, um uns danach den wertvoll gestalteten Innenraum der **Kirche St. Agatha** anzusehen.

Weiter geht´s von Uffing auf der Harberger Straße und beim Parkplatz schräg links auf der Obernacher Straße in das Örtchen Obernach. Nun geht es erst leicht, dann nach dem Links-Abbiegen recht steil bergauf nach Bad Kohlgrub. Ab hier folgen wir den Schildern des Bodensee-Königssee-Radwegs an Grafenaschau vorbei und durch Westried zurück nach Murnau, wo die Tour am Bahnhof endet.

Das **Moor** sorgte in Kohlgrub zur Adelung als „Bad". Rund um die **Pfarrkirche St. Martin** finden aber nicht nur die Kurgäste beste Urlaubsbedingungen mit perfektem Blick auf die **Ammergauer Alpen**.

Tipp: Vor Obernach können wir schräg links weiterradeln und später über den Weg durch das **Naturschutzgebiet** schieben. Dann folgen wir entweder dem Südufer zurück nach Murnau, oder fahren nach Grafenaschau, um ab dort der beschriebenen Route zu folgen.

Wir sind auf dem **Bodensee-Königssee-Radweg** unterwegs, der auf einer erstklassigen Trasse zwei der bekanntesten deutschen Seen miteinander verbindet. Die Strecke verläuft durch das Voralpenland, daher geht es immer wieder bergauf, doch die phantastischen Ausblicke auf die Berge entschädigen immer wieder für die Mühen.

Das Ende unserer Tour wird geprägt vom 32 qkm großen **Murnauer Moos**. Das Naturschutzgebiet ist das größte zusammenhängende Moorgebiet in Europa.

Kartentipp:
ADFC Regionalkarte »Bayerische Seen« 1:75.000,
ISBN 978-3-96990-175-5, 10,95 €

Digital für Smartphones und Tablets: www.fahrrad-buecher-karten.de/kartenapp

9 Zu Füßen der majestätischen Zugspitze

Von Lermoos nach Garmisch-Partenkirchen

Angenehmer kann Radeln kaum sein: Wir starten im österreichischen Urlaubsort Lermoos und rollen auf einem tollen Radweg immer bergab durch das Tal der Loisach. Die mächtigen Berge ragen direkt neben uns in den Himmel – auch die Zugspitze ist immer wieder im Blick. Mit dem Ziel Garmisch-Partenkirchen erreichen wir einen der beliebtesten Alpenorte Deutschlands.

111 Touren Info

27 km, Streckentour meist auf befestigten Radwegen bzw. Straßen/Wegen, keine Steigungen, stetes Gefälle.

Start: Bahnhof Lermoos

Ziel: Bahnhof Garmisch-Partenkirchen

Info: www.zugspitzarena.com

Nur etwas mehr als 1.000 Einwohner zählt Lermoos, über das Jahr werden ca. 600.000 Gäste gezählt. Bevor wir starten, schauen wir uns noch die **Pfarrkirche heilige Katharina** mit einem filigranen Deckengemälde an.

Los geht´s am Bahnhof von Lermoos, den wir in einem Bogen nach rechts, über die Bahnschienen und gleich wieder rechts verlassen. Wir folgen kurz dem Fernradweg Via Claudia und biegen dann links Richtung Garmisch-Partenkirchen ab. Das enge Tal leitet uns durch Griesen nach Untergrainau.

Zu Beginn der Tour rollen wir durch das **Lermooser Moos**, das zum weiten Tal des Ehrwalder Beckens gehört. Einst gab es hier große Sümpfe.

Tipp: Ein Abstecher führt in die Ortsmitte von Ehrwald, wo wir einige historische Gebäude und gute Einkehrmöglichkeiten finden. Eine genauere Betrachtung verdient die **Pfarrkirche** mit interessanten Malereien an der Fassade des Anbaus und im Innern. Oberhalb Ehrwalds liegt die Talstation der **Tiroler Zugspitzbahn** mit einer modernen Hotelsiedlung.

Am Wegesrand liegt der **Häselgehr Wasserfall**. Hier müssen wir unbedingt unsere Räder abstellen und zum Aussichtspunkt steigen, denn die Kulisse ist zu Recht ein begehrter Foto-Hotspot.

In Garmisch-Partenkirchen gibt es noch dörfliche Idylle

Weiter geht´s von Untergrainau ein kleines Stück an der B23 entlang, dann vor der Kaserne nach rechts. Dann gesellen wir uns neben die Bahnschienen, bis wir links (Klammstraße) und hinter dem Parkplatz rechts abbiegen, um den Bahnhof von Garmisch-Partenkirchen zu erreichen.

Der **Luftkurort** Grainau zieht sich von unserem Radweg aus von Unter- nach Obergrainau und ist ein beliebtes Urlaubsziel. Trotz des teils starken Verkehrs Richtung Eibsee wirken beide Ortskerne sehr beschaulich und laden zur Einkehr ein.

Tipp: Rechts neben uns ragt die **Zugspitze** empor, die sich in das Massiv des Wetterstein-Gebirges einfügt. Mit 2.962 ist sie der **höchste Berg Deutschlands**, was ihr zu jeder Jahreszeit viele Besucher beschert. Von deutscher Seite ist der Gipfel mit der bayerischen Zugspitzbahn und mit der Eibseebahn zu erreichen, wobei letztere erst 2017 durch eine moderne Version ersetzt wurde. An der Talstation liegt der rund 4,8 ha. große **Eibsee**. Einfach herrlich, wie sich in dem glasklaren Wasser die Silhouette der Bergriesen spiegelt. Die großen Parkplätze sind ein sichtbares Zeichen dafür, dass hier zu allen Jahreszeiten viele Ausflügler ankommen.

Wir umfahren Garmisch durch die Felder, denn der Radweg führt unterhalb des Rießersees entlang und gibt den Blick frei auf die Sprungschanze, die wir vom Neujahrsspringen kennen.

Bevor wir in die Bahn steigen, rollen wir ins Zentrum von Garmisch, durch das sich eine **Fußgängerzone** schlängelt. Hier stehen herrliche alte Gebäude, darunter **alte Bauernhäuser** und eine sehr farbenfrohe **Apotheke**. Auch der **Kurpark** liegt direkt an der City.

Nur wenige Minuten sind es mit dem Fahrrad nach Partenkirchen. Hier steigen wir in der **historischen Ludwigstraße** von den Bikes und stehen staunend vor den herrlichen **Fassadenmalereien.** Das **Werdenfels-Museum** erzählt uns mehr über diese tolle Ferien-Region.

Kartentipp:

ADFC Regionalkarte »Bayerische Seen« 1:75.000,

ISBN 978-3-96990-175-5, 10,95 €

Digital für Smartphones und Tablets: www.fahrrad-buecher-karten.de/kartenapp

10 Schweißtreibende Höhen und touristische Höhepunkte

Von Schwangau zur Wieskirche

111Touren Info:

50 km, Rundtour meist auf befestigten Radwegen bzw. Straßen/Wegen, einige größere Steigungen, regionale Wegweisung

Start / Ziel: Therme Schwangau

Info: www.schwangau.de

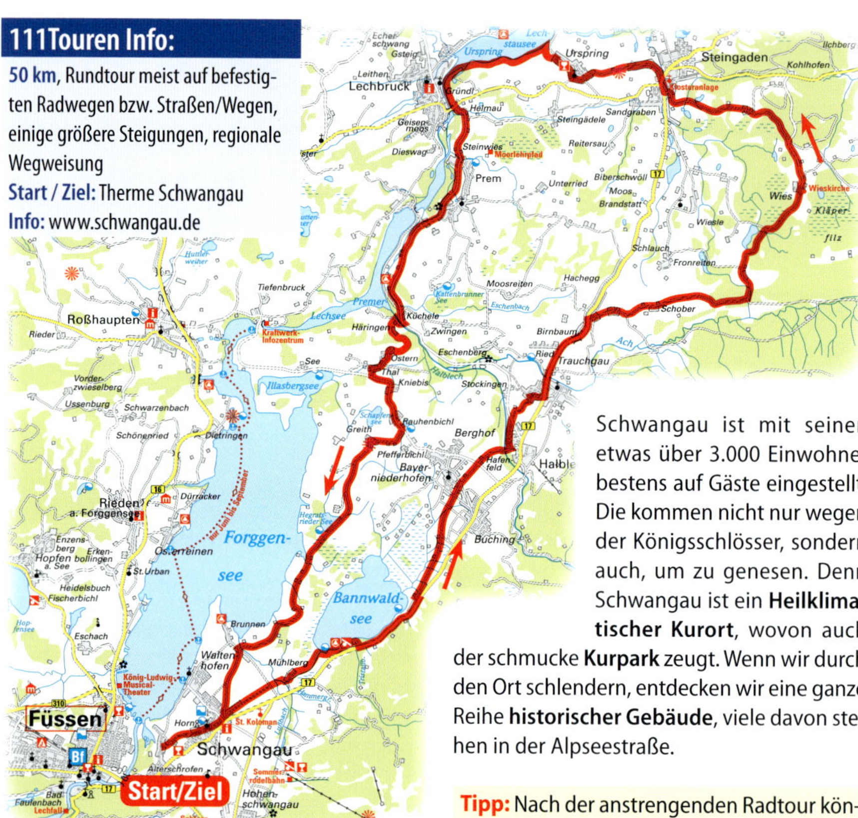

Wir rollen von einem touristischen Highlight zum nächsten: Unsere Tour startet in Blickweite zu Schloss Neuschwanstein und führt uns vorbei am herrlichen Alpenpanorama durch reizvolle, typisch-bayerische Orte. Unser Ziel ist die Wieskirche. Hier sind wir zwar bestimmt nicht allein – aber es ist auch einfach wunderschön anzusehen! Der Weg dorthin verlangt schon etwas „Kletterarbeit" von uns. Für gut Trainierte kein Problem – für E-Biker erst recht nicht!

Schwangau ist mit seinen etwas über 3.000 Einwohner bestens auf Gäste eingestellt. Die kommen nicht nur wegen der Königsschlösser, sondern auch, um zu genesen. Denn Schwangau ist ein **Heilklimatischer Kurort**, wovon auch der schmucke **Kurpark** zeugt. Wenn wir durch den Ort schlendern, entdecken wir eine ganze Reihe **historischer Gebäude**, viele davon stehen in der Alpseestraße.

Tipp: Nach der anstrengenden Radtour können wir uns bestens in der **Königlichen Kristall-Therme** von Schwangau erholen. Mehrere Thermalbäder, Sauna und ein Außenpool mit einem atemberaubenden Blick machen den Besuch zu einem Erlebnis.

Wenn Sie noch nicht dort waren, gehört es einfach zum Pflichtprogramm: Ein Besuch von **Schloss Neuschwanstein**. Besorgen Sie sich online ein Ticket für eine Führung, denn es ist einfach großartig, dieses Märchenschloss zu betrachten. König Ludwig wusste, wie man „es sich nett macht" – schade, dass er selbst die

Vielleicht das schönste, bestimmt aber das bekannteste in Deutschland: Schloss Neuschwanstein

Vollendung seines Meisterwerkes nicht erleben durfte. Bei dem Rundgang durch die unglaublich prachtvoll ausgestatteten Räume kommen wir uns immer wieder vor, wie im Märchen.

Gleich „gegenüber" grüßt **Schloss Hohenschwangau** mit würdevollem Festsaal und Salon. Der Aufstieg wird schon mit dem Schwanenbrunnen und dem herrlichen Ausblick belohnt.

Los geht´s an der Kristall-Therme von Schwangau. Von hier folgen wie den regionalen Radschildern am Bannwaldsee vorbei durch Bayerniederhofen, Halblech, Trauchgau Unter- und Oberreithen mit kräftiger Steigung hinauf nach Schober. Das Örtchen Resle liegt noch auf dem Weg nach Wies.

Mit herrlichen Ausblicken radeln wir am **Bannwaldsee** vorbei nach Halblech, wo es **Lüftlmalereien** zu sehen gibt.

Die Waden melden es zurück: Es geht bergauf. Das Ziel ist es aber mehr als wert: Malerisch auf einem kleinen Hügel liegt sie vor uns mit dem **Alpenpanorama** im Hintergrund: Die **Wieskirche**, die eigentlich die Wallfahrtskirche „Zum gegeißelten Heiland" heißt – genau wie das Gnadenbild, das uns im Innern erwartet. Der Kopf gleitet in den Nacken und mag gar nicht mehr nach vorne bei dem Anblick der fantastischen **Kuppelfresken**. Kanzel, Altarraum, Orgel, … mehr als genug Gründe, alles als Welterbe zu erklären.

Weiter geht´s von Wies in gemütlicher Abfahrt nach Steingaden und weiter via Urspring zum Lechsee. Von hier folgen wir dem Ufer des Lech über Lechbruck, ehe es mit einigem Auf und Ab beim Forggensee via Ostern, Thal, Kniebis, Rauhenbichl und Greith wieder retour nach Schwangau geht.

Nach entspannter Abfahrt erreichen wir Steingaden, wo wir schon wieder von den Rädern steigen müssen, denn das **Welfenmünster** ist eine der wichtigsten Attraktionen der Region. Die Kirche wurde als ehemalige Stiftskirche St. Johannes Baptist geweiht und empfängt uns mit einer prachtvollen Ausstattung, wie z.B. der **Rokoko-Kanzel**.

Wer sich dem Glanz entziehen kann, radelt am Ufer des **Lechsees** weiter, genießt den schmucken Ortskern von Lechbruck und die herrlichen Blicke auf die Alpen. Etwas hügelig, dafür aber mit weiteren schönen Motiven, geht es oberhalb des großen **Forggensees** wieder zurück nach Schwangau.

Kartentipp:
ADFC Regionalkarte »Bayerische Seen« 1:75.000,
ISBN 978-3-96990-175-5, 10,95 €

Digital für Smartphones und Tablets: www.fahrrad-buecher-karten.de/kartenapp

Tour 11 Im Königswinkel

Rund um den Forggensee

Die Forggensee-Runde entführt uns in die ruhige Natur

Die berühmten Königsschlösser adelten diese wundervolle Region, in die sich der Forggensee einschmiegt. Mit Füssen wird zudem Kunst und Kurzweil geboten.

111Touren Info:

32 km, ebene Rundtour mit kurzen Steigungen, meist über befestige Radwege und Nebenstraßen, perfekte Rad-Wegweisung.
Start / Ziel: Bahnhof Füssen
Info: www.stadt-fuessen.de

Zu Beginn besteht die Gefahr, im sehenswerten Füssen hängen zu bleiben! Unübersehbar sind **Kloster** und **Kirche St. Mang**. Das **Hohe Schloss**, **Rathaus**, **Stadtmuseum**, **Lechfall**, mehrere **Kirchen** und **Brunnen** lassen die Zeit im Nu verfliegen.

Los geht´s am Bahnhof, wo eine Infotafel über Radwege aufklärt. Über Bahnhof-, Augsburger-, Säulingstraße, Wegscheider Weg und Weidbachstraße kommen wir ans Ufer, dem wir im Uhrzeigersinn folgen. Der Forggensee-Radweg ist gut beschildert, er führt uns vorbei am Festspielhaus Neuschwanstein über Achmühle, Ehrwang, Osterreinen, Dürracker, Dietringen, Roßhaupten und Tiefenbruck zu Kunstpark und Kraftwerk.

Schnitzkunst und **Skulpturen** weisen auf die Via Claudia Augusta hin, die im Jahr 46 n. Chr. einzige Römerstraße über die Alpen war. Das **Kraftwerk** belegt die eigentliche Bedeutung des 16 km² großen Sees – die Regulierung des wilden Lechs und die Energieerzeugung.

Weiter geht´s etwas hinauf zum **Aussichtspunkt**. Hinter dem **Badeplatz** am Illasbergsee leiten uns die Schilder weg vom See. Idyllisch geht es über Kniebis, Greith, Gegrathsrieder- und Bannwaldsee sowie Brunnen nach Waltenhofen.

Tipp: In Brunnen weisen die Schilder auf den Abstecher zu den schon lange sichtbaren **Königsschlössern** hin. Besichtigungen sind sehr lohnenswert, wegen der

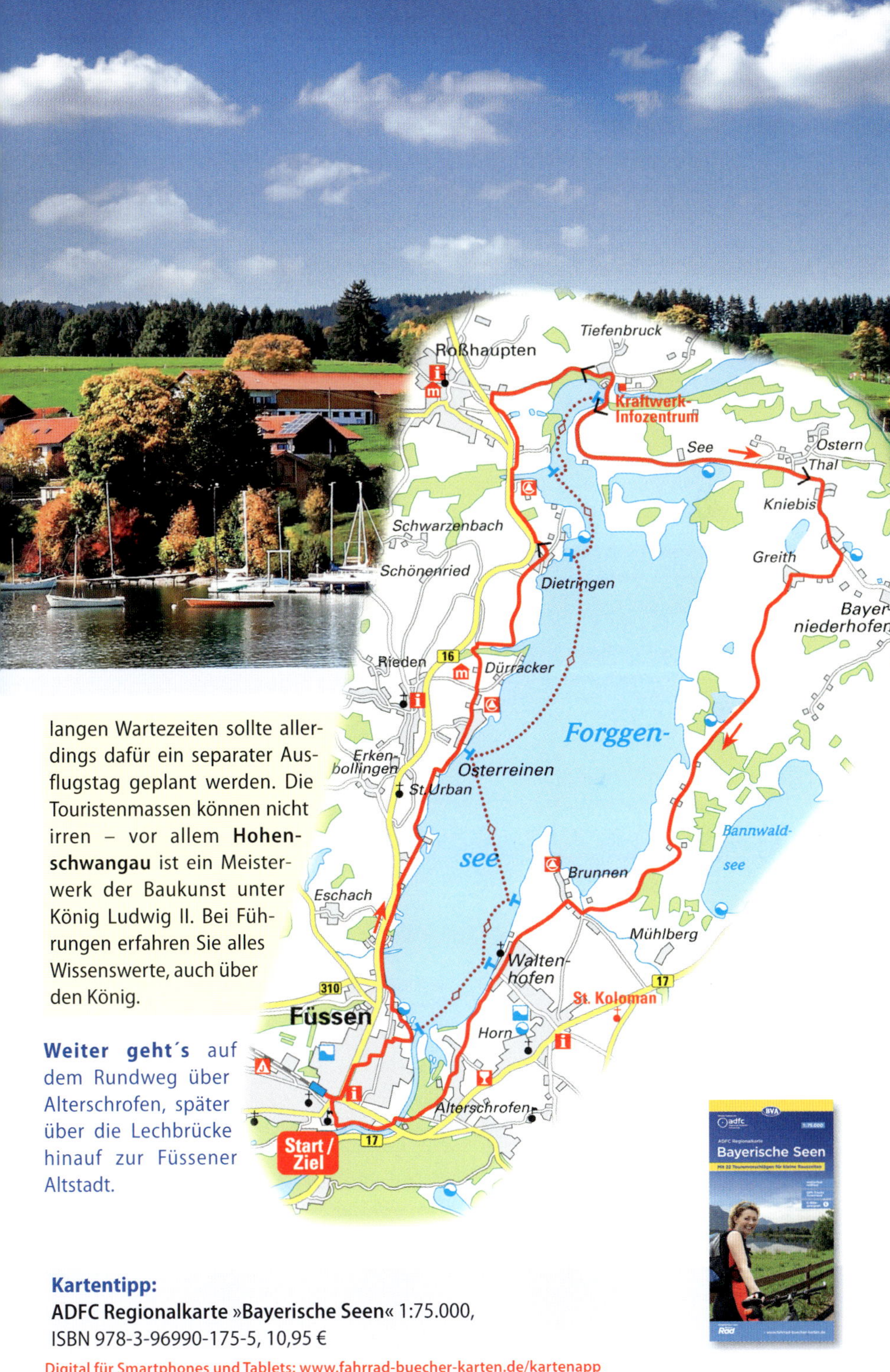

langen Wartezeiten sollte allerdings dafür ein separater Ausflugstag geplant werden. Die Touristenmassen können nicht irren – vor allem **Hohenschwangau** ist ein Meisterwerk der Baukunst unter König Ludwig II. Bei Führungen erfahren Sie alles Wissenswerte, auch über den König.

Weiter geht´s auf dem Rundweg über Alterschrofen, später über die Lechbrücke hinauf zur Füssener Altstadt.

Kartentipp:

ADFC Regionalkarte »Bayerische Seen« 1:75.000, ISBN 978-3-96990-175-5, 10,95 €

Digital für Smartphones und Tablets: www.fahrrad-buecher-karten.de/kartenapp

12 Auf den Spuren der Dampfrösser

Von Marktoberdorf über Kaufbeuren

Das Allgäu zählt zu den beliebtesten Urlaubsregionen Deutschlands, wobei nur wenige zum Radeln hierher kommen. Schade eigentlich, denn hervorragende Radwege, sehenswerte Orte und gute Aussichten bieten beste Voraussetzungen. Grund genug für einen Selbstversuch auf der Dampflokrunde.

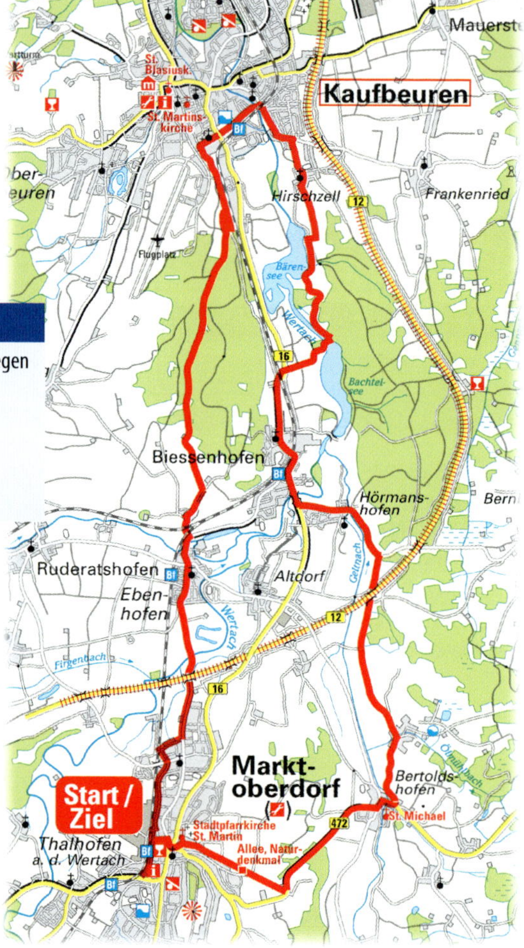

111Touren Info:

22 km, Streckentour auf meist befestigten Radwegen bzw. Straßen/Wegen, zwei kleinere Steigungen, perfekte Wegweisung als »Dampflokrunde«.
Start / Ziel: Bahnhof Marktoberdorf
Info: www.marktobedorf.de
www.kaufbeuren.de

Das Stadtzentrum von Marktoberdorf wird durch zwei bedeutende Bauwerke geprägt: Das vierflügelige fürstbischöfliche **Jagdschloss** und daneben die **Pfarrkirche St. Martin**. Dass die Geschichte weit zurück reicht, beweist das Röder-Museum mit Resten eines Römerbades. Nicht versäumen dürfen wir, uns das **Rathaus** mit der benachbarten Frauenkirche anzusehen. Sehr speziell sind die Exponate im Museum: Hier gibt es **Bügeleisen** und **Mausefallen**.

Tipp: Überregional bekannt sind die **modfestivals**, die das alte Autokennzeichen Marktoberdorfs im Namen tragen. U.a. gibt es in geraden Jahren »Musica Sacra International« – ein Festival der Weltreligionen. In ungeraden Jahren findet der Internationale Kammerchor-Wettbewerb statt.

Los geht´s am Bahnhof von Marktoberdorf, von wo aus wir links via Bahnhofstraße, rechts Gschwenderstraße, nach der Rechtskurve schräg versetzt geradeaus auf der Eberle-Kögl-Straße radeln. Dann biegen wir links auf die Hohenwarth, wieder links auf die Dr.-Julius-Straße und rechts auf die Kurfürstenallee

Der kleine Abstecher nach Irrsee lohnt sich ganz bestimmt!

ab. Danach folgen wir der Bundesstraße mit einem Anstieg nach Bertoldshofen. Die Radweg-Schilder weisen uns dann den Weg nach Kaufbeuren.

Der **Fünfknopfturm** gilt als das Wahrzeichen Kaufbeurens. Er ist einer von vielen Türmen, die die Stadt überragen, darunter Hexen-, Pulver, oder Münzturm. Auch die **Pfarrkirche St. Martin** und die **Dreifaltigkeitskirche** recken sich über der herrlichen Altstadt in die Höhe. Der Marktplatz lädt zum Einkehren und Staunen ein.

Weiter geht´s von Kaufbeuren entweder auf derselben Strecke retour, auf der wir her kamen. Oder wir radeln der beschilderten Dampflok-Runde folgend via Biessenhofen und Ebenhofen zurück nach Marktoberdorf.

Tipp: Ein Abstecher führt zum **Benediktinerkloster Irsee**, das über die Region hinaus bekannt ist. Nicht zuletzt wegen der Klosterkirche St. Maria Himmelfahrt mit ihren Stuck-Arbeiten und den übrigen, weiß strahlenden Klostergebäuden.

In Biessenhofen ist die Industrie nicht zu übersehen: Ein Weltkonzern produziert hier in modernsten Anlagen hypoallergene **Säuglingsnahrung**.

Auch in Ebenhofen gibt es Außergewöhnliches: Im Baschtlehaus gibt es ein **Hirtenmuseum**, in dem auch die harte Arbeit auf einem typischen Allgäuer Bauernhof dargestellt wird.

Kartentipp:
ADFC Regionalkarte »Bayerische Seen« 1:75.000,
ISBN 978-3-96990-175-5, 10,95 €

Digital für Smartphones und Tablets: www.fahrrad-buecher-karten.de/kartenapp

13 Alpen, Alpsee, alles allererste Klasse!

Von Oberstdorf nach Kempten

Es ist verführerisch, bei dieser Tour immer wieder ´mal anzuhalten und sich umzudrehen, denn wir radeln auf dem Iller-Radweg von den Alpen ins „Allgäuer Flachland". Hinter uns wechselt die Kulisse, doch auch vor uns gibt es reichlich zu sehen!

Die quirlige Fußgängerzone Oberstdorfs beginnt in der Nähe des Bahnhofs, der 2006 zum besten Kleinstadtbahnhof Deutschlands gewählt wurde. Durch einen Großbrand wurde 1865 viel zerstört, doch erhalten blieben z.B. das **Rathaus**, das ehemalige **Gerberhaus**, auch Trettachhäusle genannt, die 1567 erbaute **Holzkapelle St. Anna**, die **Pest-** und die **Seelenkapelle** oder die ehemalige **Marienkapelle**.

Wer neben seinem Magen auch seinen Geist erfrischen möchte, geht ins **Heimatmuseum**, in dem wir alles über die Geschichte Oberstdorfs erzählt bekommen. Ansehen können wir uns den mit 3,80 m Länge vielleicht größten Schuh der Welt. Untergebracht ist alles im **Köchelerhaus**, einem Bauernhaus von 1620.

Ganz schön schmal, die Breitachklamm

Tipp: Weitere Highlights von Oberstdorf liegen etwas außerhalb, wie die **Breitachklamm**, wo sich die Breitach in eine tiefe Schneise gearbeitet hat, das bei Gästen sehr beliebte **Kleinwalsertal** oder die **Heini-Klopfer-Flugschanze**, auf der jedes Jahr der Auftakt zur Vier-Schanzen-Tournee stattfindet.

111 Touren Info

45 km, Streckentour meist auf befestigten Radwegen bzw. Straßen/Wegen, fast durchgängiges Gefälle, Wegweisung als Iller-Radweg

Start: Bahnhof Oberstdorf

Ziel: Hauptbahnhof Kempten

Info: www.oberstdorf.de

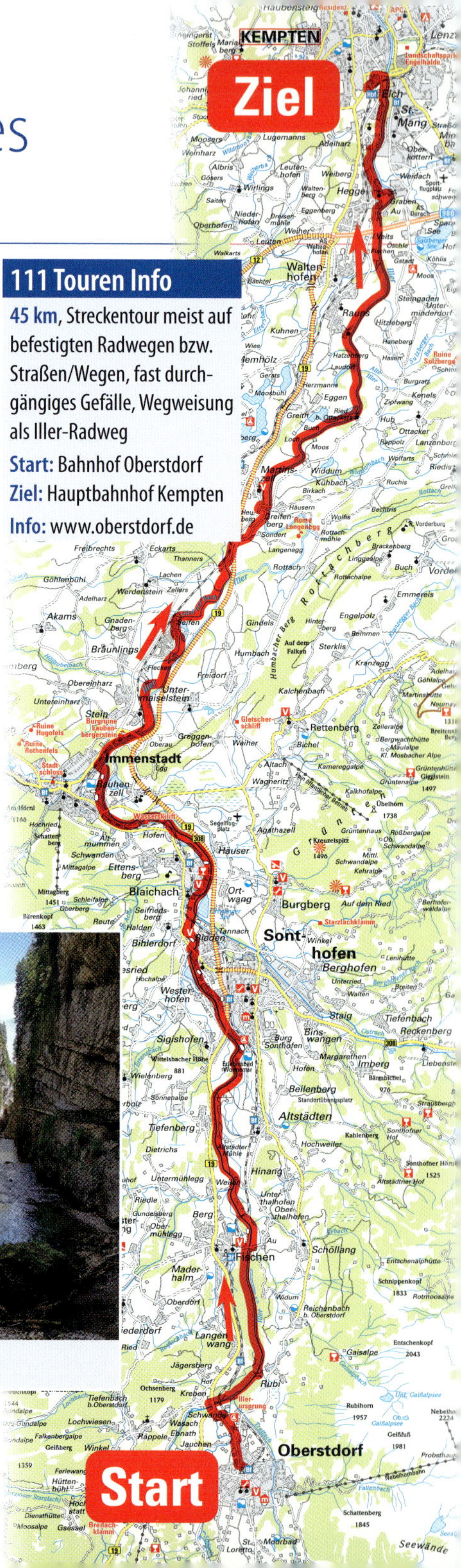

In Bahnhofsnähe finden wir die **Oberstdorfer Dampfbierbrauerei** und am Kurpark die **Kristall-Therme** mit einem Design aus 1001 Nacht.

Am Ende der Tour kehren wir vor dem Kemptener Rathaus ein

Los geht´s am Bahnhof von Oberstdorf, den wir nach geradeaus über die Poststraße, dann im Kreisel rechts entlang der Sonthofener Straße verlassen. An den nächsten Kreiseln jeweils geradeaus und hinter der Iller-Brücke rechts. So folgen wir weiter dem Iller-Radweg, der uns via Fischen und Sonthofen nach Immenstadt bringt.

Fischen empfängt uns mit seinem **Heimathaus** und integriertem **Skimuseum** im alten Gschwenderhaus, das aus dem 17. Jh. stammt. In der Mühlenstraße steht eine mehr als 400 Jahre alte **Sägemühle** mit Vorführungen der alten Technik. Der Luftkurort Sonthofen bekam 1963 die Stadtrechte verliehen, heute ist sie die südlichste Stadt Deutschlands. Kaum zu übersehen ist die **Pfarrkirche St. Michael**, die 1741 im barocken Stil umgebaut wurde. Mehr über den Ort erzählt uns das in einem ehemaligen Bauernhaus untergebrachte **Heimathaus**.

Tipp: Etwas abseits vom Radweg liegt der Alpsee, wo alles komplett auf Tourismus eingestellt ist: Es gibt einen **Kur- und Landschaftspark**, **Biergärten**, **Musikpavillon**, **Bootshafen** und vieles mehr.

Die drei alten Burgen der Herren von Schellenberg sind leider alle Ruinen. Besser erhalten ist in Immenstadt das **Schloss**, welches sich die Königsegger Adeligen 1550 am Markt bauen ließen. Der **Marienplatz** lädt mit der 1773 gestalteten Mariensäule zum Verweilen ein. Rundherum stehen viele historische Häuser, das **Rathaus** und die barocke **Nikolai-Kirche**.

Weiter geht´s von Immenstadt auf dem Iller-Radweg vorbei an Stein i.Allgäu, Seifen, Martinszell, Hegge und Eich nach Kempten, wo unsere Tour am Hauptbahnhof endet.

Kempten gehört zu den **ältesten Städten** der Republik – es gab schon eine keltische Stadt mit dem Namen „Kampo Dounon". Das ist bis heute spürbar, denn es gibt unglaublich viel zu entdecken. In der **Altstadt** stehen prachtvolle historische Gebäude, und ein Pflichtbesuch ist der **„Archäologische Park Cambodunum APC"**. Alles, was bislang von der römischen Zeit ausgegraben wurde, können wir uns hier ansehen.

Kartentipp:
ADFC Regionalkarte »Allgäu«
1:75.000, ISBN 978-3-96990-171-7, 10,95
Digital für Smartphones und Tablets: www.fahrrad-buecher-karten.de/kartenapp

14 Waldidylle im Naturpark Augsburg

Von Wellenburg über Bobingen

Ursprüngliche, stille Dörfer liegen eingebettet in schmale Wiesentäler in der sonst eher weiten Waldlandschaft – Radlerherz, was willst Du mehr?
Seit 1595 ist das mehrfach umgebaute Schloss von Wellenburg im Besitz der Fugger, die damals wegen fälliger Steuerschulden aus Augsburg auszogen.

Hans Georg Mozart, Uronkel von Wolfgang Amadeus, erbaute die **barocke Pfarrkirche** St. Adelgundis.

Weiter geht´s an der Pfarrkirche links ab, an der Fischzucht vorbei und auf der Burgwalder Straße ins Anhauser Tal. Durch den beliebten **Naturpark** ist Burgwalden mit der »**Fugger-Kirche**« rasch erreicht.

111Touren Info:

51 km, Rundtour mit kurzen kräftigen Anstiegen auf meist unbefestigten Wegen, perfekte Wegweisung mit Tannenbaum-Symbol.
Start / Ziel: Parkplatz Gaststätte Wellenburg
Info: www.baylink.de

Los geht´s am Parkplatz nach Westen den Schildern folgend auf guten Waldwegen bis Anhausen.

Die Schilder führen uns ins Teufelstal, dann rechts ansteigend zur Scheppacher Kapelle und zum Weiherhof.

Tipp: Ein Abstecher (in Summe 5 km) bringt uns zur sehenswerten **Klosteranlage Oberschönenfeld** mit Kirche, Museum, Naturparkhaus, dem »Staudenhaus« und Spielplatz.

Weiter geht´s im Schwarzachtal über Döpshofen, Waldberg und Klimmbach.

Alle drei Orte haben eines gemeinsam – eine für ihre Größe erstaunliche **Kirche**, in der barocke Baumeister gewirkt haben.

Kloster Oberschönenfeld liegt im Grünen…

Weiter geht´s vom »Umkehrpunkt« Klimmbach auf der Ortsstraße zum Waldrand und, der Wegweisung folgend, nach links in den Wald. Ruhige Waldwege geleiten uns über Guggenberg, Reinhardtshofen und Straßberg zurück nach Wellenburg.

…während in Augsburg viele sehenswerte Gebäude auf engstem Raum stehen

Guggenberg war einst **Forsthof** des Augsburger Bischofs, heute ist das Gut ein privater **Herrensitz** mit **englischem Garten.** Die »westlichen Wälder«, die wir hier durchradeln, waren früher **Jagdrevier** und Sommerfrische der gehobenen Augsburger Gesellschaft.

Tipp: Echte Fans besuchen den Straßberger Friedhof, auf dem 1991 **Roy Black** begraben wurde. Suchen Sie nach einem Grab mit frischen Blumen und der Aufschrift Gerd Höllerich.

Kartentipp:
ADFC Regionalkarte »Augsburg und Umgebung« 1:75.000,
ISBN 978-3-96990-145-8, 10,95 €

Digital für Smartphones und Tablets: www.fahrrad-buecher-karten.de/kartenapp

15 Bayerisch-schwäbische Barockperlen im Schmuttertal

Von Neusäss über Ehingen

Bayernland ist Barockland – hier in Klosterholzen

Wie auf einer Perlenkette finden sich hier im Alpenvorland prächtige Beispiele der Barockkultur. Nicht umsonst verläuft unser Radweg an der »romantischen Straße«.

111Touren Info:

54 km, flache Rundtour auf separaten Radwegen, perfekte Wegweisung, viele Abkürzungen und Varianten möglich.
Start / Ziel: Volksfestplatz Neusäss
Info: www.baylink.de

Los geht´s ab Volksfestplatz über Georg-Odemer-Str., Landrat-Dr.-Frey-Radweg, Weldenbahn-Trasse, Schmutterbrücke, Mühlenbach- und Hammeler Straße nach Hammel. Den Naturpark-Wegweisern folgend am Schloss (privat) vorbei durch eine Siedlung und den Ort Täferingen nach Batzenhofen.

In Batzenhofen treffen wir auf die erste **Barockkirche** mit Zwiebeltürmen. Die Türme sollten einst als »Landmarken« der Orientierung dienen. Nur gute Organisation und tatkräftige Unterstützung aller - egal ob Bauern oder Edelleute - machte es möglich, dass auch kleinste Dörfer imposante Kirchen bekamen.

Weiter geht´s den Naturparkschildern folgend zunächst neben der Straße, dann auf Wirtschaftswegen nach Eisenbrechtshofen. Die **Zwiebeltürme** locken immer wieder in die nahe liegenden Orte wie **Gablingen** oder **Herbertshofen** zur **Kirchenbesichtigung**. Hier endet der Schmuttertal-Radweg, doch die Türme von Biberbach weisen uns den kurzen Weg in den Ort mit seiner **Wallfahrtskirche**. Hier trat schon Mozart in einem Orgelwettstreit an. Nur wenige Pedaltritte später rollen wir durch Markt.

Wer einmal keine Barockkirche (hier ist es die **Schlosskapelle**) ansehen mag, wendet sich der restaurierten **Burg** zu und genießt die Sicht über Schmutter- und Lechtal.

Weiter geht´s: Von Langweid an verläuft unsere Tour auf der Romantischen Straße via Kühlenthal und Blankenburg zum **Kloster Holzen.**

Die Idee des Barocks, »Lichtpunkt für die weite Welt zu sein«, wurde hier sicht- und spürbar. Heute dient die Anlage als **Alters- und Pflegeheim** und lädt uns ein in die Gastronomie, um den »Wendepunkt« unserer Tour zu ehren.

Tipp: Wer mag, kann an dieser Stelle weiter der Romantischen Straße nach Donauwörth (15 km) folgen.

Weiter geht´s entweder über dieselbe Strecke zurück, die wir herkamen, oder über die vom Naturparkverein ausgeschilderte Radroute über Ehingen, Langeneichen und Rieblingen durch den «Schwäbischen Holzwinkel«. Via Feigenhofen, den hübschen **Weiler Muttershofen**, Lützelburg, Gabingen, Batzenhofen und Hammel kommen wir zurück nach Neusäss.

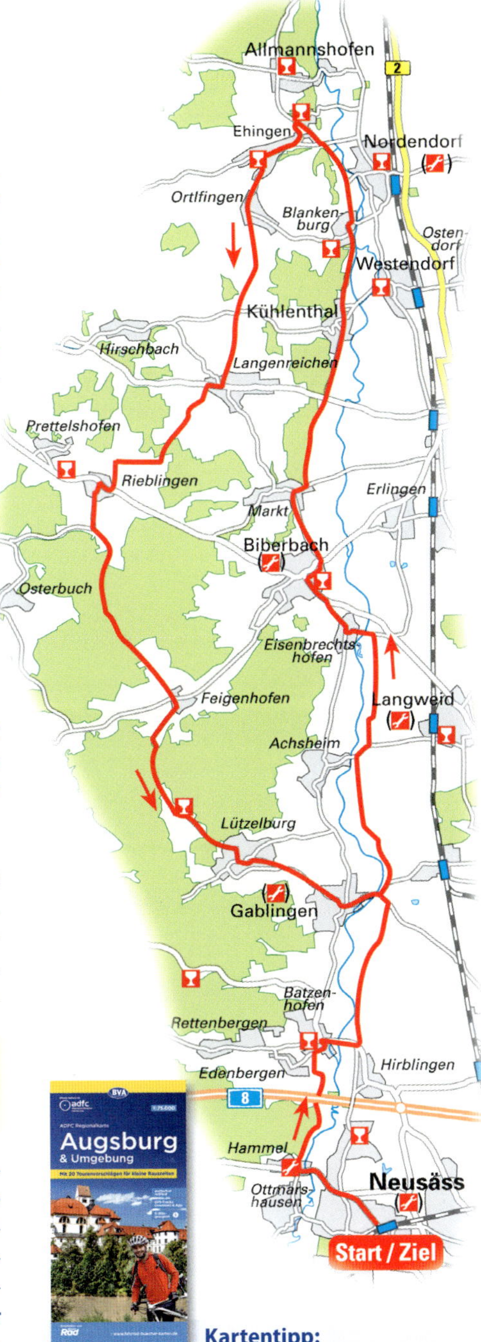

Kartentipp:

ADFC Regionalkarte »Augsburg und Umgebung« 1:75.000,
ISBN 978-3-96990-145-8, 10,95 €

Digital für Smartphones und Tablets:
www.fahrrad-buecher-karten.de/kartenapp

16 Von Schlössern und Puppen

Von Dillingen nach Donauwörth

Vom »Goldenen Saal« der Stadt Dillingen geht es in entspannter Fahrt an Weihern vorbei in die Puppenstadt Donauwörth. Die **Königstraße** in Dillingen macht ihrem Namen alle Ehre, denn beiderseits des Kopfsteinpflasters recken sich herrliche Fassaden empor, allen voran das **Rathaus** und der **Mitteltorturm**. Nicht weit davon steht die päpstliche **Basilika St. Peter** mit imposanten Deckenfresken. Auch das **Schloss** der Fürstbischöfe ist sehenswert. Der **»Goldene Saal«** der Ex-Uni erstrahlt in altem Glanz, so dass die Deckengemälde schnell zu übersehen sind. Kneipp erprobte in Dillingen zum ersten Mal die Kaltwasseranwendungen.

111Touren Info:

37 km, flache Streckentour über Radwege und teils entlang befahrener Straßen, perfekte Rad-Wegweisung.
Start: B 16 nähe Bhf. in Dillingen
Ziel: Innenstadt Donauwörth
Info: www.dillingen-donau.de
www.donauwoerth.de

Los geht´s an der B 16, der Donauwörther Str., der wir durch Steinheim bis Höchstädt folgen.

Der **Marktplatz** wird von stattlichen Gebäuden umstanden, unter ihnen die **Kirche Mariä Himmelfahrt**. Hinter dem **Heimatmuseum** geht es zum **Schloss**, dessen Bergfried noch aus der Burgenzeit stammt.

Weiter geht´s vom Schloss auf der Herzogin-Anna-Str. über die Wertinger Str. vorbei an **Badeweihern**. Hinter dem 2. Weiher links und an weiteren Seen vorbei nach Sonderheim, wo wir auf den offiziellen Radweg treffen. Die nächsten Kilometer »ziehen« sich mächtig – zum einen, weil wenig Abwechslung geboten wird, zum anderen, weil teilweise eine Landstraße benutzt wird. Auch eine genaue Beachtung der Schilder ist empfehlenswert!

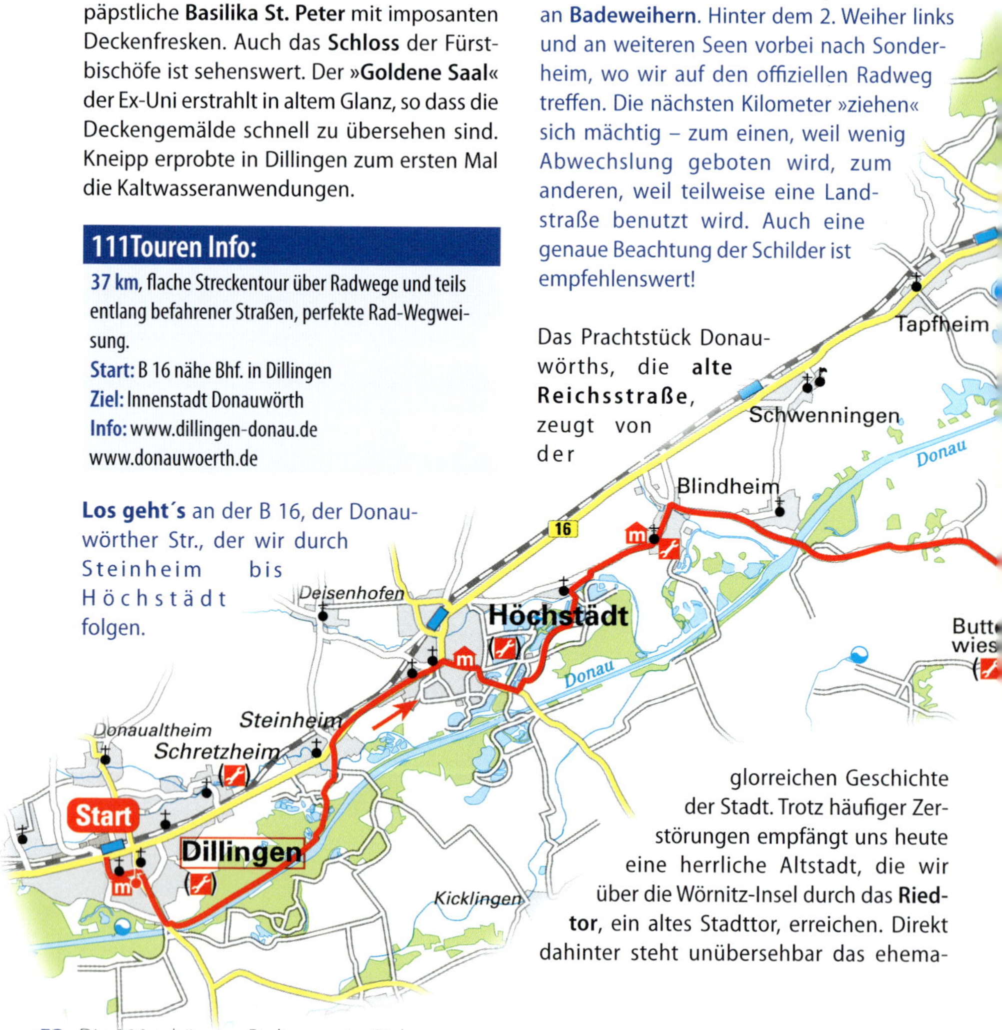

Das Prachtstück Donauwörths, die **alte Reichsstraße**, zeugt von der glorreichen Geschichte der Stadt. Trotz häufiger Zerstörungen empfängt uns heute eine herrliche Altstadt, die wir über die Wörnitz-Insel durch das **Riedtor**, ein altes Stadttor, erreichen. Direkt dahinter steht unübersehbar das ehema-

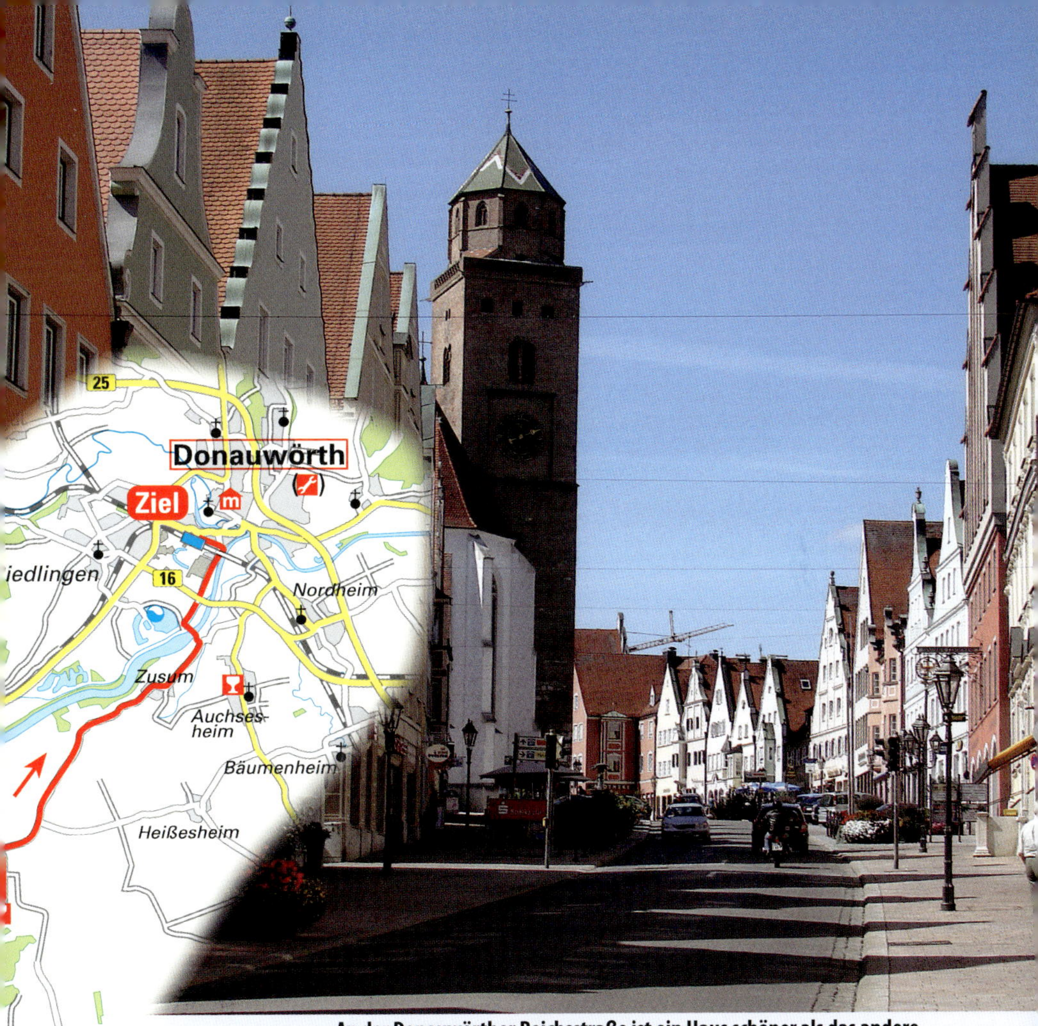

An der Donauwörther Reichsstraße ist ein Haus schöner als das andere

lige **Deutschordenshaus**. Das wuchtige **Rathaus** vereinigt gleich mehrere Architekturstile und bildet quasi die Tür zur Reichsstraße. Im ehemaligen **Gerberhaus**, heute Hintermeierhaus genannt, können wir im **Heimatmuseum** alles Wissenswerte über die Region erfahren. Das **ehemalige Kloster Heilig Kreuz** verfügt über eine Klosterkirche mit **Barockausstellung** und tollem **Altar**.

Tipp: Am Ende der Reichsstraße beginnt die Pflegstraße. Ohne den Besuch des Hauses Nr.12a ist der Donauwörth-Besuch nicht komplett, denn hier befindet sich das **Käthe-Kruse-Puppenmuseum**.

Kartentipp:
ADFC Regionalkarte »Augsburg und Umgebung« 1:75.000,
ISBN 978-3-96990-145-8, 10,95 €
Digital für Smartphones und Tablets: www.fahrrad-buecher-karten.de/kartenapp

17 Beschaulichkeit zwischen Amper und Glonn

Von Petershausen nach Dachau und zurück

Das Dachauer Moos und die Münchner Schotterebene sind Kinder der Eiszeit und bieten den Rahmen für eine abwechslungsreiche Radeltour.

111Touren Info:

65 km, hügelige Rundtour über Nebenstraßen, Kürzung möglich.
Start / Ziel: Bahnhof Petershausen
Info: www.dachau.info

Los geht´s vom Bahnhof über die Bahnhofstraße hinunter, dann rechts auf der Marbacher Straße weiter bis Kollbach.

Damit die Schweden keine Kanonenkugeln daraus gießen konnten, vergruben die Kollbacher ihre **Kirchenglocke**. Keiner, der darum wusste, überlebte den Krieg. So kam es, dass die Glocke erst viele Jahre später wieder entdeckt wurde, als sich eine Kuh auf ihrer Weide die Hörner daran rieb.

Weiter geht´s vor der Kirche rechts Richtung Vierkirchen/Rettenbach hinauf. Nach einigen Hügeln taucht die imposante **Kirche** mit dem **Pfarrhaus** von Vierkirchen auf, die wir hinter Rettenbach erreichen.

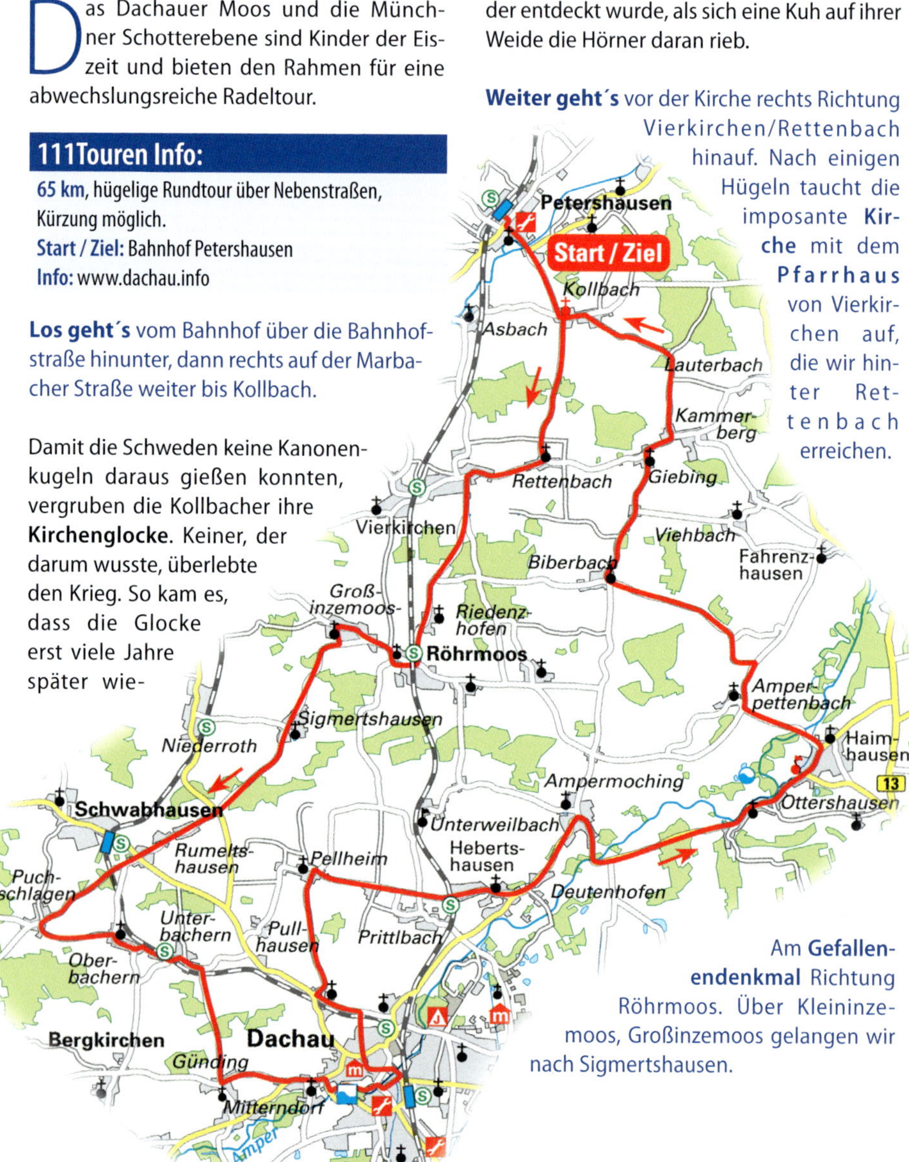

Am **Gefallenendenkmal** Richtung Röhrmoos. Über Kleininzemoos, Großinzemoos gelangen wir nach Sigmertshausen.

Die Altstadt von Dachau thront über der Amper

Obwohl dem Heiligen Vitalis geweiht, ist die gleichnamige Kirche eine **Marienwallfahrtsstätte**, nachdem 1713 ein 13jähriger Bub hier eine tönerne Marienfigur fand.

Weiter geht´s in hügeliger Fahrt über Rumeltshausen, Stetten, Puchschlagen, Oberbachern, Unterbachern und Günding (alles beschildert) in die Innenstadt von Dachau.

Als Zeugnis einer benachbarten Künstlerkolonie kann die Dachauer **Gemäldegalerie** angesehen werden. Zudem locken alte **Bürgerhäuser**, die Reste des **Schlosses** und die **Kirche St. Jakob** zu einem längeren Aufenthalt. Traurige Berühmtheit erlangte Dachau durch das im Osten gelegene KZ. Das Museum in der heutigen **Gedenkstätte** jagt Besuchern eiskalte Schauer über den Rücken.

Tipp: Wer mag, kann von Dachau aus mit der Bahn zurück zu unserem Ausgangspunkt fahren.

Weiter geht´s auf der Augsburger- und der Krankenhausstr. zum Friedhof, den wir schiebend überqueren. Dahinter kreuzen wir die Bahn und radeln dann links auf dem Radweg nach Webling. Über Pellheim, Walpertshofen, Hebertshausen, Ampermoching, Ottershausen, Haimhausen, Amperpettenbach, Westerndorf, Biberbach, Milbertshofen, Giebing und Kammerberg kommen wir nach Kollbach, von wo aus wir auf unserem Hinweg zurück rollen.

Kartentipp:
ADFC Regionalkarte »München und Umgebung«
1:75.000, ISBN 978-3-87073-887-7, 8,95 €

Digital für Smartphones und Tablets: www.fahrrad-buecher-karten.de/kartenapp

18 Auf perfekten Wegen in die City

Von Freising nach München

Der wunderbare Isar-Radweg geleitet uns durch grüne Landschaften bis ins Herz der bayerischen Landeshauptstadt. Das krönende Finale bieten der Englische Garten und eine unglaubliche Fülle an Sehenswertem.

111 Touren Info

39 km, Streckentour meist auf befestigten Radwegen bzw. Straßen/Wegen, keine größeren Steigungen, allerdings stets ansteigende Strecke, teils Wegweisung als Isarradweg

Start: Bahnhof Freising

Ziel: Ostbahnhof München

Info: www.freising.de

Die Innenstadt von Freising verzaubert uns sofort, denn sie ist wunderschön: Rund um den Marienplatz entdecken wir eine **Mariensäule**, aber auch das **Rathaus** und die Stadtpfarrkirche St. Georg.

Tipp: Bevor es losgeht, statten wir noch dem **Kloster Weihenstephan** auf dem gleichnamigen Berg einen Besuch ab. Oben angekommen, staunen wir über die spannende Architektur und decken uns in der **Bayerischen Staatsbrauerei Weihenstephan** mit einem köstlichen Tropfen für nach der Tour ein.

„Eine Etage höher" liegt der **Freisinger Domberg**, wo sich die beiden Türme des **Doms St. Maria und St. Korbinian** gen Himmel recken. Auch die fürstbischöfliche Residenz ist eine Augenweide.

Los geht´s am Bahnhof von Freising, den wir nach rechts über den Bahnhofsplatz verlassen, um die Schienen nach rechts zu unterqueren. Direkt hinter dem Tunnel links, am Ende der Parkplätze rechts und am Ufer wieder rechts. So gelangen wir auf den Isar-Radweg, der uns vorbei an Pulling, Achering, Mintraching-Grüneck und Dietersheim vor die Tore von Garching bringt.

Garching ist vor allem für sein Forschungszentrum bekannt, das direkt an unseren Radweg grenzt. Besser erkennbar sind die strahlend weiße **Alte Pfarrkirche St. Katharina** und der Wasserturm.

Kaum zu glauben: 375 ha beddeckt der Englische Garten mitten in München!

Weiter geht´s von Garching auf dem Isar-Radweg stets in Ufernähe und später durch den Englischen Garten. An dessen Ende kurven wir um den Eisbach mit der Surferwelle herum und folgen oben der Prinzregentenstraße nach links über die Isar hinweg. Auf der anderen Seite rechts und am Ufer entlang. Bei der Museumsinsel hoch auf die Ludwigsbrücke, von hier über die Rosenheimer Straße, geradeaus Am Gasteig, rechts Preysing- und wieder rechts Wörthstraße zum Ostbahnhof.

Kaum zu glauben, aber es wird immer schöner: Nachdem uns der Isar-Radweg begeistert hat, rollen wir durch den **Englischen Garten**. Unglaubliche 375 ha. bedeckt der im 18. Jh. angelegte Garten mit seinen bekannten Zielen wie dem Chinesischen Turm, dem Japanischen Teehaus, dem Kleinhesseloher See und dem Rumfordhaus. 78 km Rad- und Wanderwege erschließen dieses Paradies und ermöglichen weite Sicht von den Hügeln.

Tipp: Am Ende des Englischen Gartens kommen wir am **Eisbach** vorbei. Hier stürzen sich wagemutige Surfer in die künstlich angelegte Welle – „Surfen mitten in der Stadt"!

Direkt am Wegesrand liegen die Praterinsel und das **Maximilianeum**, in dem seit 1949 der Bayerische Landtag tagt. Ein Stückchen weiter liegt die Museumsinsel mit dem Deutschen Museum. Rund 28.000 Exponate formen das **größte Wissenschafts- und Technikmuseum der Welt**.

Weitere weltberühmte Sehenswürdigkeiten liegen jeweils nur wenige Pedaltritte entfernt am andern Isar-Ufer, wie zum Beispiel der **Viktualienmarkt**, das **Hofbräuhaus**, die **Peterskirche**, das neugotische **Rathaus** mit seinem 85 m hohen Turm, die **Frauenkirche** mit ihren berühmten Doppeltürmen, der **Alte Hof**, das **Residenzmuseum**, die reich ausgestaltete **Residenz** oder der weitläufige **Hofgarten**.

Ein paar Minuten mit dem Rad sind es zu **Olympiapark** und -stadion, BWM-Museum, **Bayerischen Nationalmuseum**, Städtischen Galerie, Alter Pinakothek, Feuerwehrmuseum oder Filmmuseum.

Kurz vor Ende unserer Tour rollen wir über den **Bordeauxplatz**. Hier erholen wir uns auf den weiten Grünflächen, die von einer prachtvollen Allee umgeben werden.

Kartentipp:
ADFC Regionalkarte »München u. Umgebung«
1:75.000, ISBN 978-3-87073-887-7, 8,95 €

Digital für Smartphones und Tablets: www.fahrrad-buecher-karten.de/kartenapp

19 Beeindruckend: Die größte Therme der Welt!

Von Erding über Wörth

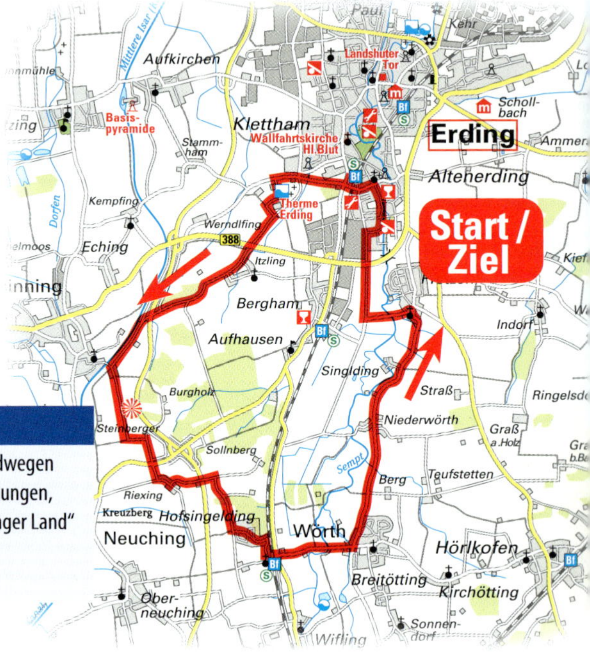

Eines ist gewiss: Nach der Tour können wir unsere müden Muskeln bestens regenerieren, denn hier in Erding steht die größte Therme der Welt. Damit wir auch frische Luft bekommen, entdecken wir die tolle Innenstadt von Erding, rollen auf guten Radwegen durch die Natur und statten der Isar einen kurzen Besuch ab.

111 Touren Info

19 km, Rundtour meist auf befestigten Radwegen bzw. Straßen/Wegen, keine größeren Steigungen, teils Wegweisung als Radweg „Durchs Erdinger Land"

Start / Ziel: Bahnhof Altenerding

Info: www.erding.de

Bis 1978 war Altenerding eine eigenständige Gemeinde. Seitdem gehört es zur Kreisstadt Erding. Schon im 7. Jahrhundert soll es hier einen Hof gegeben haben, der später sogar ein Königshof wurde. Wie es sich gehört, markiert eine **Mariensäule** den Mittelpunkt des Ortes, doch die Silhouette der **Pfarrkirche St. Mariae Verkündigung** ist deutlich markanter. Ein Blick ins Innere lohnt sich, denn es ist in feinstem Barock gestaltet, was im goldglänzenden Chor den Höhepunkt findet.

Tipp: Ob vor oder nach der Tour: Einen Abstecher in die altbayerische Herzogstadt Erding dürfen wir uns nicht entgehen lassen. Eine prachtvolle **Altstadt** lädt uns zum Bummeln und Schauen ein, bevor wir uns am Schrannenplatz niederlassen. Fotomotive finden wir bei den Resten der Stadtmauer, dem Landshuter Tor, dem Rathaus, der Stadtresidenz der Grafen von Peysing und dem **Landshuter Tor**. Alles, was sonst noch wichtig ist, erfahren wir im **Museum Erding**.

Gar nicht weit entfernt von unserem Radweg liegt die **Weißbierbrauerei**, die überregional bekannt ist. Nicht verwunderlich, denn „Erdinger" wurde als erstes bayerisches Bier auch außerhalb des „Weißwurstäquators" vertrieben.

Los geht´s am Bahnhof von Altenerding, den wir nach links verlassen, um dann rechts in die Bahnhofstraße einzubiegen, die in die Straße „Am Wasserwerk" übergeht. Am ersten Kreisel geradeaus, am zweiten links, dann gegen den Uhrzeigersinn auf der Thermenallee um die Therme herum. Hinter der Therme links auf die Itzlinger Straße, dann über die B388,

Historisches in der Innenstadt Erdings...

an Itzling vorbei und am Isarufer links. Die Isar verlassen wir rasch nach links und rollen durch Riexing und Hofsingelding nach Wörth.

Rechterhand liegt das Klinikum Erding. Neben einer Notfallversorgung hat sich das Klinikum einen Namen für die Heilbehandlung bei Schlaganfällen und Herzerkrankungen gemacht.

Tipp: Direkt am Wegesrand liegt die **Therme Erding**. 1983 sollte hier eigentlich nach Erdöl bzw. -gas gebohrt werden. Man fand allerdings Wasser mit einem hohen Schwefel- und Fluoridgehalt. Seitdem wird das 65 °C heiße Wasser aus 2.350 m Tiefe gefördert, um die riesige Anlage zu versorgen. Sagenhafte 430.000 qm bedeckt die gesamte Therme, was für rund 1,85 Millionen Gäste pro Jahr Wellness pur bedeutet. Damit ist sie die **größte Therme der Welt**!

...und eine toppmoderne Therme vor den Toren der Stadt

Wir sind im Tal des Flusses Sempt angekommen und rollen durch den Ort Wörth. Anschauen können wir uns hier das Ensemble aus Pfarrhaus und Kirche St. Petrus.

Weiter geht´s von Wörth links über die Pretzener Straße, wo wir dem Radweg „Durchs Erdinger Land" folgen können. Dieser begleitet uns durch Niederwörth und Pretzen links über die Sempt zurück nach Altenerding, wo unsere Rad-Runde am Bahnhof endet.

Als „Prezzun" wurde der Ort Prezen im Jahre 991 erstmalig aktenkundig. Schon die Römer unterhielten hier eine Straßenstation. Und Station sollten auch wir hier machen, um uns die kleine **Kapelle** am Kornblumenweg und die 1710 erbaute **Filialkirche St. Georg** anzusehen.

Kartentipp:
ADFC Regionalkarte »München u. Umgebung«
1:75.000, ISBN 978-3-87073-887-7, 8,95 €
Digital für Smartphones und Tablets: www.fahrrad-buecher-karten.de/kartenapp

20 Wunder der Kunst und Wunder der Natur

Von Landshut über Moosburg

Knapp 50 km klingt recht lang, doch auf den tollen Wegen beiderseits der Isar rollen die Räder fast von alleine. Die erste Hälfte wird geprägt vom beliebten Isar-Radweg, für den Rückweg rollen wir durch die unter Naturschutz stehenden Isar-Auen, was idyllische Natur garantiert. Als Schmankerl gibt es an „beiden Enden" der Tour wunderschöne Altstädte zu entdecken.

111 Touren Info

49 km, Rundtour meist auf befestigten Radwegen bzw. Straßen/Wegen, keine größeren Steigungen, teils Wegweisung als Isarradweg

Start / Ziel: Bahnhof Landshut

Info: www.landshut.de

Schon 1150 wurde ein „Landeshuata" erwähnt, das sich als Stadt Landshut prächtig entwickelte. Es entstand eine City, die als **eine der besterhaltenen historischen Stadtkerne Deutschlands** gilt.

Tipp: Es ist zwar etwas anstrengend, aber einen Aufstieg zur **Burg Trausnitz** dürfen wir uns nicht entgehen lassen. Schon seit 1150 gibt es hier am Steilhang eine Burg, die später mit viel Prunk ausgebaut wurde. Der Ausblick von hier oben ist zudem atemberaubend.

Rund um den 130 m hohen gotischen Turm der **Martinskirche** lockt eine farbenfrohe **Altstadt** mit herrlichen Stufengiebel-Häusern, Arkaden, einem weitläufigem Marktplatz und dem **historischem Rathaus** mit gotischer Fassade. Auch die alte **Verteidigungsanlage** der Stadt ist noch gut erkennbar.

Los geht´s am Bahnhof von Landshut, den wir auf der rechten Seite geradeaus über die Bahnhofstraße hinweg nach links unter der B15 hindurch verlassen, um dem Radweg hinter der zweiten Unterführung weiter geradeaus zu folgen. Bei der nächsten Gelegenheit rechts über die Pfettrach, mit einem Links-Schlenker geradeaus in die Franz-Seiff-Straße. An deren Ende links und direkt wieder rechts, danach über die erste kleine Brücke hinweg und vor dem Wehr rechts auf den Isar-Radweg. Dieser bringt uns an der Eissporthalle auf die andere Uferseite, aus Landshut hinaus, vorbei an Viecht und Weixerau nach Moosburg.

Wir folgen dem **Isarradweg** und erkennen sehr schnell, warum hier so viele Radler unterwegs sind: Die Trasse ist bestens ausgebaut – daher nutzen auch viele Beschäftigte der umliegenden Betriebe den Radweg, um zur Arbeit zu gelangen. Seit 1967 ist hier BMW ansässig, Schott und Brandt Zwieback sind andere bekannte Arbeitgeber der Region.

Moosburg ist die **älteste Stadt** des Landkreises Freising und liegt auf einer Insel, die von Amper und Isar geformt wird. Diese günstige Lage war dafür verantwortlich, dass Moosburg rasch zu einer bedeutenden Stadt heranwuchs.

Tipp: Schon von weitem sichtbar sind die Türme von **Johanniskirche** und **Kastulusmünster**. Das Kastulusmünster ist eine ehemalige Wallfahrtskirche und die Johanniskirche begeistert uns mit einem geschnitzten Hochaltar. Ihr Kirchturm wurde auch als **Stadtturm** genutzt und bot Platz für die Wohnung des Türmers.

In der Moosburger **Altstadt** mit ihren **farbenfrohen historischen Fassaden** finden wir gleich mehrere Gasthäuser, in denen wir unseren Kalorienhaushalt für den Rückweg auffüllen können.

Weiter geht´s von Moosburg, das wir über Stadtgraben, Graf-Konrad-Straße, links Industrie-, rechts Driescher- und Neustadtstraße verlassen. Rechts an der Kläranlage vorbei kommen wir zurück ans Ufer, dem wir durch die Auen hindurch an der Nordseite nach Landshut folgen. Zum Bahnhof gelangen wir auf demselben Weg, den wir auf der Hinfahrt nahmen.

Die Burg bewacht in Landshut eine der besterhaltenen Innenstädte Deutschlands

Unser Rückweg führt uns durch das üppige Grün der Isar-Auen. Um die seltene Natur zu erhalten, wurden weite Teile unter **Schutz** gestellt. Bei Landshut gibt es noch einen kleinen Nebenarm, der **„Kleine Isar"** genannt wird. Er umfließt die Inseln Mitterwöhr, Hammer- und Mühleninsel.

Kartentipp:
ADFC Regionalkarte »München u. Umgebung«
1:75.000, ISBN 978-3-87073-887-7, 8,95 €

Digital für Smartphones und Tablets: www.fahrrad-buecher-karten.de/kartenapp

21 Die längste Burganlage der Welt

Von Burghausen über Niedergottsau

Staunend stehen wir in Burghausen und können gar nicht fassen, wie dieses Wunderwerk der Verteidigungstechnik jemals realisiert werden konnte. Hoch über dem Wasser der Inn errichtete man einst die längste Burgmauer der Welt. Diesen Höhepunkt heben wir uns bis zum Ende der Tour auf, die uns zuvor am Ufer von Salzach und Inn durch teils ruhige Natur bringt.

Die Innenstadt von Burghausen müssen wir uns ausführlich ansehen, denn sie liegt malerisch am Ufer des Inn. Der vollzieht hier eine so enge Schleife, dass wir den Eindruck bekommen, auf einer Insel zu sein. Und als ob das noch nicht reicht, wird die wundervolle Altstadt eingerahmt von der **längsten Burgmauer der Welt**. Sage und schreibe 1.051 m misst die Anlage.

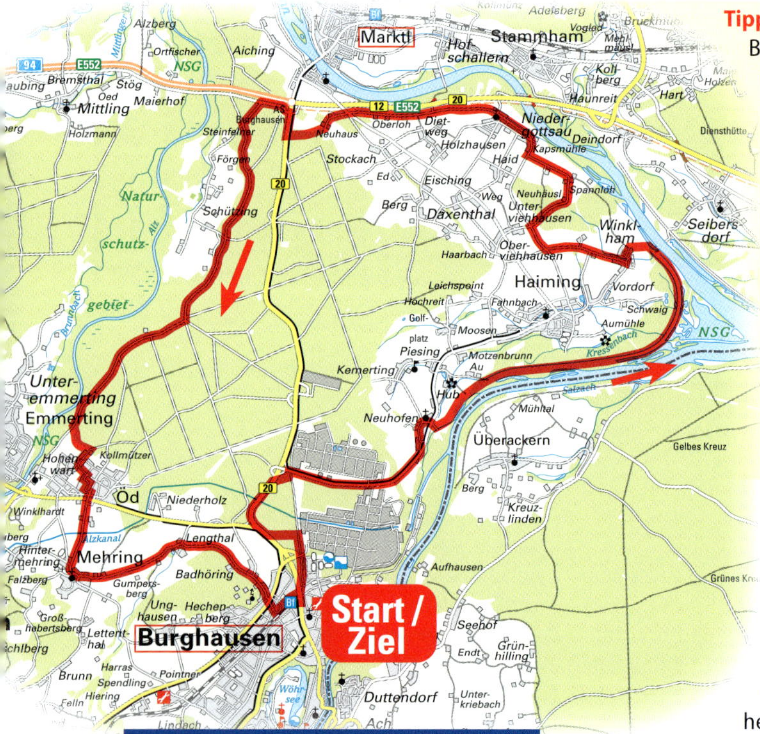

Tipp: Bei unserer Tour durch Burghausen schlendern wir auch durch die **„Street of Fame“**. Hier finden wir Gussplatten mit den Namen berühmter Musiker, die beim Jazzfestival der Stadt aufspielten. Eigentlich heißt die Straße „In den Grüben“ und steht wegen der vielen tollen Gebäude, zu denen auch das **Mautnerschloss** zählt, unter Denkmalschutz.

111 Touren Info

36 km, Rundtour meist auf befestigten Radwegen bzw. Straßen/Wegen, eine lange, aber nicht allzu steile Steigung, teils Wegweisung als Benediktweg

Start / Ziel: Bahnhof Burghausen

Info: www.burghausen.de

Im Innern der Burgmauer erblicken wir zahllose historische Fassaden, wie z.B. rund um den **Stadtplatz**, wo auch das **Rathaus** und der Stadtsaal stehen. Auch die Pfarrkirche St. Jakob und die **Schutzengelkirche** sollten wir uns nicht entgehen lassen.

Los geht´s am Bahnhof von Burghausen, den wir am Ende der Bahngleise nach rechts über „Am Bahnhof“/Berliner Platz und neben der Marktler Straße her nach links verlassen. Der

Weltrekord: mehr als 1 km lang ist die Burgmauer von Burghausen

Radweg schmiegt sich neben die Bahnlinie, der wir ein Stück folgen, um bei den Schrebergärten links abzubiegen. Nun rollen wir neben der B20 entlang, ehe wir die Haiminger Straße queren, der wir dann nach rechts folgen. Hinter Neuhofen gesellen wir uns ans Ufer der Salzach, die uns nach Winkelham geleitet. Von hier radeln wir etwas verwinkelt nach Niedergottsau.

Auf der anderen Seite der Schienen liegt das 2,6 qkm große Gelände der **Wacker Chemie AG**. Hier produzieren rund 8.000 Beschäftigte verschiedene Grundchemikalien u.a. für den Solarmarkt.

Tipp: Direkt an unserem Wegesrand mündet die Salzach in den Inn. Hier konnte sich eine besonders seltene Natur ausbreiten, so dass die komplette Mündung unter **Naturschutz** gestellt wurde. Auf der anderen Uferseite der Salzach verläuft der beliebte **Tauern-Radweg**.

Niedergottsau ist ein sogenanntes **„Kirchdorf"**, also eine Ortschaft, die seinerzeit eine Kirche erhielt, damit die Bewohner der Nachbarschaft ein religiöses Zentrum bekommen. Es war eine „Expositurkirche", also ein Seelsorgebezirk, der nicht über eigenes Kirchenvermögen verfügen konnte. So ist es nicht verwunderlich, dass die Kirche Maria Himmelfahrt seit dem 15. Jh.das auffälligste Bauwerk im Ort ist. Ein Blick ins Innere lohnt sich, denn es gibt farbenfrohe Deckenmalereien.

Weiter geht´s von Niedergottsau via Oberloh und Neuhaus bis vor die Anschlussstelle der A94. Hier zwei Mal links, dann können wir dem Benedikt-Radweg folgen. Dieser geleitet uns vorbei an der Alz, durch Öd, Mehring, Lengthal, und Badhöring zu unserem Startort am Bahnhof von Burghausen.

Auf den letzten Kilometern wandeln wir auf den Spuren von **Papst Benedikt XVI**. Als Josef Ratzinger wurde er ganz in der Nähe in Marktl geboren, um später der erste deutsche Papst zu werden. Der Radweg verbindet viele Etappen seines Lebens.

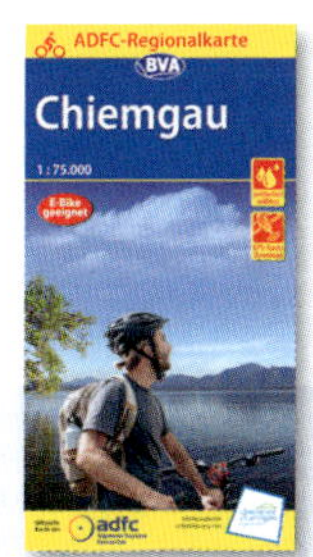

Kartentipp:
ADFC Regionalkarte »Chiemgau« 1:75.000,
ISBN 978-3-96990-023-9, 9,95 €

Digital für Smartphones und Tablets: www.fahrrad-buecher-karten.de/kartenapp

22 „Kraftquellen-Radweg" – wenn das keine Einladung ist!

Von Pocking über Bad Füssing

Wir sind im „niederbayerischen Bäderdreieck" unterwegs. Hier gibt es eine ganze Reihe von Kurorten, die sich der Heilung unterschiedlichster Leiden verschrieben haben. „Kraftquellen-Radweg" passt hier also perfekt und zu sehen gibt es auch noch eine Menge"

Pockings einladende Innenstadt empfängt uns mit der **Pfarrkirche St. Ulrich** und ihrem markanten Zwiebelturm.

Tipp: Etwas außerhalb der Stadt liegt der **Römerturm** Pocking fast an unserem Radweg. Der kleine Umweg lohnt sich, denn wenn wir auf die Aussichtsplattform steigen, genießen wir einen herrlichen Rundumblick. Direkt zu unseren Füßen liegt das Naturfreibad **Pockinger Badesee.** Wer´s rasant mag, lenkt sein Fahrrad auf den **Pumptrack und Dirtpark** – dafür sollte es aber geländetauglich und nicht bepackt sein!

111 Touren Info

44 km, Rundtour meist auf befestigten Radwegen bzw. Straßen/Wegen, eine größere und längere Steigung, die umfahren werden kann, teils Wegweisung als Kraftquellen-Radweg bzw. als Rottal- und Römer-Radweg

Start / Ziel: Bahnhof Pocking

Info: www.pocking.de

Los geht´s am Bahnhof von Pocking, den wir parallel zu den Schienen nach rechts über die Bahnhofstraße verlassen, um kurz darauf links abzubiegen (auch Bahnhofstraße). Wir sind nun auf dem Römer-Radweg, der uns mit mehrmals abbiegen durch Pocking und entlang der Hadzinger Straße hinaus aus der Stadt bringt. Durch Haidzing, Zwicklam und Zieglöd ist Bad Füssing rasch erreicht.

Wir sind auf dem **Kraftquellen-Radweg** unterwegs. Der Name ist Programm, denn wir radeln entlang des Wassers, was ebenso für die Kraft steht, wie die vielen Thermalbäder, die auf dieser Thementour miteinander verbunden werden.

Tipp: Auf der österreichischen Seite des Inn liegt Obernberg. Der kleine Sprung ans andere Ufer entschädigt uns durch einen sehenswerten Ortskern, einen **Burggarten** und einer **Falknerei**.

Totale Entspannung in der Therme von Bad Füssing

1971 wurden fünf Gemeinden zum Kurort Bad Füssing zusammengeschlossen. Danach entstanden ein **Kurpark**, Kureinrichtungen, Spielbank und die **„Europa-Therme“**. Hier warten 17 unterschiedliche, mit Heilwasser gefüllte Becken. In der 3.000 qm großen Thermenlandschaft gibt es alles, was das Herz begehrt.

Eine weitere Besonderheit von Bad Füssing: Aus dem Boden wird bis zu 56 °C heißes **Thermalwasser** gefördert, was zur Behandlung von vielen unterschiedlichen Krankheiten nachgewiesenen Erfolg zeigt. Das Heilwasser fließt durch eine **Ringleitung**, an die verschiedene Thermen und Hotels angeschlossen sind.

Weiter geht´s von Bad Füssing, das wir den Schildern des Kraftquellen-Radwegs folgend zum Ufer des Inn verlassen. Hier rechts und wieder rechts, dann an Egglfing vorbei nach

Klein und fein: Karpfham

Kirchham. Mit einer kräftigen Steigung gelangen wir vor die Tore von Rotthalmünster, wo wir uns rechts halten. Huberlöw, Höllöd, Weihmörting, Karpfham-Bahnhof, Schwaim (ab hier auf dem Rottal-Radweg), Karpfham, Poigham und Breitwies liegen auf unserem Weg zurück nach Pocking, wo die Tour am Bahnhof endet.

Nur wenige Meter neben unserem Radweg liegt der Markt Rotthalmünster. Ein kleiner Abstecher führt zum Marktplatz mit dem „Portalstöckl“ genannten Torturm. Von hier bietet sich schöner Blick auf die alten Häuser und die **Pfarrkirche St. Maria Himmelfahrt**.

Tipp: Bei Kirchham können wir rechts von unserer Route **abzweigen** und via Waldstadt, Pfaffendorf und Felding nach Pocking zurück radeln. Dies erspart die anstrengende Steigung, die ansonsten auf der Strecke liegt.

Farbenfroh sind die Gebäude rund um die 1476 fertiggestellte **Pfarrkirche St. Himmelfahrt** von Karpfham. Noch bunter geht es bei dem Karpfhamer Fest zu, einem der größten Volksfeste Bayerns.

Kartentipp:
ADFC Regionalkarte »Niederbayern«
1:75.000, ISBN 978-3-96990-083-3, 9,95 €
Digital für Smartphones und Tablets: www.fahrrad-buecher-karten.de/kartenapp

23 Drei-Fluss-Stadt

Von Passau über Neukirchen

Vils, Ilz und Inn fließen in die Donau ´rin. Dieser nette Spruch ist Programm auf unserer beschaulichen Reise rund um die sehenswerte Metropole Passau.

111Touren Info:

44 km, hügelige Rundtour über Radwege und Nebenstraßen mit zwei größeren Steigungen.
Start / Ziel: Bahnhof Passau
Info: www.tourismus.passau.de
www.fuerstenzell.de

Wo fangen wir an in Passau? Beim **Römermuseum**? Beim **Dom St. Stefan** mit Kapellen, vergoldeter Kanzel, Kirchenschätzen und der **größten Orgel der Welt**? Mit dem **Lambergpalais** neben dem Dom? Mit dem **Rathaus**? Mit der **Veste Oberhaus**, die stolz über dem Fluss thront? Die **Veste Niederhaus** darunter? Oder streifen wir einfach durch die alten Gassen, um ein **historisches Gebäude** neben dem andern zu bestaunen? Ganz gleich wie Sie sich entscheiden – Passau bietet für jeden Geschmack etwas. Und was Sie auf keinen Fall versäumen dürfen ist, zur »Ortsspitze« zu kommen, um auf einer der Parkbänke das **Dreiflusseck** zu bewundern. Die unterschiedlichen Färbungen der Flüsse sind in der Tat beeindruckend.

Los geht´s vom Bahnhof Passau links auf den Rad-/Fußweg, nach 100 m bei der Ampel links und stets geradeaus bis zum »Mediamarkt«. Dort links auf die Überführung, nach 180 m oben links 20 m bergauf schieben, rechts durch die Unterführung und gleich wieder links bergauf den Schildern »Radweg Neustift« nach Neustift folgend. An der Einmündung biegen wir bei km 3 rechts ab, nach einer Ladengruppe bei km 4,3 rechts in die Alte Poststr., um immer geradeaus über die

Autobahn hinweg auf der Kiesstraße in den Wald Hochbuchet hinein zu radeln (km 7,7). Im Wald folgen wir den Schildern »Heiligen-

Wie ein großes Schiff liegt Passaus Altstadt an der Mündung von gleich drei Flüssen

brunn/Platte« nach links und radeln geradeaus bis zum Waldende, wo wir auf der Vorfahrtsstraße nach rechts radeln. Auf offener Strecke geht es nach links Richtung »Gföhren/Kleingern«. Nach 300 m können wir nochmals links Richtung »Platte« abbiegen.

Mit dem **Gasthaus Platte** haben wir auf 505 m den Höhepunkt unserer Tour erreicht – und das ist nicht zu übersehen: Wir genießen von hier herrliche **Fernblicke** zum Bayerischen Wald.

Tipp: Es bietet sich an, die Tour um rund 4 km zu erweitern, denn den Schildern folgend erreichen wir schnell das Städtchen **Fürstenzell.** Hier sehen wir den »Dom des Rottals« – die reich ausgestattete doppeltürmige **Marienkirche.** Sie gehört zum **Kloster**, das mit dem prunkvollen **Festsaal** und der **Rokokobibliothek** allein eine Reise wert ist. Aus dem Ort hinaus führen der Europäische **Pilgerweg Via Nova** und der **Apfel-Radl-Weg**. Nach dem Besuch sollten wir direkt auf den beschilderten Straßen nach Neukirchen radeln.

Weiter geht´s an dem Abzweig zur Platte in aussichtsreicher Fahrt über Gföhren und Kleingern nach Neukirchen. Im Ort biegen wir links ab Richtung Pfenningbach, noch vor diesem Ort rechts, überqueren die Autobahn und radeln via Fürstdobl, Steinhögel, Höch, Rotthof (dorthin Steigung) und Vornbach nach Neuburg am Inn.

Eine Perle im Inntal ist die ehemalige **Klosterkirche.** Sie liegt direkt am Inn, der sich hier für die **Vornbacher Enge** bereit macht. Hier sucht sich der Fluss sein Bett in den steil aufragenden **Granitwänden**.

Weiter geht´s auf dem gut beschilderten Inntal-Radweg zurück nach Passau.

Kartentipp:
ADFC Regionalkarte »Niederbayern«
1:75.000, ISBN 978-3-96990-083-3, 9,95 €

Digital für Smartphones und Tablets: www.fahrrad-buecher-karten.de/kartenapp

24 Einzigartige Auenlandschaft

Von Deggendorf über Niederalteich

Dort, wo sich die Isar in die Fluten der Donau ergießt, hat sich eine einzigartige Auenlandschaft entwickelt. Hier macht uns das Radeln freilich besonders Spaß, doch auch auf den ersten Kilometern sorgt die Donau für freudige Gefühle.

Tipp: Auf dieser Tour merken wir rasch, dass wir in einer sehr gläubigen Region unterwegs sind. Und so finden wir schon in Deggendorf eine große Anzahl von Gotteshäusern, wie die **Heiliggrabkapelle**, die Kreuzgruppe, die Gnadenkirche, die Wasserkapelle oder die **Pfarrkirche St. Mariä Himmelfahrt** mit einem schmucken Turm aus dem 12.Jh. und einem prächtigen Hochaltar, der eigentlich für den Dom in Eichstätt bestimmt war.

Deggendorf ist eine Reise ins Mittelalter, die schon am Stadttor beginnt. Die gute Stube ist der **Stadtplatz**, der in Oberen Stadtplatz und Luitpoldplatz geteilt wird. In der Mitte steht das gotische **Rathaus** mit seinem 54 m hohen **Turm**, der einst nur in einer Höhe von 5 m mit einer Leiter zu betreten war. In friedlicheren Zeiten baute man einen kleinen Vorturm davor. Rund herum entdecken wir eine historische **Altstadt**, die immer wieder zum Verweilen einlädt.

111 Touren Info

43 km, Rundtour meist auf befestigten Radwegen bzw. Straßen/Wegen, keine großen Steigungen, Wegweisung teils als Donau- sowie als Isar-Radweg

Start / Ziel: Hauptbahnhof Deggendorf

Info: www.deggendorf.de

„Dort, wo sich die sanften Höhenzüge des Bayerischen Waldes in der **Donauebene** verlieren, liegt Deggendorf." Was den landschaftlichen Reiz angeht, so ist diesem Spruch nichts mehr hinzuzufügen.

Los geht´s am Hauptbahnhof von Deggendorf, den wir nach rechts über die Güterstraße verlassen. An der Querstraße rechts und sofort wieder links in den St.-Florian-Weg. An dessen Ende geradeaus auf den Weg und vor der Neusiedler Straße nach links weiter auf dem Radweg parallel der Straße. Mit einem Schlenker unter der A92 her und weiter geradeaus, so gelangen wir auf den Donau-Radweg, dem wir ab hier folgen. Durch Deggenau

Die Friedenseiche von Deggendorf – hier sollten wir uns Frieden wünschen!

und ein Stück parallel zur A3 kommen wir, der Donau folgend, nach Niederalteich.

Unterwegs lockt ein **Baggersee** zu einer erfrischenden Abkühlung. Der See hat sich mit seiner Infrastruktur zu einem beliebten Naherholungsgebiet entwickelt.

Weiter geht´s von Niederalteich, wo wir mit der Fähre die Donau überqueren, um dahinter rechts auf dem Isar-Radweg weiter zu radeln. Dieser geleitet uns durch die ruhigen Isarauen vorbei am Infozentrum nach Plattling. Auch hier bleiben wir auf dem Isar-Radweg, der uns durch Fischerdorf und über den Donausteg zurück nach Deggendorf führt. Hier steuern wir den Hauptbahnhof an, wo unsere Tour endet.

Im Jahre 741 wurde **Kloster Niederalteich** durch Odilio II. gegründet und gilt damit als eines der ältesten Benediktinerklöster Bayerns. Das Schmuckstück ist die 1718 errichtete Pfarr- und Klosterkirche St. Mauritius, die uns mit vielen barocken Details verzaubert.

Tipp: Am Wegesrand liegt das **Infozentrum Isarmündung**, in dem wir mehr über diese einzigartige Natur erfahren können. Nur wenige Pedalumdrehungen entfernt liegt ein **Aussichtspunkt**, bei dem wir weit über die Isarauen blicken können.

Gegen Ende der Tour können wir noch einen kleinen Abstecher zum **Kloster Metten** unternehmen. Es wurde im Jahr 766 durch den Seligen Gamelbert gegründet, dessen erster Abt der Selige Utto war. Die erste Kirche wurde im 15. Jh. erbaut, doch ihr heutiges barockes Aussehen bekam die **Pfarr- und Klosterkirche St. Michael** erst 1729 durch Cosmas Damian Asam. Weltberühmt ist die **Klosterbibliothek**, die mit den wundervollen Barockverzierungen als eine der schönsten Barockausstattungen der Welt gilt.

Kartentipp:
ADFC Regionalkarte »Niederbayern«
1:75.000, ISBN 978-3-96990-083-3, 9,95 €

Digital für Smartphones und Tablets: www.fahrrad-buecher-karten.de/kartenapp

25 Heimat des Bayerischen Wappens

Von Straubing über Mariaposching

Urbayerisch geht es zu auf dieser Tour: Vom imposanten Marktplatz Straubings folgen wir dem perfekten Donau-Radweg flussabwärts. Auf dem Weg liegen Bogen und darüber die Wallfahrtsstätte auf dem Bogenberg. Auch die Fähre, mit der wir übersetzen, entführt uns in längst vergangene Zeiten.

111 Touren Info

55 km, Rundtour meist auf befestigten Radwegen bzw. Straßen/Wegen, keine größeren Steigungen, teils Wegweisung als Donau-Radweg bzw. als Via Danubia

Start / Ziel: Bahnhof Straubing

Info: www.straubing.de

Im Jahre 788 begann die ereignisreiche Geschichte von Straubing, als hier ein **Königshof** erwähnt wurde. Zur Geschichte der Stadt gehört auch die der Agnes Bernauer. Herzog Ernst von Bayern gefiel es nicht, dass sein Sohn eine Ehe mit einer „ordinären Augsburger Bürgerstochter" führen wollte und ließ die „Hexe" in den Fluten der Donau ertränken. Alle vier Jahre finden die **Agnes-Bernauer-Festspiele** statt, um diesem Drama zu gedenken.

Tipp: Der 68 m hohe **Stadtturm** ist nicht nur das Wahrzeichen Straubings – er ist auch wunderschön. Und er bietet eine phantastische Aussicht über Stadt und Region. Also schließen wir uns einer Stadtführung an, bei der wir auch die **Türmerstube** und die Aussichtsebene besuchen dürfen.

Vom Turm blicken wir auf der einen Seite zum **Theresien-**, auf der anderen Seite zum **Ludwigsplatz** hinunter. Direkt an dem weitläufigen Platz erheben sich auch das **Rathaus** und die **Mariensäule**.

Los geht´s am Bahnhof von Straubing, den wir nach links Bahnhofsplatz, dann rechts Kolbstraße und weiter geradeaus Stadtgraben verlassen. Hier haben wir bereits Anschluss an den Donau-Radweg, der uns geradeaus über die erste, dann später über die zweite Donaubrücke bringt und sich dann rechts ans Ufer schmiegt. Via Reibers-

Die Pfarrkirche St. Peter und Paul lohnt den kleinen Umweg nach Oberalteich

dorf, Bogen, Hofweinzier und Pfelling gelangen wir (entweder weiter am Ufer entlang oder über Loham) nach Mariaposching.

Die Stadt Bogen darf sich ganz offiziell **„Heimat des Bayerischen Rautenwappens"** nennen. Das liegt an den einst mächtigen Grafen von Bogen, die das weiß-blaue Wappen führten, das später an die Wittelsbacher überging. Und die machten es kurzerhand zum bayerischen Staatswappen.

Aber es gibt auch „handfestes" zu sehen: Der große **Marktplatz** wird von zwei Türmen und wunderbaren **Bürgerhäusern** eingerahmt. Jedes Jahr zu Pfingsten wird es richtig voll in Bogen, denn dann startet die **Wallfahrt** hinauf zum **Bogenberg**. Pilger tragen dabei 13 m lange und bis zu 50 kg schwere Kerzen den 45 km langen Weg hinauf zur Kirche, wo sie ein Gnadenbild der Muttergottes anbeten.

Weiter geht´s von Mariaposching, wo wir mit der Fähre die Donau überqueren. In Stephansposching rechts auf die Straubinger Straße. Die Schilder des Radwegs Via Danubia weisen uns den Weg durch Wischlburg, Irlbach, Moosdorf, Amselfing, Ödmühle und Aiterhofen zurück nach Straubing, wo unsere Tour am Bahnhof endet.

Wir setzen über die Donau mit einer historischen **Gierseilfähre**. Erstaunlich, dass es nur noch so wenige davon gibt, denn bei dieser Fähre wird keine Motorkraft benötigt, weil sie die Strömung der Donau nutzt.

Tipp: Die Schilder des Radwegs **Via Danubia** lassen direkt Gedanken an die Römer aufkommen. Und so ist es auch, denn der 216 km lange Radweg widmet sich zwischen Bad Gögging und Passau der römischen Kultur und Geschichte.

Zwischen Ödmühle und Aiterhofen wandeln wir auf historischem Boden. Denn schon in der Jungsteinzeit siedelten hier die Menschen. 260 Gräber wurden im **deutschlandweit größten Gräberfeld** seiner Art gefunden. Das Gäubodenmuseum in Straubing zeigt einen Teil der Funde.

Kartentipp:
ADFC E-Bike-Karte »Bayerischer Wald«
1:75.000, ISBN 978-3-96990-082-6, 9,95 €
Digital für Smartphones und Tablets: www.fahrrad-buecher-karten.de/kartenapp

26 Gut gepolsterte Packtaschen nicht vergessen!

Von Bodenmais nach Blaibach

Es gehört einfach dazu: Wenn wir hier im Bayerischen Wald unterwegs sind, müssen wir uns einfach ein Souvenir aus Glas mitnehmen. Die Tour selbst ist etwas anstrengend, denn es geht immer wieder kurz und knackig bergauf. Für die Mühen werden wir mit tollen Aussichten und hübschen Ortschaften belohnt.

111 Touren Info

40 km, Streckentour meist auf befestigten Radwegen bzw. Straßen/Wegen, einige kleinere Steigungen, teils Wegweisung als Regen-Radweg

Start: Bahnhof Bodenmais

Ziel: Bahnhof Blaibach

Info: www.bodenmais.de

Bodenmais ist einer der bekanntesten Urlaubsorte im Bayerischen Wald. Es ist aber auch alles ideal hier: Der **heilklimatische Kurort** liegt eingebettet in herrliche Hochwälder, aus denen der 1.456 m hohe **Große Arber** hervorsticht.

Tipp: Bodenmais und Glas: Das ist untrennbar miteinander verbunden: Gleich bei unserer Abfahrt kommen wir an den **Joska Glasarkaden** vorbei, direkt dahinter liegt die **Joska Glaslaserei**. Und wenn wir einige Meter bergab gerollt sind, wird noch eins ´drauf gesetzt: Das **Joska Glasparadies** heißt nicht nur so – es entführt uns auch in eine filigrane Paradieswelt.

Der Marktplatz markiert mit seinem Brunnen den Mittelpunkt von Bodenmais. Direkt daneben steht die schicke **Pfarrkirche St. Mariä Himmelfahrt**. Etwas außerhalb liegt das **Besucherbergwerk** am Silberberg. Hier können wir einfahren und Alles über den spannenden Abbau dieses seltenen Elements erfahren.

Los geht´s am Bahnhof von Bodenmais, den wir nach rechts über die Bahnhofstraße verlassen, um nach ca. 500 m links in die Waldglashüttenstraße und kurz darauf rechts „Am Wiesengrund" abzubiegen. Es geht hinunter zum Glasparadies, dort links und am Kreisel rechts. Vorbei am Hammerhof und durch Böbrach radeln wir mit einigen Steigungen nach Teisnach.

Ganz entspannt rollen wir durch die teils dicht bewaldete Landschaft, auch wenn es immer wieder etwas bergauf geht. Dabei kommen wir auch durch Böbrach, wo uns die weiße **Pfarrkirche St. Nikolaus** mit ihrem dunklen Turm direkt ins Auge fällt, denn sie steht würdevoll auf einer Anhöhe.

Ganz anders ist das Farbspiel am **Rathaus** vom Markt Treisach, denn hier strahlen uns eine gelbe Fassade und ein rotes Dach an. Direkt dahinter ragt der schlanke **Turm** der Pfarrkirche St. Margaretha empor.

Garantiert gute Aussichten im Bayerischen Wald

Weiter geht´s von Teisnach, das wir am Bahnhof vorbei, hinter den Gleisen links entlang der Deggendorfer Straße verlassen. Eine weitere Steigung bringt uns nach Linden vor die B85, wo wir zweimal rechts abbiegen und auf dem Regen-Radweg via Fernsdorf, Schlatzendorf, Viechtach, Fichtental, Pulling und Kreuzbach nach Blaibach fahren, wo unsere Tour am Bahnhof endet.

Nach den vielen kleinen Ortschaften, durch die wir geradelt sind, wirkt der **Luftkurort** Viechtach schon richtig städtisch. Das merken wir auch am großen Stadtplatz mit dem **Rathaus** und der Pfarrkirche St. Augustinus. Etwas exotischer ist der Besuch im **Nostalgiemuseum** von Viechtach.

Tipp: Etwas abseits der Stadt Viechtach liegt das **„Adventure-Camp Schnitzmühle“** auf einer Insel im Fluss „Schwarzen Regen“. Chillen“ steht hier ebenso auf dem Programm, wie Wellness und Abenteuer. Von hier können wir auch mit der „Ur-Waldbahn“ ohne Anstrengungen in die Höhen des Bayerischen Waldes gondeln.

„Richtig zackig“ ist er, der Dachgiebel von **Schloss Blaibach**. Aus der Schenkung des Klosters Reichenbach entwickelte sich ein Adelssitz, von dem dieses Anwesen noch heute erhalten ist. Das **Konzert- und Kulturhaus Blaibach** hingegen ist topmodern und von außen als solches kaum zu erkennen.

Kartentipp:

ADFC E-Bike-Karte »Bayerischer Wald«

1:75.000, ISBN 978-3-96990-082-6, 9,95 €

Digital für Smartphones und Tablets: www.fahrrad-buecher-karten.de/kartenapp

27 Von Lam nach Cham – klingt schön, ist schön!

Von Lam nach Cham

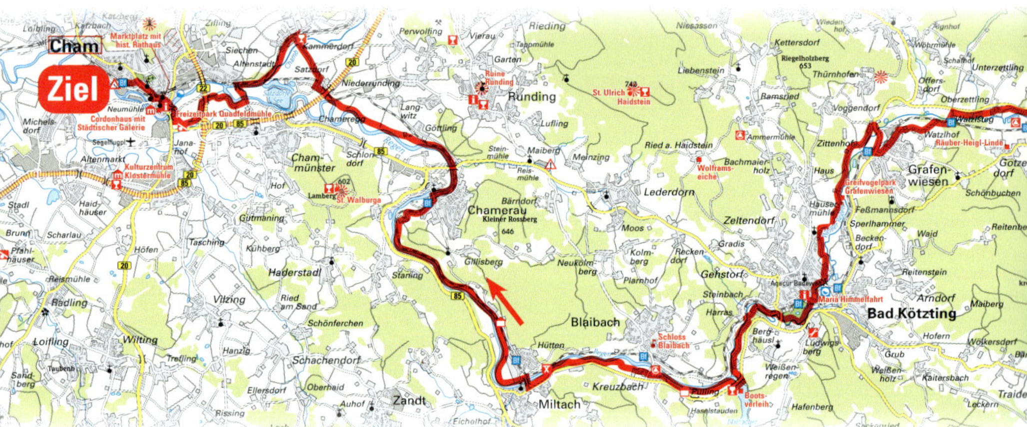

Es wird sehr angenehm auf dieser Tour: Mit der Bahn werden wir ins 407 m hoch gelegene Lam gebracht. Von hier rollen wir auf dem meist gut ausgebauten Lamer-Winkel-Arber-Radweg ständig bergab. Am Wegesrand liegen sehenswerte kleine und große Orte und alles wird eingerahmt von der malerischen Landschaft des Bayerischen Waldes.

111 Touren Info

48 km, Streckentour meist auf befestigten Radwegen bzw. Straßen/Wegen, Tour mit fast durchgehendem Gefälle, meist Wegweisung als Grünes-Dach-Radweg, Lamer-Winkel-Arber-Radweg, teils als Regen-Radweg

Start: Bahnhof Lam

Ziel: Bahnhof Cham

Info: www.markt-lam.de

Tief durchatmen können wir bei unserem Start in die Tour, denn Lam liegt so herrlich abseits in einem engen Tal, dass es das Prädikat eines **Luftkurortes** erlangte. Der Marktplatz formt das Zentrum von Lam – natürlich finden wir hier einen Maibaum, eine **Marienfigur** auf einer Säule und einige farbenfrohe, historische Häuser, wie das Hotel zur Post. Auch die katholische **Pfarrkirche St. Ulrich** reckt sich hier mit dem Turm und seiner Zwiebelhaube in den Himmel.

Los geht´s am Bahnhof von Lam, den wir nach rechts über die Gäberlsägstraße verlassen. Der Grünes-Dach- bzw. Lamer-Winkel-Arber-Radweg geleitet uns immer in der Nähe des Flusses Weißer Regen durch Arrach, Hohenwarth und Grafenwiesen nach Bad Kötzting.

Auch Arrach darf sich Luftkurort nennen. Empfangen werden wir in einem hübschen weißen Haus, in dem die Touristen-Info untergebracht ist. Hier erfahren wir Details zum **Natur-Art-Park**, den es kein zweites Mal in dieser Art gibt: Auf einem Klima-Terrain-Rundweg kommen wir vorbei am **Arracher Moor-Park**, am Seepark, am **Drexler-Hof** mit seinem Mineralienmuseum und am Energiepark auf Gut Kleß. Weitere Abwechslung bieten das Handwerkermuseum und die Schnapsbrennerei.

Tipp: Der **Seepark** von Arrach bietet sich für eine längere Pause an: Es gibt Einkehrmöglichkeiten, einen schönen Spielplatz und bei warmem Wetter können wir uns im kühlen Nass abkühlen. Besonderen Spaß bietet eine Runde auf dem **Erlebnis-Minigolfplatz** mit seinen aufwändig gestalteten Bahnen.

Gut geschützt: die Pfarrkirche von Bad Kötzting

Bad Kötzting ist ein beliebtes **Kneippheilbad**, das zu Füßen des Kaitersberges am Ufer des Regen liegt. Hier gibt es gleich mehrere markante Mauern: Eine wuchtige Ringmauer umgibt die **Pfarrkirche Mariä Himmelfahrt** und auch von der alten **Wehranlage**, zu der ein Graben und ein innerer Ring gehörten, finden wir an mehreren Stellen der Stadt gut erkennbare Überreste. Zum Schluss sehen wir uns noch das **Alte** und das **Neue Rathaus** an.

Weiter geht´s von Bad Kötzting auf dem Grünes-Dach- bzw. Lamer-Winkel-Arber-Radweg, der sich nun auch Regen-Radweg nennt. Vorbei an Kreuzbach, Blaibach (andere Uferseite), Miltach, Chamerau und Satzdorf erreichen wir Cham, wo unsere Tour am Bahnhof endet.

Kaum weitergeradelt, kommen wir an Blaibach vorbei, das uns mit seinem gleichnamigen **Schloss** mit auffälligem Giebel und seiner gelb getünchten **Pfarrkirche St. Elisabeth** empfängt.

Tipp: Auf rund 46 ha Wasserfläche bietet der **Blaibacher See** reichlich Unterhaltung: Wir können Baden, Bootfahren, Angeln oder eine Runde auf dem Uferweg drehen.

Chammünster liegt etwas abseits, lohnt aber den kleinen Umweg wegen der **Pfarrkirche Mariä Himmelfahrt**, die im Innern besonders prachtvoll ausgestattet ist. Gruselig sind die Totenschädel im Karner.

Chams Schokoladenseite ist das Ufer des „Regenbogens“. Von hier schauen wir auf die **Altstadt**, die wir durch das rote **Biertor** erreichen. Rund um den weitläufigen **Marktplatz** finden wir zahlreiche historische Gebäude, wie das **Rathaus** aus dem 15. Jh., die Pfarrkirche St. Jakob, das **Bürgerspital** oder den Straubinger Turm.

Kartentipp:
ADFC E-Bike-Karte »Bayerischer Wald«
1:75.000, ISBN 978-3-96990-082-6, 9,95 €

Digital für Smartphones und Tablets: www.fahrrad-buecher-karten.de/kartenapp

28 Finden wir einen Drachen im See oder in der Höhle?

Von Furth im Wald über Eschlkam

Hart an der Grenze bewegen wir uns auf dieser Tour, denn über weite Passagen ist die Tschechische Grenze nur wenige Minuten entfernt. Etwas hügelig ist der Verlauf natürlich auch, denn schließlich sind wir im Bayerischen Wald unterwegs. Aber auch weniger gut trainierte Radler werden ihre Freude an dieser naturverbundenen Runde haben.

Gute und der Drachen wir getötet. Der Drachenstich gilt übrigens als **ältestes Volksschauspiel des ganzen Landes**! In der **Drachenhöhle** „lebt" der gefährliche Drache und kann von uns ohne größere Gefahren besucht werden. Er steht auch im Guiness-Buch der Rekorde: Als **„größter vierbeiniger Schreitroboter der Welt"**!

111 Touren Info

28 km, Rundtour meist auf befestigten Radwegen bzw. Straßen/Wegen, hügelige Tour mit einigen spürbaren Steigungen, meist Wegweisung als Chambtal-Radweg sowie teils als Iron Curtain Trail

Start / Ziel: Bahnhof Furth im Wald

Info: www.furth.de

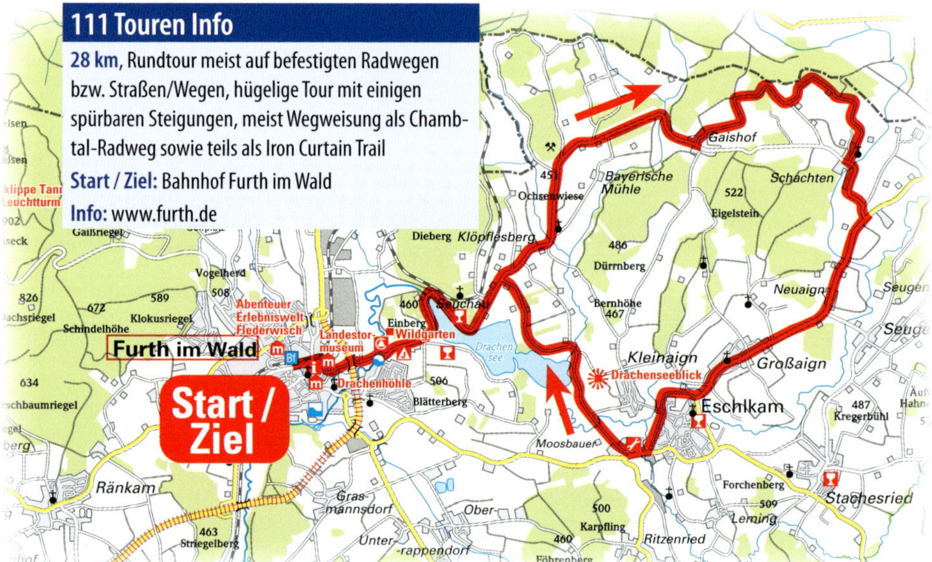

Furth im Wald blickt auf eine lange Geschichte als **Grenzort** zu Tschechien zurück. Nachdem der „Eiserne Vorhang" fiel, kam eine frische Brise in diese Region, von der auch Furth profitierte.

Tipp: Mit einem unglaublichen Aufwand, zahllosen, begeisterten Zuschauern und einem riesigen, feuerspeienden Drachen wird der sogenannte **„Drachenstich"** zelebriert. Am Ende siegt natürlich immer das

Einladend präsentiert sich die Innenstadt von Furth im Wald: Viel Würde strahlt das Rathaus der Stadt aus, wo es über dem Eingang freilich einen „Drachenstich" gibt. Imposant ist auch der 35 m hohe **Stadtturm**, in dem wir – natürlich – ein Drachenmuseum finden. Wenn wir auf die Aussichtsplattform steigen, werden wir von einem wundervollen Blick über die Häuser der Stadt bis hin zur Region unserer Radtour belohnt. Unter Tage begeben wir uns beim

Auf der Suche nach dem Drachen

Besuch der **Further Felsengänge**, die einst als Fluchtwege dienten.

Los geht´s am Bahnhof von Furth im Wald, den wir nach links über die Bahnhofstraße verlassen, um im Linksbogen vor den Schienen rechts und sofort wieder links in die Grabenstraße abzubiegen. Wenig später links in den Weiherdamm, der uns unter der B20 her und dann ansteigend zum Freibad bringt. Wir folgen bereits den Schildern des Chambtal-Radwegs bzw. den des Iron Curtain Trails, die uns bergauf durch Seuchau, Gaishof, Schachten, Neuaign und Großaign nach Eschlkam bringen.

Wir sind auf dem **Iron Curtain Trail** unterwegs, der auf der sagenhaften Strecke von 9.950 km genau die Strecke nachzeichnet, wo einst der „Eiserne Vorhang" zwischen Ost und West, also „Warschauer Pakt" und NATO, verlief. Die EuroVelo Route 13 macht von der Länge her deutlich, wie gespalten Europa einst war.

Weiter geht´s von Eschlkam, das wir auf dem Chambtal-Radweg durch das Gewerbegebiet verlassen. Auf nahezu ebener Strecke rollen wir in der Nähe des Seeufers vom Drachensee zurück auf eine Querstraße, in die wir links einbiegen und wie auf dem Hinweg zurück zum Bahnhof von Furth radeln.

Nachdem wir Eschlkam verlassen haben, können wir einen Aufstieg zum **Aussichtsturm Drachenseeblick** wagen, oder uns auf der **Vogelbeobachtungsstation Drachensee** auf die Suche nach gefiederten Exoten machen.

Tipp: Ein kleiner Weg führt von unserer Route nach links zu einer **Pontonbrücke**, die über den Wasserlauf am Drachensee führt. Etwas Mut braucht es, sich per pedes über die nur etwa einen Meter breite Brücke zu bewegen.

Zum Ende unserer Tour kommen wir nochmals am **Drachensee** vorbei, suchen aber vergeblich nach einem Drachen. Der See wurde nämlich als Hochwasserrückhaltebecken angelegt und bekam den Namen durch den „Further Drachenstich".

Kartentipp:
ADFC E-Bike-Karte »Bayerischer Wald«
1:75.000, ISBN 978-3-96990-082-6, 9,95 €
Digital für Smartphones und Tablets: www.fahrrad-buecher-karten.de/kartenapp

29 Strahlende Tour am Regen

Von Regensburg nach Nittenau

Regensburg ist die letzte vollständig erhaltene Großstadt des Mittelalters. Nachdem wir uns die historische Pracht ausführlich angesehen haben, rollen wir über den gut ausgebauten und beschilderten Regentalradweg. Obwohl wir zielsicher in Richtung des Bayerischen Waldes unterwegs sind, gibt es nur wenige kleine Steigungen – dafür aber herrliche Natur!

111Touren Info:

37 km, Streckentour meist auf befestigten Radwegen bzw. Straßen/Wegen, einige kleine Hügel, keine großen Steigungen, Beschilderung als „Regentalradweg"

Start: Regensburg

Ziel: Nittenau

Info: www.tourismus.regensburg.de

Am nördlichsten Punkt ihrer Reise nimmt die Donau die Flüsse Naab und Regen auf. Der Fränkische Jura trifft auf den Bayerischen Wald. Inmitten der Donau bilden sich gleich zwei kleine Inseln… diese und noch weitere natürliche Gegebenheiten führten dazu, dass sich an dieser Stelle eine rasch wachsende Siedlung entwickelte, die sich später Regensburg nannte. Schon die Römer hatten hier ein Lager, es folgten weitere „Hausherren", die sich mit zahllosen Baudenkmälern verewigten. Im Mittelalter schließlich war Regensburg zu einer großen Stadt herangewachsen. Das Schicksal meinte es gut und die Oberpfälzer Metropole wurde nie zerstört. Und so erwartet uns heute eine Zeitreise ins Mittelalter. Der **Dom** überragt die ganze Szenerie und schaut hinunter auf die Königliche Villa, den **Salzstadel**, die ehemalige Domprobstei, die Häuserzeile am Arnulfsplatz und auf sage und schreibe **1.500 weitere Gebäude**, die unter Denkmalschutz stehen. Wenn wir durch die teils engen Gassen bummeln, staunen wir immer wieder über die Vielzahl der tollen alten Häuser. Zum Pflichtprogramm gehört der Besuch der **Steinernen Brücke**, die schon seit 1146 hier steht und Sinnbild für die lange Historie ist.

Tipp: Wer zur rechten Zeit hier ist, kann die **Regensburger Dult** besuchen. Das Volksfest am Europakanal steigt im Mai und im September und zieht viele Besucher aus Nah und Fern an.

Schloss Ramspau ist ein Traum in barockem Gewand

Los geht´s am Regensburger Dom, den wir über Krauterermarkt und Taubengässchen zur Donau hin verlassen. Mehrere Brücken bringen uns ans linke Ufer des Flusses Regen. Ab hier folgen wir den Schildern des Regentalradwegs, die uns via Lappersdorf, Pielmühle und Regendorf nach Regenstauf bringen.

Schon im 14. Jh. wurden Regenstauf die Marktrechte verliehen. Es entwickelte sich ein wichtiger Handelsplatz und auch heute ist der Ort ein wichtiger Industriestandort. Im Norden der Stadt liegt **Schloss Spindlhof**, das in seiner 400jährigen Geschichte mehrfach verändert wurde. Heute ist es eine Tagungsstätte. Von der alten **Höhenburg** sind noch Reste zu finden. Dazu gehören der Graben und das ehemalige **Brunnenhaus.**

Weiter geht´s von Regenstauf über Ramspau, Hirschling, Marienthal und Stefling nach Nittenau.

Bei **Schloss Ramspau** kommen die Freunde der barocken Baukunst voll auf ihre Kosten. Von unserem Radweg aus bieten sich schöne Perspektiven auf die beiden verspielten Türme.

Auch in Hirschling entdecken wir ein kleines **Schloss** - strahlend weiß getüncht wurde es mit einem Treppengiebel ausgestattet.

Da aller guten Dinge bekanntlich drei sind, wartet auch in Stefling noch ein **Schloss** auf uns. Es liegt malerisch über uns auf einer Anhöhe.

Unseren Fluss Regen mit dem bestens ausgebauten Radweg haben wir inzwischen sehr lieb gewonnen. An der nördlichsten Stelle des Flusses liegt Nittenau. Hier beenden wir unsere Tour und lassen sie am **Marktplatz** ausklingen, an dem sich der **Storchenturm** und die Stadtpfarrkirche um die Wette recken.

Kartentipp:
ADFC Regionalkarte »Regensburg und Umgebung«
1:75.000, ISBN 978-3-96990-026-0, 9,95 €
Digital für Smartphones und Tablets: www.fahrrad-buecher-karten.de/kartenapp

30 An alten Burgen vorbei

Von Riedenburg nach Kelheim

Der „Tatzlwurm" überquert die Altmühl

Der unterste Teil der Altmühl ist ohne Frage einer der eindrucksvollsten. Der Rhein-Main-Donau-Kanal ist genau so perfekt renaturiert wie der Radweg präpariert. Nach einem Blick auf riesige Kristalle geht die Reise, bewacht durch die imposanten Burgen von Prunn und Randeck, vorbei an der Tropfsteinhöhle Schulerloch. In Kelheim mündet die Altmühl unterhalb der Befreiungshalle in die Donau. Ein »Pflicht-Abstecher« bringt uns zum Donau-Durchbruch mit Kloster Weltenburg.

111Touren Info:

16 km, flache Streckentour auf separaten Radwegen, perfekte Wegweisung durch braune Schilder.
Start: Altmühlbrücke Riedenburg, linke Uferseite
Ziel: Altmühltor in Kelheim
Info: www.kelheim.de

Mit gleich **drei Burgen** kann Riedenburg protzen, die schönste ist **Schloss Rosenburg** mit eigener Falknerei. Die größte **Bergkristallgruppe** der Welt ist im Museum zu bestaunen.

Los geht´s am linken Ufer der Altmühlbrücke, weiter auf dem Radweg nach Schloss Prunn.

Schloss Prunn ist eines der beliebtesten Fotomotive des Altmühltals, denn es gilt als besterhaltendste mittelalterliche Ritterburg Deutschlands. Hier wurde bei Umbauten eine **Handschrift des Nibelungenliedes** gefunden.

Weiter geht´s auf dem Radweg nach **Essing**, ein **romantisches Örtchen** mit schmucken Häusern, dessen Ursprung auf eine keltische Waffenschmiede zurückgeht.

Unübersehbar ist die **geschwungene Holzbrücke** über den Kanal. Gleich in der Nähe gibt es in den **Klausenhöhlen** einen Einblick in die Steinzeit. Den besten Überblick hat man von **Burg Randeck**. Nochmals unter Tage geht es im **Schulerloch**. In der Tropfsteinhöhle ist bei 9 °C geeignete Kleidung angesagt.

Exzellentes Radeln zu Füßen von Burg Prunn

Weiter geht´s auf dem Radweg bis Schleuse Kelheim, die Schilder sollten hier genau beachtet werden, denn der Radweg führt am Ufer entlang an die Mündung der Altmühl. Wer Lust auf Sehenswertes hat, sollte den Schildern zum Zentrum folgen.

Tipp: Am Donauufer starten die Boote zum Kurztrip durch den sagenhaften **Donaudurchbruch**. Die Eindrücke können am **Kloster Weltenburg** bei Sightseeing und Essen »verdaut« werden.

Kelheim nennt gleich mehrere **Stadttore** noch sein Eigen. Innerhalb der alten Mauern erheben sich viele stattliche Gebäude wie die **Spitalkirche** oder das weiße **Brauhaus**. Falls noch Puste vorhanden ist, sollte die **Befreiungshalle** per pedes besucht werden. Nach dem Betrachten der 34 marmorweißen Siegesgöttinnen schweift der Blick hinunter in den Donaudurchbruch.

Kartentipp:
ADFC Regionalkarte
»Altmühltal/Ingolstadt« 1:75.000,
ISBN 978-3-96990-141-0, 10,95 €
Digital für Smartphones und Tablets:
www.fahrrad-buecher-karten.de/kartenapp

31 Nicht nur für Barock-Fans

Von Neumarkt in der Oberpfalz über Freystadt

Wir folgen den Schildern des Themenradwegs „Tour de Baroque" und unsere Erwartungen auf prunkvolle Baukunst werden nicht enttäuscht. Der Rückweg verläuft fast schnurgerade am „Alten Kanal" entlang, wo an der Europäischen Hauptwasserscheide bereits vor langer Zeit Wasserbaugeschichte geschrieben wurde.

111 Touren Info

48 km, Rundtour meist auf befestigten Radwegen bzw. Straßen/Wegen, hügelige Tour, aber keine allzu großen Steigungen, teils Wegweisung als Tour de Baroque

Start / Ziel: Bahnhof Neumarkt in der Oberpfalz

Info: www.neumarkt.de

Neumarkt in der Oberpfalz war im 15./16. Jh. eine bedeutende Residenzstadt, was bis heute an der **Stadtmauer**, dem Stadtgraben und der tollen Architektur erkennbar ist: Kreuz-, Kasten-, Johannes- und **Schlossviertel** zeichnen noch die historischen Achsen nach und formen die heutige Altstadt. Dominiert wird sie vom **Pfalzgrafenschloss**, das bis ins Jahr 1200 zurückreicht. Ebenfalls unübersehbar sind die vielen Türme der Stadt, darunter auch die der **Hofkirche Zu unserer Lieben Frau**, der Christuskirche und des **Münsters St. Johannes**.

Tipp: Das **Museum für historische Maybach-Fahrzeuge** südlich der Altstadt ist nur etwas für eingefleischte Auto-Fans. Auf rund 2.500 qm werden die edlen Limousinen in einer ansprechenden Umgebung präsentiert. Darunter echte Klassiker aus der Anfangszeit der Nobelkarossen, aber auch moderne Modelle, die unter der Regie von Daimler Benz entstanden.

Wie wir das von einer **historischen Innenstadt** erwarten, steht in der Mitte eines langen Straßenmarktes ein prachtvolles **Rathaus.** Drum herum stehen herrliche, teils farbenfrohe alte Gebäude.

Los geht´s am Bahnhof von Neumarkt, den wir geradeaus über den Bahnhofsplatz, links Stephan-, rechts Löwenstraße und direkt links in den kleinen Weg verlassen. An der querenden Freystädter Straße links und mit dieser unter

Die Tour de Baroque führt uns durch weite Landschaften

den Bahnschienen durch, geradeaus über die große Kreuzung und den Kreisel hinweg. Hinter der Brücke über die B299 rechts in den Kopernikusring. So fahren wir weiter auf der Tour de Baroque, die uns durch Berngau, Mittelricht und Kittenhausen nach Freystadt bringt.

Schon von weitem sehen wir den 56 m hohen **Kirchturm**, der sich aus dem Ort Berngau erhebt, während sich auf der anderen Seite unseres Radwegs die Blicke auf den markanten, 591 m hohen **Buchberg** richten. Es war die einzigartige Lage, die schon unsere Urahnen dazu bewogen, hier einen **Ringwall** anzulegen.

In einem schicken Himmelblau empfängt uns das **Rathaus** von Freystadt. Es steht genau in der Mittelachse der planmäßig angelegten Stadt. Zwei **Tore** erinnern noch heute daran, dass der Ort einst durch eine Mauer geschützt war. Das wichtigste Bauwerk liegt etwas außerhalb: Die **Wallfahrtskirche Maria Hilf** ist ein tolles Beispiel des Hochbarock und erklärt, warum unser Themenradweg „Tour de Baroque" heißt.

Weiter geht´s von Freystadt den Schildern der Tour de Baroque folgend auf ansteigender Strecke nach Sulzkirchen und am Main-Donau-Kanal entlang. Hinter der Schleuse Bachhausen und vor der nächsten Brücke links, dann über den Kanal und die B299 hinweg. Nun links und einfach immer am Kanal entlang zurück nach Neumarkt, wo unsere Tour am Bahnhof endet.

Bei Sulzkirchen treffen wir auf den berühmten Rhein-Main-Donau-Kanal, der es Schiffen ermöglicht, von der Nordsee bei Rotterdam auf kürzestem Wege in das schwarze Meer zu gelangen. Gleichwohl dauert diese Passage wegen der vielen Schleusen oftmals länger als der Weg durch´s Mittelmeer.

Daher widmen wir uns lieber der **Pfarrkirche St. Georg**, die im Stile des Spätbarock errichtet wurde.

Tipp: Ein kleiner Abstecher bringt uns am Kanal entlang nach **Berching**, das von einer toll erhaltenen Stadtmauer beschützt wird. Durch eines der vier Tore gelangen wir in eine malerische Altstadt mit historischem Rathaus.

Unsere Rückfahrt genießen wir am Ufer des historischen **Ludwig-Donau-Main-Kanals.** Schon im 19. Jh. wurde dieses Meisterwerk der Wasserbaukunst mit insgesamt 100 Schleusen auf 172 km in Angriff genommen.

Kartentipp:
ADFC Regionalkarte »Nürnberg & Umgebung«
1:75.000, ISBN 978-3-96990-096-3, 9,95 €
Digital für Smartphones und Tablets: www.fahrrad-buecher-karten.de/kartenapp

32 In ruhigen Schleifen zur fürstbischöflichen Residenzstadt

Von Pappenheim nach Eichstätt

Daran erkenn´ ich meine Pappenheimer! Dieses oft sinnentfremdete Zitat weist dem Gast nicht nur den Weg in eine sehenswerte Kleinstadt – dem Radler eröffnet sich hinter Pappenheim die wundervolle Pracht des Altmühltals. Schroffe Felsen geleiten den bestens beschilderten Radweg zur altehrwürdigen Residenzstadt Eichstätt. Es geht durch die einstige Heimat des Urvogels mit Millionen Jahre alter Geschichte zum Staunen und Anfassen.

111Touren Info:

36 km, flache Streckentour auf separaten Radwegen, perfekte Wegweisung durch braune Schilder.
Start: Marktplatz Pappenheim
Ziel: Altstadt Eichstätt
Info: www.eichstaett.de

Auf einem Bergsporn liegt, von der Altmühl umspült, die **Burg Pappenheim**. Zu Ihren Füßen findet sich ein hübsches Örtchen mit **vielen historischen Gebäuden**.

Los geht´s: Vom Marktplatz Pappenheim zum Bahnhof und via Zimmern nach Solnhofen.

Die **Sola-Basilika** von 600 ist eine der ältesten Christenstätten Deutschlands. Noch viel älter sind die Versteinerungen im **Bürgermeister-Müller-Museum**, unter ihnen ein Urvogel. Das Fossil wurde in den Steinbrüchen gefunden, die rings um Solnhofen liegen.

Tipp: Einige Steinbrüche sind für Hobby-Archäologen freigegeben. Werkzeug gibt es im Museum »Bergér«, das allerdings einen mächtigen Aufstieg vom Radler verlangt. Falls die Kräfte nicht zum Hämmern reichen, können Fossilien dort gekauft werden.

Weiter geht´s: An Museum, Bahnhof und Zeltplatz vorbei in die Natur, vorbei an den **12 Aposteln, der berühmten Felsformation**. Über Esslingen und Hagenacker nach Dollnstein, dessen Weiber schon im »Parzival« auftauchten.

Vor rund 200.000 Jahren floss im benachbarten **Wellheimer Trockental** die Urdonau – heute bietet sich das Tal für einen Radabstecher an.

Weiter geht´s: Über den Marktplatz, an **Kirche**, **Petersturm** und Sportplatz vorbei zum **Burgsteinfelsen**, einem Kletterstein. Der Weg führt via Breitenfurt, Obereichstätt und Wasserzell vorbei am **Rebdorfer Kloster** in die Innenstadt von Eichstätt.

Die 12 Apostel sind ein Highlight des Altmühltal-Radwegs

Um den Marktplatz herum postieren sich **Barockhäuser**, der **Willibaldsbrunnen** und das **Rathaus**. Im **ehemaligen Kloster Notre Dame** können Sie im **Naturparkzentrum Altmühltal** alles über dieses Schutzgebiet erfahren. Herausragende kirchliche Schätze liefert der **Dom**.

Tipp: Wer den beschwerlichen Weg hinauf zur **Willibaldsburg** geschafft hat, wird mit herrlichem **Talblick** und dem **Jura-Museum** belohnt. Hier findet man einen weiteren **Urvogel** und ein **Mammut-Skelett**.

Kartentipp:
ADFC Regionalkarte
»Altmühltal/Ingolstadt« 1:75.000,
ISBN 978-3-96990-141-0, 10,95 €

Digital für Smartphones und Tablets:
www.fahrrad-buecher-karten.de/kartenapp

33 Ein See mit vielen Vorteilen

Von Gunzenhausen über Enderndorf

Das Fränkische Seenland wurde einst mit großem Aufwand und wissenschaftlichem Hintergrund erschaffen. Inzwischen hat es sich zu einer der beliebteste Urlaubsregionen Bayerns entwickelt. Den größten dieser Seen werden wir auf unserer Tour einmal umrunden und schnell merken, warum die Gäste so gerne herkommen.

111 Touren Info

44 km, Rundtour meist auf befestigten Radwegen bzw. Straßen/Wegen, hügelige Strecke mit keinen allzu großen Steigungen, Wegweisung als Fränkischer Wasser-Radweg

Start / Ziel: Bahnhof Gunzenhausen

Info: www.gunzenhausen.de

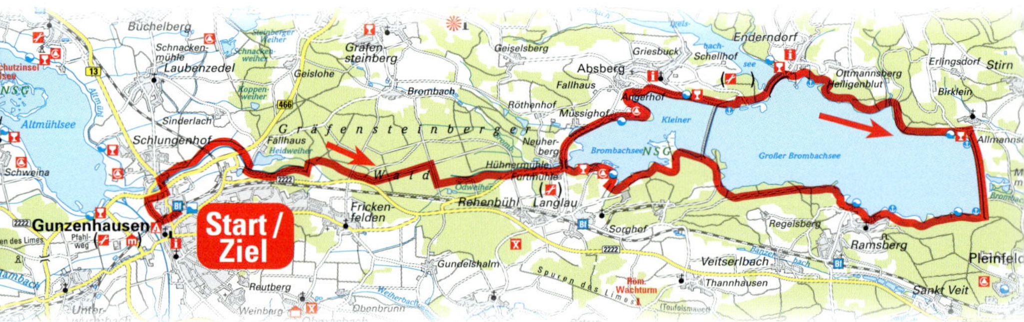

Unter den markgräflichen Zollern wurde Gunzenhausen im 14./15. Jh. stark befestigt. Das ehemalige **Jagdschloss** beherbergt heute das Haus des Gastes und das Stadtmuseum. Ansehen müssen wir uns auch die **evangelische Stadtpfarrkirche**, den Marktplatz, das Rathaus, den **Blasturm** sowie die beiden Wehrtürme namens **Storchenturm** und **Färberturm** mit Zunftstube und Türmerwohnung. Der Färberturm wird auch Pulver- oder **Diebesturm** genannt, da er eine Zeit lang als Pulvermagazin und Gefängnis diente. Heute können wir die 30 m hinauf steigen und die Aussicht genießen.

Tipp: In der **Gasthausbrauerei** „Leuchtturm" gibt es Brauereiführungen mit Bierprobe. Die Kinder toben auf dem Spielplatz, während die Eltern im Biergarten sitzen oder Veranstaltungen auf der Kleinkunstbühne verfolgen.

Etwas außerhalb stehen drei **römische Wachtürme**, die einst zum Limes gehörten. Dieser wurde einst von den Römern errichtet, um die „wilden aus dem Norden" in Schach zu halten.

Los geht´s am Bahnhof Gunzenhausen, den wir nach rechts verlassen, um auf dem Bahnhofsplatz nach rechts und die Ansbacher Straße rechts versetzt geradeaus zu überqueren. Dann treffen wir auf den Tauber-Altmühl-Radweg, mit dem wir nach rechts die Bahnschienen queren.

Vor der B466 rechts, danach links unter der B466 her und direkt ans linke Ufer des Altmühl-Überleiters. Auf hügeliger Strecke erreichen wir, den Schildern des Fränkischen WasserRadwegs folgend, auf der anderen Seite des Wassers den Ort Hühnermühle am Kleinen Brombachsee, den wir im Uhrzeigersinn umrunden.

Urlaubs- und Radelparadies Brombachsee

Um den Norden Frankens mit Wasser zu versorgen, entstand das **fränkische Seenland** mit sieben Seen: Altmühlsee, Hahnenkammsee, Kleiner Brombachsee, Igelsbachsee, Großer Brombachsee, Kleiner Rothsee und Großer Rothsee. Während die Rothseen die Wasserversorgung des Main-Donau-Kanals sicherstellen, soll der Große Brombachsee überschüssiges Wasser der Altmühl aufnehmen und an die südöstliche Region weitergeben.

Weiter geht´s am Ufer des Kleinen Brombachsees entlang. Wir bleiben stets in Ufernähe, denn auch den Großen Brombachsee können wir so umrunden. Nachdem wir über den beeindruckenden Damm gerollt sind, passieren wir Ramsberg, meistern die kleine „Bergwertung" und gelangen am Touristen-Hotspot Langlau vorbei wieder nach Hühnermühle. Von hier radeln wir wie auf dem Hinweg wieder retour.

Der **Kleine Brombachsee** empfängt uns mit Campingplätzen, Wakepark, Badehalbinsel und anderen Attraktionen.

Tipp: Wer mag, tritt kräftig in die Pedale und schraubt sich hinauf nach Markt Absberg mit seinem 1724 erbauten **Deutschordensschloss**. Ritter Paul von Absberg wurde durch Kämpfe gegen die Nürnberger berühmt. Gestorben ist er aber nicht hoch zu Ross auf dem Schlachtfeld. Nein, er fiel in seine eigene Lanze. Das einst im Schloss wohnhafte Edelfräulein von Lindenfels war eine leidenschaftliche Tänzerin, die sich eines Tages zu Tode getanzt haben soll.

Wir fahren über den Damm des **Igelsbachsees**, nach einer kurzen Waldpassage weiter über den Damm des Kleinen Brombachsees, wo der Blick nach links über die riesige Wasserfläche des großen Brombachsees schweift. Die Infrastruktur an den Seen lässt keine Wünsche offen: Badestrände, Einkehrmöglichkeiten und ein perfektes Rad- und Fußwegenetz sind vorhanden.

Beeindruckend ist auch der Damm des **Großen Brombachsees**: 37 m hoch und rund 1,7 km lang staut er das Wasser seit 2000 auf.

Kartentipp:

ADFC Regionalkarte »Nürnberg & Umgebung«
1:75.000, ISBN 978-3-96990-096-3, 9,95 €

Digital für Smartphones und Tablets: www.fahrrad-buecher-karten.de/kartenapp

34 Wertvolles Wasser

Von Bad Windsheim über Neustadt/Aisch

Bad Windsheim ist eine ungemein vielseitige Kurstadt: Wie es sich in Franken gehört, gibt es guten Wein, aber auch das Angebot der Franken-Therme ist außergewöhnlich. Auf dem wenig befahrenen und doch sehr schönen Aischtal-Radweg rollen wir durch das Frankenland nach Neustadt. Für den Rückweg können wir zwischen Bergwertung oder bequemer Variante wählen.

Tipp: Die **Franken-Therme** von Bad Windsheim sorgt für beste Entspannung nach unserer Radtour. Ein ganz besonderes Gefühl der Schwerelosigkeit erleben wir im Salzsee. Eine Sole mit 26.9% Salzgehalt sorgt dafür, dass wir auf der Wasseroberfläche gleiten. Die Sole kommt von einem 12 m dicken Salzstock aus einer Tiefe von 200 m.

111 Touren Info

52 km (Verkürzung mit Bahn möglich), Rundtour meist auf befestigten Radwegen bzw. Straßen/Wegen, in der zweiten Hälfte mehrere Steigungen, die durch die Bahn vermieden werden können, teils Wegweisung als Aischtal-Radweg, Aurachtal-Radweg, Vom Main zur Zenn sowie Zennsgründer Museumsrunde

Start / Ziel: Bahnhof Bad Windsheim

Info: www.bad-windsheim.de

Wellness, Wein und Wandern – dieser Slogan von Bad Windsheim fasst zusammen, was uns in diesem herrlichen **Urlaubs- und Kurort** erwartet. Es gibt nicht nur Wein – auch das Wasser ist hier bestens, denn hier gibt es gleich mehrere Mineralquellen.

Bad Windsheim präsentiert uns auch einen Kurpark – hier ist es mit rund 30 ha. der **größte denkmalgeschützte Kurpark Bayerns**. Gleich nebenan liegt die City von Bad Windsheim mit herrlichen historischen Fassaden, wobei die schönsten am Kornmarkt und an der Rothenburger Straße stehen. Ansehen müssen wir uns auch die **Stadtkirche St. Kilian** und das barocke **Rathaus**. Der 8 m hohe „Roland", steht hier schon seit 1928.

Los geht´s am Bahnhof von Bad Windsheim, den wir geradeaus über Bahnhofsplatz und

Johanniterstraße verlassen. In der City links in die Brenckgasse, rechts Metzgergasse, direkt links Schäfergasse, rechts Schützenstraße und geradeaus Walkmühlweg. So gelangen wir zum Aisch- bzw. Aurachtal-Radweg, der uns parallel zur Aisch durch Lenkersheim, Oberndorf, Ipsheim, Dottenheim und Schauerheim nach Neustadt bringt.

Das **Nürnberger Tor** erinnert uns eindrucksvoll daran, dass Neustadt an der Aisch einst stark befestigt war, denn es gab nicht nur eine **Stadtmauer**, sondern auch einen mit Wasser gefüllten Graben. Im Innern des ehemaligen Berings wartet eine herrliche Altstadt auf uns, die mit dem **Rathaus** am Marktplatz ihren Mittelpunkt findet. Bei der Stadterkundung entdecken wir auch das **Alte** und das **Neue Schloss** mit seinem 8-eckigen Turm.

Das tolle Rathaus ziert den Marktplatz von Neustadt

Weiter geht´s von Neustadt, das wir am Bahnhof vorbei auf der Comeniusstraße bzw. dem Strahlbacher Weg verlassen. Die Schilder des Radwegs „Vom Main zur Zenn" und später die des Aurachtal-Radwegs sowie der Zennsgründer Museumsrunde weisen uns den anstrengenden, weil hügeligen Weg durch Herrnneuses, Rennhofen, Buchklingen, Mosbach, Losaurach, Mettelaurach, Klausaurach und Mailheim zurück über Lenkersheim nach Bad Windsheim, wo wir am Bahnhof die Tour beenden.

Es wird direkt anstrengend, doch die Steigungen bieten uns auch immer wieder tolle Aussichten. Dabei folgen wir auch ein Stück dem 100 km langen **Fernradweg „Vom Main zur Zenn"**, der in Kitzingen beginnt und in Nürnberg endet.

Tipp: Hinter Neustadt wird es durch mehrere Steigungen anstrengend. Es ist also durchaus eine Überlegung wert, auf dem nahezu ebenen **Aischtal-Radweg** zurück zu radeln oder ab Neustadt mit der Bahn zurück zu fahren.

Das Flüsschen namens **Mittlere Aurach** begleitet uns auf einem Teil unseres Weges. Das erklärt, warum hier so viele Orte mit „-aurach" enden.

Kartentipp:
ADFC Regionalkarte »Nürnberg & Umgebung«
1:75.000, ISBN 978-3-96990-096-3, 9,95 €
Digital für Smartphones und Tablets: www.fahrrad-buecher-karten.de/kartenapp

35 Zu den kulturellen Zentren der Region

Von Nürnberg nach Erlangen

Meist ohne Autoverkehr geht es entlang an Pegnitz und Regnitz vorbei an der Fürther Altstadt in die Uni-Stadt Erlangen. Erlangen präsentiert sich uns als wahres Radler-Paradies.

111Touren Info:

66 km, flache Rundtour meist über Radwege.
Start / Ziel: Hauptmarkt Nürnberg
Info: www.nuernberg.de
www.erlangen.de

Los geht´s vom **Hauptmarkt** Nürnbergs über Waaggasse und Maxplatz vor der Stadtmauer her. Durch das Hallertürlein und die Hallerwiese zur Großweidenmühlgasse. An der Gaststätte Pele-Mele links in den Wiesengrund. Am **Wasserspielplatz** vorbei, dann mit dem Radweg über die Pegnitz. Mit nochmaliger Flussquerung kommen wir in Ufernähe nach Fürth ins Zentrum über den Karlsteg.

Wegen starrer Regeln in Nürnberg kamen im 18. Jhd. viele Handwerker nach Fürth, was dem Ort zu großer Blüte verhalf. Nachdem es sich inzwischen zur Industriestadt gewandelt hat, versteckt Fürth seine sehenswerten **Altstadtgassen** fast verschämt. In Schindlergasse, König-, Gustav- oder Waagstraße finden wir **alte Häuser**, **Innenhöfe**, das **Jüdische Museum** und die **Michaelskirche**. Auch ein Blick ins **Fischerviertel** lohnt.

Weiter geht´s auf dem Radweg auf der rechten Flussseite. Hinter der Bahnbrücke passieren wir ein altes **Schöpfrad**, von denen es einmal 200 gab. Durch Stadeln, Bruck, Alterlangen, Oberdorf (**Badesee)** nach Möhrendorf und zur Baiersdorfer Mühle.

Tipp: Wer baden mag, fährt über die Regnitz hinweg zum **Au- und Angersee**.

Weiter geht´s am Badegelände vorbei, an der Wegekreuzung rechts und über

Lieber in schönem Ambiente studieren...

den Fluss nach Wellerstadt. Weiter über die Hauptstraße geht es beschildert nach Baiersdorf, wo sich das **Meerrettichmuseum** rühmt, das »schärfste Museum der Welt« zu sein. Es geht zurück nach Möhrendorf, jetzt aber auf dem Weg am linken Rand des Wiesengrundes bleiben. Nach einem unschönen Stück an der Autobahn kommt ein wunderschöner Abschnitt auf dem Damm des alten **Ludwigskanals**. Am E-Werk und am Burgberg vorbei erreichen wir den Schildern folgend die Innenstadt Erlangens.

Einem radbegeisterten Bürgermeister ist es zu verdanken, dass weite Teile der Innenstadt autofrei sind und ein Radwegenetz entstand. An der **Altstädter Kirche** und am **Rathaus** mit dem **Stadtmuseum** vorbei gelangen wir zum **Schloss** (Uni) mit seinem sehenswerten **Garten**.

Weiter geht´s vom Schloss über den Hugenottenplatz an der Neustädter Kirche vorbei zur südlichen Stadtmauerstraße. Über Haupt-, Nürnberger- und Hammerbacher Straße am

...oder lieber gemütlich einkehren?

Altenheim vorbei, dann nach 200 m rechts und schnurgerade durch das **Naturschutzgebiet** Brucker Lache. Am Ende schräg am **Wald-Info-Zentrum Tennenlohe** vorbei nach Tennenlohe. Am Autohof rechts versetzt über die Autobahn, entlang der B 4 und den Schildern »Altstadt« folgend zurück in die Nürnberger Innenstadt.

Kartentipp:
ADFC Regionalkarte »Nürnberg und Umgebung« 1:75.000, ISBN 978-3-96990-096-3, 9,95 €
Digital für Smartphones und Tablets: www.fahrrad-buecher-karten.de/kartenapp

36 Feuchte(r) Tour

Von Nürnberg über Feucht

Von Pflanzen überwucherte Steinbrüche, der ehemalige Main-Donau-Kanal, Gartenwirtschaften, ein Badesee und die Schwarzach-Klamm – ein volles Programm wartet auf uns!

111Touren Info:

44 km, flache Rundtour über teils schmale Radwege.
Start / Ziel: Hauptmarkt Nürnberg
Info: www.nuernberg.de

Es fällt schwer, aus Nürnberg fort zu radeln, denn zu Füßen der berühmten **Burg** bietet die Innenstadt mit vielen **Kirchen, historischen Gebäuden, Gaststätten** und einer **Einkaufsmeile** reichlich Unterhaltung.

Los geht´s vom Hauptmarkt an der **Frauenkirche** vorbei rechts zum **Heilig-Geist-Spital**, links zum Hans-Sachs-Platz und rechts auf die Insel Schütt. Links auf den Radweg, dann über die Brücke und links auf den Radweg unter der Stadtmauer durch. Rechts über die Holzbrücke, am Rand des Wiesengrunds zum Wöhrder Talübergang. Nach der Unterführung zum Bahnhof. An der **Peterskapelle** die Straßenseite wechseln, via Hain- und Münchner Str., zur großen Kreuzung am Waldrand. Hier rechts über Trierer-, dann links über Kornburger Str. Bald führt ein Radweg abseits der Straße zum Steinbrüchlein.

Tipp: Von den Nürnberger **Sandsteinbrüchen** des Mittelalters ist nur noch wenig zu erkennen. Dafür ist das zugewachsene Gelände eine schöne **Spielplatzkulisse.**

Weiter geht´s an der Straße entlang nach Worzeldorf, dort rechts zum **Alten Kanalhafen** und wieder links.

Feuchte Füße...

Nach vielen technischen Problemen fuhren ab 1846 tatsächlich von Pferden gezogene Schleppkähne auf dem sündhaft teuren **Ludwigskanal**, der auch direkt unwirtschaftlich war, weil keine Motorschiffe auf ihm fahren konnten. Nicht weit entfernt liegen die historischen Steinbrüche von Wernloch.

Weiter geht´s an der Ampel ans andere Ufer. Am Wasserbehälter rechts hinunter nach Wendelstein, am Kanal entlang nach Röthenbach mit seinem Schloss Gugelhammer. Stets in der Nähe der Autobahn geht es nach Feucht.

...feuchte Kehle

An der Gaststätte **Bruckkanal** ist Zeit für eine Rast: Die Überführung des Kanals über die **Schwarzach-Klamm** galt damals als technisches Wunder. In Feucht befindet sich neben dem **Pfinzingschloss** das **Hermann-Oberth-Museum** zum Leben des Raumfahrtpioniers. Das **Zeidlermuseum** hebt die Bedeutung der Bienenzucht für den Ort hervor.

Weiter geht´s vom Marktplatz über Untere Keller- und Gartenstr., Vogelweg, A.Schramm-Str., J.Schlosser-Weg über die Autobahn am **Jägersee** vorbei. Hinterm See links, nach 200 m rechts, wieder 1.200 m später rechts in den Wald. 2 km diesem Weg folgen, bis zur querenden Forststr., hier rechts zur Straße und dort dem schmalen Weg folgen. Er führt nach rechts und am Ende steil hinauf zur Autobahnbrücke. Geradeaus hinunter und via Zollhaus-, Liegnitzer- und Münchner Straße wie auf dem Hinweg zurück zum Startpunkt.

Kartentipp:
ADFC Regionalkarte »Nürnberg und Umgebung« 1:75.000,
ISBN 978-3-96990-096-3, 9,95 €

Digital für Smartphones und Tablets: www.fahrrad-buecher-karten.de/kartenapp

37 Was war denn der Eslarner Bockl?

Von Weiden i. d. Oberpfalz über Floß

111 Touren Info

51 km, Rundtour meist auf befestigten Radwegen bzw. Straßen/Wegen, anstrengende Tour mit einigen Steigungen, teils Wegweisung als Bockl-Radweg, Waldnaabtal-Radweg, Paneuroparadweg Prag-Paris und Zoigl-Radweg

Start / Ziel: Bahnhof Weiden i. d. Oberpfalz

Info: www.weiden.de

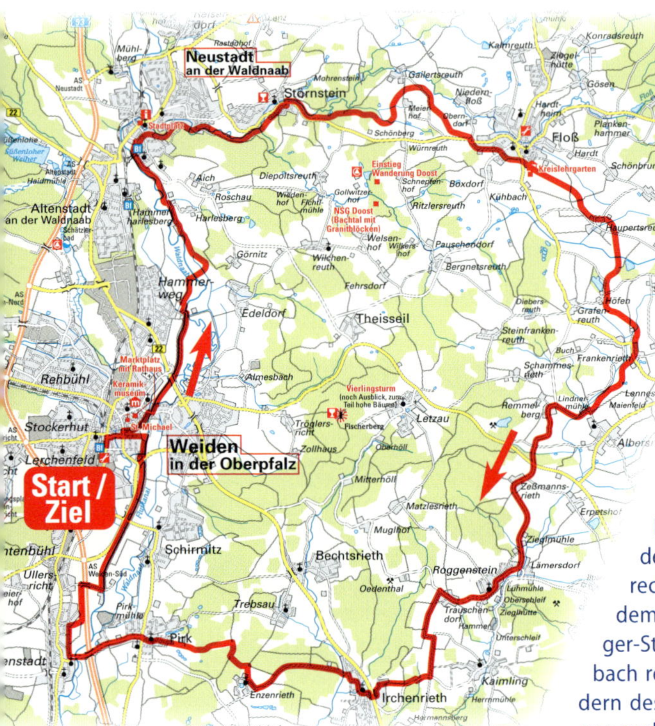

Es wird anstrengend auf dieser Tour, denn es geht ständig Auf und Ab. Dafür ist die Orientierung kein Problem, denn wir sind auf mehreren, gut gekennzeichneten Themen-Radwegen unterwegs. Über weite Strecken folgen wir dem Bockel-Radweg und begeben uns zugleich auf die Spuren des wohlklingenden „Paneuroparadweg Prag-Paris“.

Wir sind in der Oberpfalz – und die Innenstadt von Weiden bietet uns genau das, was wir hier erwarten: Am weitläufigen **Marktplatz** erhebt sich ein prachtvolles, efeuumranktes **Rathaus** mit einem Biergarten davor. Der Marktplatz liegt zwischen dem **Unteren** und dem **Oberen Tor**, die einst zur Stadtbefestigung gehörten. Rund herum erheben sich weitere prachtvolle **Giebelhäuser**. Nachdem wir uns auch die schönen Kirchen und das **Alte Schulhaus** mit dem Stadtmuseum angesehen haben, können wir losradeln.

Los geht´s am Bahnhof von Weiden, den wir nach links über Bahnhof- und rechts Weigelstraße verlassen. Hinter dem Großparkplatz links in die Dr.-Pfleger-Straße und direkt vor dem Stadtmühlbach rechts in den Weg, wo wir den Schildern des Waldnaabtal-Radwegs folgen, der uns nach Neustadt bringt. Hier zweigen wir rechts ab auf den Paneuroparadweg Prag-Paris, der auf der Trasse des Bockl-Radwegs verläuft und uns immer in der Nähe des Flusses „Floß“ zur gleichnamigen Stadt bringt.

Unsere Tour führt uns auf den ersten Kilometern über den **Waldnaab-Radweg.** Dieser begleitet den gleichnamigen Fluss, der sich aus dem Zusammenfluss von Fichtel- und Tirschenreuther Naab bildet.

Tipp: Es ist ein blauer Hintergrund und ein Fahrrad, das mit den europäischen Sternen eingefasst wird: So ist der **Paneuroparadweg** gekennzeichnet, dem wir ein gutes Stück folgen. Der grenzüberschreitende Fernradweg beginnt in Prag und endet nach 1.537 km in Paris.

Neustadt wurde über der Waldnaab wie auf einem „Thron“ gebaut

In Neustadt a. d. Waldnaab müssen wir einen längeren Aufenthalt einplanen, denn es gibt viel zu sehen: Farbenfrohe Häuser säumen den **Stadtplatz**, das **Neue Schloss** wirkt erhaben und das **Alte Schloss** hat eher Züge einer Burg. Und das Schönste: Alles liegt auf einem Hügel, was zwar etwas Klettern erfordert, aber wunderbare Fernsichten garantiert.

Auch Markt Floß besitzt ein **Neues Schloss** und das Alte Pflegschloss, doch beide sind etwas unauffälliger. Dafür aber wird es hier religiös: Wir schauen uns die restaurierte **Synagoge**, den jüdischen Friedhof und die Kirchen St. Johann Baptist sowie St. Johannes der Täufer an.

Weiter geht´s von Floß auf dem Paneuroparadweg Prag-Paris bzw. auf dem Bockl-Radweg auf weiter anstrengender Strecke durch Haupertsreuth, Frankenrieth, Roggenstein, Trauschendorf, Irchenrieth, Enzenrieth und Pirk nach Rothenstadt. Nun haben wir es geschafft: Ohne größere Steigungen rollen wir auf dem Waldnaabtal-Radweg zurück nach Weiden und unserem Ausgangspunkt, dem Bahnhof.

Na denn Prost: Der **Zoigl-Radweg** bekam seinen Namen in der Tat von dem überregional bekannten Kultbier!

Tipp: Die Schilder und die perfekte Strecke des **Bockl-Radwegs** prägen diese Radtour. Hier rollen wir auf einer ehemals 51 km langen Bahntrasse, die von Neustadt nach Eslarn führte. Der Name Bockl stammte von den Zügen, die seinerzeit von Dampfloks gezogen wurden.

In Rothenstadt habe wir wieder Weidener Stadtgebiet erreicht. Der Ort ist bekannt für seinen **Burgstallhügel**, der im Zentrum einer alten Wallanalage lag.

Kartentipp:
ADFC E-Bike-Karte »Oberpfälzer Wald«
1:75.000, ISBN 978-3-96990-164-9, 10,95 €
Digital für Smartphones und Tablets: www.fahrrad-buecher-karten.de/kartenapp

38 Auf alten Bahntrassen durch´s Fichtelgebirge

Von Wunsiedel nach Selb

Wir rollen auf dem „Brückenradweg Bayern-Böhmen", der auf einer ehemaligen Bahntrasse verläuft und uns beste Bedingungen für eine entspannte Radtour verspricht.

Unser Start-Ort Holenbrunn gehört zur Stadt Wunsiedel. Wer sich im Ort etwas umsieht, findet zwei historische **Wohnstallhäuser** aus den Jahren 1773 und 1806.

Tipp: Es sind nur rund 2 km bis in die Innenstadt von Wunsiedel, die wir uns nicht entgehen lassen sollten. Die **Stadtkirche St. Veit**, das imposante Koppentor und das repräsentative **Rathaus** sind die beiden markantesten Bauwerke der Stadt. Etwas ganz Besonderes ist das **Louisenburg-Felsenlabyrinth**. Wie durcheinandergewürfelt liegen hier wuchtige Granitblöcke, deren Größe schon Goethe beindruckte. Wer es lieber etwas filigraner mag, besucht den **Bürgerpark Katharinenberg**, denn hier gibt es einen Greifvogelpark und Rotwild. Auf dem Pflichtprogramm steht in Wunsiedel der Besuch des **Fichtelgebirgsmuseums**, denn es ist das größte Regionalmuseum Bayerns. Gezeigt werden verschiedene Werkstätten, aber auch mehr als 2.000 Mineralien-Funde.

111 Touren Info

27 km, Streckentour meist auf befestigten Radwegen bzw. Straßen/Wegen, hügelige Tour ohne allzu große Steigungen, Wegweisung als Brückenradweg

Start: Bahnhof Wunsiedel-Holenbrunn

Ziel: Bahnhof Selb

Info: www.wunsiedel.de

Übrigens: Der berühmte Schriftsteller **Jean Paul**, der eigentlich Johann Paul Friedrich Richter hieß, wurde am 21.03.1763 hier in Wunsiedel geboren. Er sollte zu einem der bedeutendsten Autoren der Zeit zwischen Klassik und Romantik avancieren.

Los geht´s am Bahnhof von Wunsiedel-Holenbrunn, den wir nach links über die Bahnhofstraße verlassen, links auf die Egerstraße, am Kreisel erneut links und hinter den Schienen direkt wieder links. So haben wir direkten Anschluss an den Brückenradweg. Dieser geleitet uns auf hügeliger Strecke vorbei an Sinatengrün und über die A 93 hinweg nach Thiersheim.

Der **Brückenradweg** präsentiert uns diese herrliche Tour und schafft das Kunststück, dass wir ohne größere Steigungen durch das Fichtelgebirge rollen können. Der Grund ist naheliegend, denn wir radeln meist auf ehemaligen **Bahntrassen**, was uns nicht nur einen erstklassigen Untergrund, sondern auch spektakuläre Erlebnisse beschert, wenn wir über mehrere denkmalgeschützte Brücken sausen.

Weiter geht´s von Thiersheim auf dem Brückenradweg vorbei an Höchstädt, Schwarzenhammer und Hammergut nach Selb.

Unübersehbar ist die Kirche St. Ägidien in Thiersheim, denn das Gotteshaus liegt strahlend weiß getüncht auf einer Anhöhe.

Tipp: Wer gar nicht genug bekommen kann von der ehemaligen **Bahntrasse**, folgt dem Brücken-Radweg noch einige Kilometer weiter und lernt dabei, das vereinte Europa zu schätzen: Das Ende der Trasse liegt in der tschechischen Stadt Asch - ein Grund dafür, dass der offizielle Titel **„Brückenradweg Bayern-Böhmen"** lautet. Einst gab es Bahnverbindungen zwischen Holenbrunn und Selb. Sowie von Holenbrunn nach Leupoldsdorf. Dabei spülten die Strecken viel Geld in die Region, denn die **Porzellanfabriken** und die steinverarbeitenden Betriebe erlangten einen großen Aufwind.

Die Innenstadt von Wunsiedel lassen wir uns nicht entgehen

Das fragile Porzellan war es, womit Selb einst zu seinem Wohlstand kam. Das erkennen wir bis heute z.B. am **Porzellan-Industrie-Museum**, auch „Porzellanikon" genannt, am Porzellanbrunnen oder am **Porzellanglockenspiel** am Rathaus. Etwas stabiler sind **Schloss Erkersreuth**, **die Fachwerk-Pechhütte** und weitere historische Gebäude in der Innenstadt.

Kartentipp:
ADFC E-Bike-Karte »Fichtelgebirge«
1:75.000, ISBN 978-3-96990-138-0, 10,95 €

Digital für Smartphones und Tablets: www.fahrrad-buecher-karten.de/kartenapp

39 Naherholung vor den Toren Hofs

Von Hof über Oberkotzau

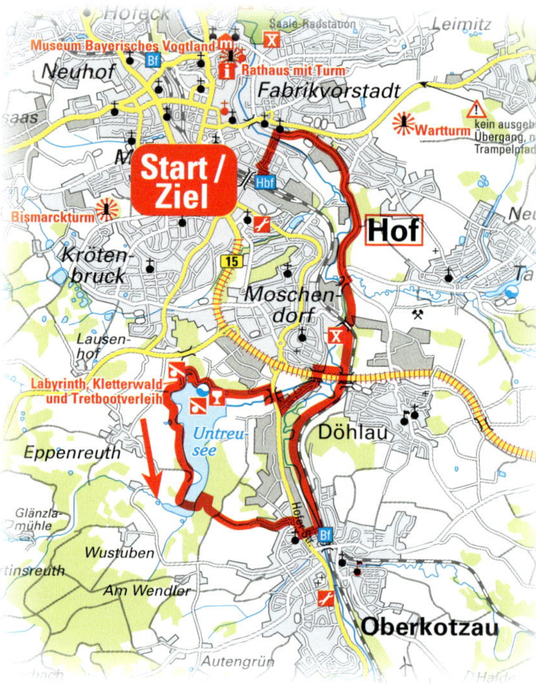

Von der wunderschönen oberfränkischen Metropole Hof begeben wir uns auf eine kurze, naturverbundene Rundtour, die uns über den Saale-Radweg und zum Untreusee führt. Nachdem wir dort die Wasserfreuden genossen haben, schauen wir uns noch das idyllische Oberkotzau an.

111 Touren Info

18 km, Rundtour meist auf befestigten Radwegen bzw. Straßen/Wegen, hügelige Tour ohne allzu große Steigungen, teils Wegweisung als Saale-Radweg

Start / Ziel: Hauptbahnhof Hof

Info: www.hof.de

Die rund 45.000 Einwohner zählende Stadt Hof ist etwas Besonderes: Die beiden Kerne der klassizistischen **Neustadt** und der historischen **Altstadt** sind inzwischen verwoben und präsentieren uns eine Vielzahl an Sehenswertem.

Tipp: „Felsspaltengärten" – diese und andere exotische Anblicke erwarten uns im **Botanischen Garten**. 1929 gegründet, verzaubert er uns mit verschiedenen „Pflanzquartieren".

Die prachtvolle und für Autos gesperrte Lorenzstraße zieht sich durch die Altstadt und gibt den Blick frei auf die doppeltürmige **Marienkirche**. Nachdem wir hier die Fassaden bewundert haben, geht das Staunen beim **Rathaus** mit seinem imposanten Turm weiter, bevor wir uns vor der **Freiheitshalle** dem begehbaren **Johann-Georg-August-Wirth-Denkmal** widmen.

Los geht´s am Hauptbahnhof von Hof, den wir nach links über König- dann rechts Roonstraße verlassen. Nachdem wir die Saale überquert haben, rechts auf den begleitenden Radweg an der Ascher Straße. Die Schilder des Saale-Radwegs weisen uns den Weg hinaus aus der Stadt, an Neudöhlau vorbei und an der Bahn entlang bis vor die B15. Hier rechts, bei nächster Gelegenheit unter der B15 her. „An der Moschenmühle" führt uns durch den Ort, dann hinter dem Möbelhaus rechts, kurz darauf links unter der Umgehungsstraße her, dahinter rechts und wieder links. So gelangen wir zum Ufer des Untreusees, den wir gegen den Uhrzeigersinn umrunden.

Wir kommen vorbei an einem Wohnmobilstellplatz, bevor wir den 23 m hohen und 316 m langen Staudamm des **Untreusees** erreichen.

Dem Untreusee bleiben wie gerne treu...

Er staut die Ölsnitz, die auch Untreubach genannt wird, zu einem See auf, der rund 0,6 qkm bedeckt. Geplant als Wasserzufuhr für die Saale, dient er inzwischen hauptsächlich der Naherholung. Die Gäste kommen bei sonnigem Wetter besonders gerne her, denn hier können wir verschiedenen Wasserportarten wie Segeln, Surfen, Rudern, etc. frönen.

Bei unserer Umrundung des Sees kommen wir vorbei am kleinen Hafen, an einem **Freizeitpark** mit Spielplatz und einem **Labyrinth**.

Weiter geht´s vom Untreusee, den wir im Süden über drei kleine Inseln hinweg verlassen, um dann durch den Wald mit einer kurzen, aber kräftigen Steigung nach Oberkotzau zu radeln. Den Ort erreichen wir über den Eppenreuther Weg, der als Fuß- und Radweg auf die Hofer Straße mündet. Hier rechts, dann links in den Schwarzer Weg und wenig später links auf den Saale-Radweg. Dieser geleitet uns zurück nach Hof, wo unsere Tour endet, wie sie begann.

Mehrere **Holzbrücken** ermöglichen uns einen idyllischen Abschied vom Untreusee: Drei dicht bewaldete Inseln überqueren wir so, bevor es im Wald nach oben geht.

Kartentipp:
ADFC E-Bike-Karte »Fichtelgebirge«
1:75.000, ISBN 978-3-96990-138-0, 10,95 €

Digital für Smartphones und Tablets: www.fahrrad-buecher-karten.de/kartenapp

... genau wie dem Rathaus von Hof

Tipp: Wer sich die Steigung ersparen möchte, rollt einfach weiter auf dem **Uferweg** um den Untreusee herum. Hinter dem Staudamm rechts, dann geht's auf dem Hinweg wieder retour.

Oberkotzau zieht uns schnell in den Bann: Von der urigen Pfeifersbrücke schweift der Blick hinauf zum **Schloss** mit seinem markanten Turm. Ans Flussufer gesellen sich die **Kirche St. Jakobus** und das sonnengelbe **Pfarrhaus**. Auf dem Platz daneben geht es am Brunnen „schweinisch" zu – lassen Sie sich überraschen!

40 »Scheffel-Blick« vom Staffelberg

Von Staffelstein nach Bayreuth

Der Scheffelblick entschädigt für den Aufstieg

Der Blick vom Staffelberg gehört zu den eindrucksvollsten Erlebnissen einer Mainreise. Hinter der »goldenen Pforte« radeln wir durchs Obermaintal in die Wagner-Stadt Bayreuth.

111Touren Info:

75 km, bis auf zwei kräftige Anstiege flache Streckentour über Radwege und Nebenstraßen.
Start: Marktplatz Staffelstein
Ziel: Schloss Bayreuth
Info: www.bayreuth.de

Adam Riese war sicherlich der berühmteste Staffelsteiner, den Ort bekannt gemacht hat auch Victor von Scheffel mit einem Lied zum Staffelberg. So schön **Markplatz**, **Rathaus** und **Kirche** auch sind: »Der Berg ruft«!

Los geht´s hinter dem Marktplatz rechts von der Straße Richtung Staffelberg abbiegend. Hinter dem Parkplatz Romansthal könnte man den steilen Weg hochschieben und abkürzen, wir »Kämpfer« radeln weiter den als Lieferanteneinfahrt gezeichneten Verbundsteinweg, der durch den Wald aufs Plateau führt. Oben dann rechts auf dem Hauptweg bleiben.

Das mit hellen Felsbastionen bewehrte, akropolisartige **Gipfelplateau** zog schon vor 7.000 Jahren Siedler an. Neben dem atemberaubenden Ausblick entschädigt die **Adelgundiskapelle** für die Mühen des Aufstieges. Sie ist, ebenso wie »**Vierzehnheiligen**« ein Wallfahrtsort. An letztgenanntem soll einem Schäfer wiederholt das Christkind mit 14 Kindlein erschienen sein. Gemeint ist wohl eigentlich eine Gruppe von Märtyrern, die bedingt durch Pest und andere Widrigkeiten als 14 Nothelfer bezeichnet werden.

Weiter geht´s über die Hochebene ein Stück retour, dann dem Weg nach Vierzehnheili-

Die Markgräfin passt auf, dass die Aufführungen „standesgemäß" sind

gen folgend. Dahinter rollen wir wieder ins Maintal hinunter, wo wir hinter Seubelsdorf die »**Deutsche Korbstadt**« Lichtenfels erreichen. Radweg 8 lautet unsere Kennzeichnung für die nächsten Kilometer, die uns durch Michelau, Hochstadt, Altenkunstadt und Schwarzach nach Mainleus bringen.

Tipp:
Ganz in der Nähe fließen der Rote und der Weiße Main zusammen. Der Weg dorthin wird versüßt mit dem Anblick von **Schloss Steinenhausen**.

Weiter geht´s am Roten Main entlang – die Schilder OR2 weisen uns den Weg nach Neudrossenfeld mit einem großen **Schloss**- und **Kirchenkomplex**. Über Heinersreuth ist unser Ziel Bayreuth schon bald erreicht. Der Bahnhof ist ausgeschildert.

Bekannt ist Bayreuth freilich für seine Richard-Wagner-Festspiele, bei denen sich internationale Prominenz versammelt. Wagner wurde durch das **Markgräfliche Opernhaus** hierher gelockt, das heute das schönste Barocktheater der Welt ist und lange Zeit auch das größte Deutschlands war. Vergessen Sie aber nicht vor lauter Nibelungen, dass Bayreuth noch mehr zu bieten hat, wie z.B. eine attraktive **Innenstadt** und das **Neue Schloss** der Eremitage.

Kartentipp:
ADFC E-Bike-Karte „Fränkische Schweiz" 1:75.000, ISBN 978-3-96990-054-3, 9,95 €

Digital für Smartphones und Tablets: www.fahrrad-buecher-karten.de/kartenapp

41 Auf sieben Hügeln erbaut

Von Bamberg nach Bad Staffelstein

Es fällt schwer, sich auf die Räder zu schwingen und los zu radeln, denn Bamberg zieht uns mit historischen Bauten und idyllischen Einkehrmöglichkeiten in den Bann. Doch es lohnt sich, denn der exzellente Main-Radweg geleitet uns durch wunderbare Natur zu vielen weiteren sehenswerten Orten.

111 Touren Info

35 km, Streckentour meist auf befestigten Radwegen bzw. Straßen/Wegen, etwas hügelige Tour, keine allzu großen Steigungen, Wegweisung als Main-Radweg

Start: Bahnhof Bamberg

Ziel: Bahnhof Bad Staffelstein

Info: www.bamberg.de

Welche berühmte Stadt wurde auf **7 Hügeln** erbaut? Na Bamberg natürlich! Naja, Rom zwar auch, aber wir widmen uns zu Beginn unserer Tour dieser wundervollen Stadt, die genau an der Stelle erbaut wurde, wo die **Regnitz** in den Main mündet. Dabei begeben wir uns auf eine Zeitreise bis ins 11. Jh., denn einige der **zahllosen historischen Bauwerke** reichen zurück bis in diese Epoche.

Tipp: In Bamberg haben wir die Qual der Wahl, denn es gibt eine ganze Reihe spannender

Museen: Wir wäre es denn mit dem **Krippenmuseum**, oder mit dem Feuerwehrmuseum, dem Gärtner- und Häckermuseum, oder dem **Missionsmuseum**? Wer er kunstvoller mag, besucht das **Internationale Künstlerhaus Villa Concordia**, das uns schon von der Lage und der Architektur her begeistert.

Die **Altstadt** von Bamberg besteht aus Gärtner-, Insel und Bergstadt und präsentiert uns zu Füßen des Kaiserdoms mehr als **1.200 Baudenkmäler**. Nicht umsonst wurde 1993 alles unter den Schutz der UNESCO gestellt. Wir streifen begeistert durch die teils engen Gassen, blicken auf die **Neue Residenz**, das **Alte Rathaus** mit Rokokosaal und kehren am Ende beseelt in die tollen **Gaststätten** ein und genießen das **Rauchbier** mit Blick auf´s Wasser.

Los geht´s am Bahnhof von Bamberg, den wir nach rechts über die Ludwigstraße verlassen, die in die Coburger Straße übergeht. Wir rollen bereits auf dem Main-Radweg, deren Schilder uns rechts unter den Schienen her auf ruhige Nebenstraßen lotsen. Vorbei an Hallstadt und Kemmern erreichen wir Breitengüßbach.

Hallstadt ist inzwischen mit Bamberg verwachsen. Dennoch lässt sich der Ortskern noch gut identifizieren – mittendrin steht seit 1478 die schmucke **Pfarrkirche St. Kilian**.

Weiter geht´s von Breitengüßbach auf dem Main-Radweg durch Rattelsdorf, Ebing, Unterbrunn, Oberbrunn und Ebensfeld nach Bad Staffelstein, wo unsere Tour am Bahnhof endet.

„Klein Venedig"? Das ist in Bamberg keinesfalls übertrieben!

Hinter Breitengüßbach rollen wir durch ein dichtes Geflecht großer und kleiner **Seen** beiderseits des Mains, die durch den Abbau von Baustoffen entstanden. Einige der Seen werden touristisch genutzt: Es gibt mehrere Campingplätze und **Badestellen**.

Tipp: Ein kleiner Abstecher führt ins Zentrum von Baunach, wo uns ein historischer Marktplatz empfängt, der von **Fachwerkhäusern** umringt wird. Das auffälligste Gebäude ist aber das **Jagdschloss**. Es war einst das fürstbischöfliche Amtsschloss, das bis 1692 im Stile des Spätbarock errichtet wurde.

Bad Staffelstein bildet den würdigen Abschluss unserer Tour entlang des Obermains, denn rund um den Marktplatz finden wir tolle Fotomotive. Das 1687 fertiggestellte **Rathaus** ist nur eines von mehreren gut erhaltenen Fachwerkhäusern. Auch den **Bamberger Turm** müssen wir uns ansehen, denn er ist der einzige Turm der ehemals wuchtigen Stadtmauer. Zur Erholung nach der Tour besuchen wir die **Obermain-Therme** oder das Freizeitbad „Aqua Riese". Beide liegen im weitläufigen **Kurpark** von Bad Staffelstein.

Kartentipp:
ADFC E-Bike-Karte „Fränkische Schweiz" 1:75.000,
ISBN 978-3-96990-054-3, 9,95 €
Digital für Smartphones und Tablets: www.fahrrad-buecher-karten.de/kartenapp

42 Von Festung zu Festung

Von Coburg nach Kronach

Es erwarten uns 39 km die es „in sich" haben: Zum einen geht es ständig auf und ab, so dass wir ordentlich ins Schwitzen kommen. Zum anderen gibt es reichlich zu sehen, denn wir folgen den Schildern des Radwegs „Burgenstraße" und haben gleich am Start in Coburg echte Prachtexemplare deutscher Burgenbaukunst zu entdecken.

Tipp: Der Aufstieg ist anstrengend, gehört zu einem Besuch von Coburg aber unbedingt dazu: 160 m über der Stadt thront die **Veste Coburg**: Sie ist perfekt erhalten und mit einer Ausdehnung von 135 m Breite und 260 m Länge **eine der größten Burgenanlagen Deutschlands**. Von hier oben genießen wir quasi als Zugabe eine phantastische **Rundumsicht**.

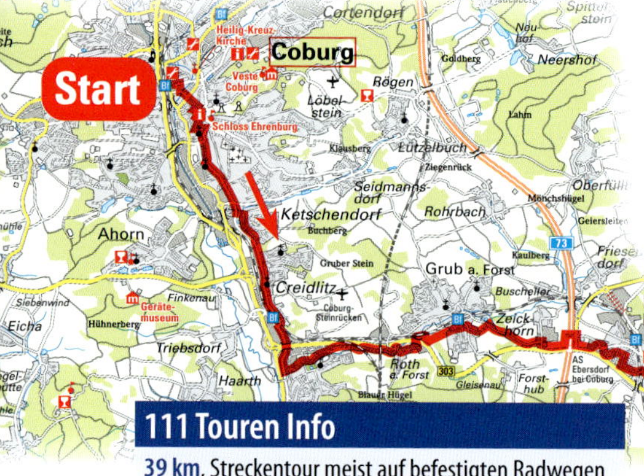

Eine bestens erhaltene Stadtmauer mit drei Toren bewacht die **Altstadt** von Coburg. Im Innern des Rings finden wir repräsentative Villen, Gartendenkmäler, mehrere kleine und größere **Schlösser** wie Lustschlösschen, Rosenauschlösschen oder Schloss Hohenfels.

111 Touren Info

39 km, Streckentour meist auf befestigten Radwegen bzw. Straßen/Wegen, hügelige Tour mit einigen deutlichen Steigungen, teils Wegweisung als Rodach-Itzgrund-Radweg sowie als Radweg „Burgenstraße"

Start: Bahnhof Coburg

Ziel: Bahnhof Kronach

Info: www.coburg.de

Wunderschön ist sie, die **Europastadt Coburg**! Die Stadtväter haben sich dem Gedanken der Europäischen Verständigung verschrieben, was den Einwohnern mehr als nur diesen Titel einbrachte.

Die Innenstadt quillt über an Sehenswertem: Moritzkirche, Heiligkreuzkirche, Stadthaus mit dem Prinz-Albert-Denkmal, **Residenzschloss Ehrenberg**, Hofgarten, **Palais Edinburgh**, Landestheater oder die barocke **Schlosskirche** im Westflügel des Schlosses - unsere Kameras sind im Dauerbetrieb!

Los geht´s am Bahnhof von Coburg, den wir geradeaus über Bahnhofsplatz, links Bahnhofstraße, rechts Mohrenweg und links Mohrenstraße über die Ilz verlassen. Mit mehrmals abbiegen fahren wir auf dem Rodach-Itzgrund-Radweg durch die City, die wir am Rosengarten vorbei auf der Alexandrinenstraße verlassen. Die Schilder des Radwegs bringen uns nach Niederfüllbach, wo wir links in die Uferstraße abzweigen und mit einer ersten kräftigen Steigung nach Grub radeln. Von der Rosengasse biegen wir nach rechts und treffen auf den Burgenradweg auf dem wir vorbei an Zeickhorn nach Ebersdorf radeln.

Wasserläufe umschmeicheln die Altstadt von Kronach

Wir rollen auf dem Radweg **„Burgenstraße"**, der sich von Mannheim bis Bayreuth quer durch den Süden der Republik schlängelt.

Auf 860 km gibt es eine ganze Menge Steigungen zu bezwingen, aber auch unglaublich viel zu sehen.

Weiter geht´s von Ebersdorf, das wir mit den Schildern des Radwegs „Burgenstraße" verlassen, um via Weidhausen, Schneckenlohe und mit deutlichen Steigungen durch Beikheim, Schmölz und Neuses nach Kronach zu rollen, wo die Tour auf der anderen Seite des Flusses am Bahnhof endet.

Tipp: Unsere Tour endet, wie Sie begonnen hat: Mit einem echten Paukenschlag, denn über der Stadt wacht **Festung Rosenberg**, die als eine der besterhaltenen Burgen Deutschlands gilt. Seit dem 13. Jh. gibt es hier eine Festung, die in der Geschichte nie eingenommen werden konnte. Das lag vermutlich an dem ausgeklügelten System an Außenwerken und Wallgräben, die für Schutz sorgten.

Unterhalb der Burg empfängt uns die herrliche **Altstadt** von Kronach, die von einer **Stadtmauer** umgeben wird, bei der die meisten Türme und Tore bis heute erhalten werden konnten. Im Innern finden wir tolle **Sandstein- und Fachwerkhäuser** und weitere spannende Bauwerke. Wer aus den **Gewölbekellern** wieder aufgetaucht ist, widmet sich den anderen Sehenswürdigkeiten: Schließlich liegt Kronach an der Bier- und Burgenstraße und an der Porzellanstraße!

Kartentipp:
ADFC Regionalkarte »Coburg/Bamberg«
1:75.000, ISBN 978-3-96990-143-4, 10,95 €

Digital für Smartphones und Tablets: www.fahrrad-buecher-karten.de/kartenapp

43 Höhepunkt der Burgenstraße

Von Bad Rodach über Bad Colberg-Heldburg

Gleich zwei Kurorte lernen wir auf dieser Tour kennen: Bad Rodach und Bad Colberg profitierten sehr von der Wende, denn zu Zeiten der DDR war hier beiderseits der Grenze eher weniger los. Wer genügend Puste hat, kurbelt hinauf zur Veste Heldburg und schaut sich das Deutsche Burgenmuseum an.

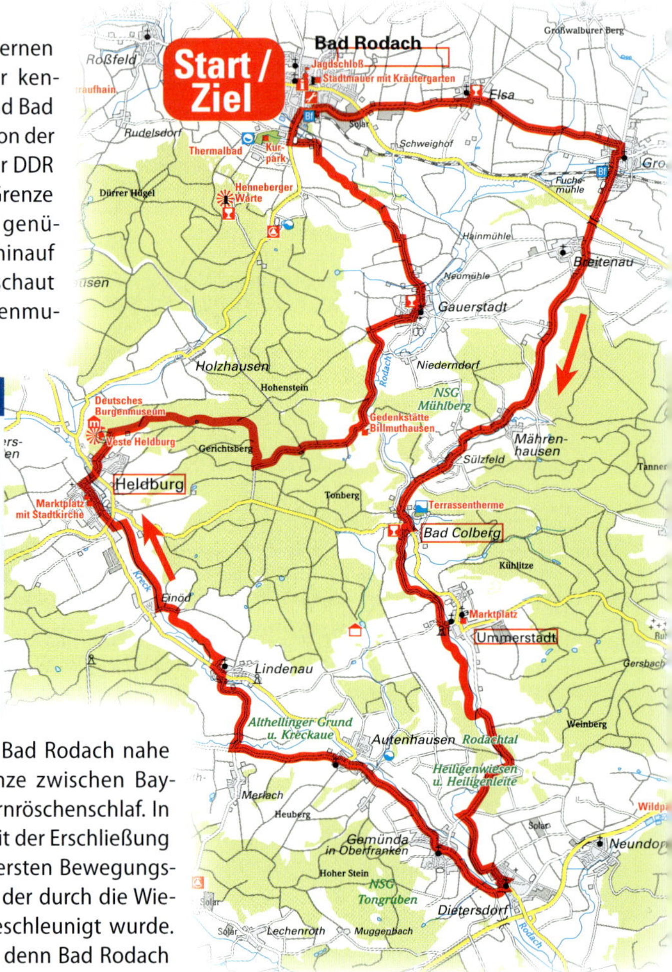

111 Touren Info

48 km, Rundtour meist auf befestigten Radwegen bzw. Straßen/Wegen, hügelige Tour mit einer starken Steigung, die umfahren werden kann, teils Wegweisung als Radweg „Burgenstraße"

Start / Ziel:
Bahnhof Bad Rodach

Info: www.bad-rodach.de

Lange Zeit schlummerte Bad Rodach nahe der innerdeutschen Grenze zwischen Bayern und Thüringen im Dornröschenschlaf. In den 1970er Jahren kam mit der Erschließung der **Heilquelle** und dem ersten Bewegungsbad Schwung in den Ort, der durch die Wiedervereinigung weiter beschleunigt wurde. Eigentlich verwunderlich, denn Bad Rodach ist seit jeher eine Augenweide: Rund um den brunnengeschmückten Marktplatz finden wir **wunderschöne, historische Gebäude** wie das **Rathaus** mit seinem tollen Giebel. Das alte Gerichtsgebäude diente einst den Herzögen während der Jagdzeit als Unterkunft.

Tipp: Nach der anstrengenden Tour können wir uns perfekt in der **ThermeNatur** erholen. Schließlich war es die **wärmste Thermalquelle Frankens**, die 1999 dafür sorgte, dass Rodach mit dem Titel „Bad" geadelt wurde.

Ansehen müssen wir uns in Bad Rodach auch das 1749 für Herzog Franz Josias erbaute **Jagdschloss**.

Los geht´s am Bahnhof von Bad Rodach, den wir nach rechts über die Bahnstraße, links Wiesenweg und rechts August-Grosch-Straße verlassen. Diese geht in die Werner-von Siemens-Straße über, quert die Coburger Straße geradeaus und führt uns als Elsaer Straße aus der Stadt hinaus. Hinter Elsa erreichen wir Großwalbur, wo wir rechts abbiegen, um via Breitenau, Mährenhausen und Sülzfeld nach Bad Colberg zu radeln.

Bad Rodach ist aus dem Dornröschenschlaf erwacht

Da müssen wir rauf: Zur Veste Heldburg

Bad Colberg war zu Zeiten der DDR als „Randgebiet" für ortsfremde Personen nur mit Sondererlaubnis zu erreichen – sehr ärgerlich, denn schon im Jahre 1907 wurde hier eine stark salzhaltige Thermalquelle gefunden. Es entstanden eine **Sprudelhalle** und weitere **Kuranlagen**, die bis heute erhalten werden konnten und nach der Wende um die **Terrassentherme** erweitert wurden.

Weiter geht´s von Bad Colberg auf dem Burgen-Radweg durch Ummerstadt, Dietersdorf, Gemünda in Oberfranken und Autenhausen nach Lindenau. Hier heißt es kräftig durchatmen, denn es geht kurz darauf um 100 Hm steil nach oben. Auch hinter Heldburg müssen wir auf der Burgenstraße noch etwas bergauf radeln, ehe wir in rasanter Fahrt hinunter nach Gauerstadt sausen. Von hier geht's zurück nach Bad Rodach, wo die Tour am Bahnhof endet.

Tipp: Wer die anstrengende **Steigung** vermeiden und die Tour erheblich verkürzen möchte, verlässt Bad Colberg nach rechts auf der Hauptstraße und radelt direkt nach Gauerstadt.

Hoch über den Häusern des Ortes Heldburg thront auf einem 403 m hohen Felsen die **Veste Heldburg**. Schon im Jahre 1317 wurde an dieser Stelle eine Burg erwähnt, die 1374 in den Besitz der Familie Wettin gelangte, die bis 1920 die Burgherren blieben. Der Aufstieg ist sehr mühsam, was uns hautnah spüren lässt, warum die Veste Heldburg auch als „Fränkische Leuchte" bezeichnet wurde: Von hier gab es Blickkontakt mit anderen Burgen und damit die Möglichkeit Feuerzeichen zu übermitteln.

In der Veste ist seit 2016 das **Deutsche Burgenmuseum** untergebracht, das uns die „Faszination Burg" eindrucksvoll präsentiert.

Kartentipp:
ADFC Regionalkarte »Coburg/Bamberg«
1:75.000, ISBN 978-3-96990-143-4, 10,95 €
Digital für Smartphones und Tablets: www.fahrrad-buecher-karten.de/kartenapp

44 Kunstfahrt um Bad Kissingen

Von Bad Kissingen über Münnerstadt

Bad Kissingen, das bayerische Staatsbad an der Fränkischen Saale und dem Radfernweg gleichen Namens, ist Start für eine Tour auf den Spuren Tilmann Riemenschneiders.

111Touren Info:

53 km, Rundtour meist flach, mit einer größeren und einigen kleineren Steigungen, meist über Nebenstraßen.
Start / Ziel: Bahnhof Bad Kissingen
Info: www.info-rhoen-saale.de

Schon seit 1544 wird Kissingen als **Badeort** erwähnt, der im Laufe der Jahrhunderte viele prominente Gäste begrüßte. In der Stadt sind das **alte Rathaus** und die **Pfarrkirche St. Jakobus** und eine **orthodoxe Kirche** sehenswert – sie verblassen im Sommer aber vor der Blütenpracht des **Rosengartens**.

Los geht´s vom Bahnhof über Bahnhof- und Friedrich-Ebertstr. Am Sportpark vorbei bringt uns die Lindesmühlenpromenade auf den Saale-Radweg, dem wir nach rechts via Hausen und Großenbrach nach Aschach folgen.

Das alte **Brunnengebäude** von Großenbrach beherbergt jetzt ein kleines **Museum**. Mit etwas Glück sehen wir die letzte im Dienst befindliche **Postkutsche**. Das **Volkskunde- und Schulmuseum** von Aschach ist im **Schloss** untergebracht. Vorher produzierte hier eine Steingutfabrik.

Weiter geht´s auf dem Saale-Radweg durch **Bad Bocklet**, einen Kurort mit anmutiger Abgeschiedenheit, Hohn, Steinach (in der Kirche steht ein **Riemenschneider-Altar**), Roth und Nickersfelden nach Unterebersbach.

Bad Kissingen ist ein hübscher Kurort mit sehr langer Tradition

Tipp: In der **Pfarrkirche St. Peter und Paul** hängt ein **Engel**, der erst bei der Restaurierung als Werk Riemenschneiders erkannt wurde.

Weiter geht´s über Oberebersbach, Niederlauer, Bad Neustadt und Burglauer nach Münnerstadt.

Mächtige **Stadttore** und eine teils gut erhaltene Stadtmauer umgeben den hübschen Ort mit seinem **Rathaus**, der **Zehntscheune** und der Kirche, in der Riemenschneiders **Magdalenenaltar** steht. Die **Klosterkirche** gilt als eine der schönsten Rokokokirchen der Region.

Kartentipp:
ADFC Regionalkarte »**Rhön**« 1:75.000,
ISBN 978-3-96990-066-6, 9,95 €

Digital für Smartphones und Tablets: www.fahrrad-buecher-karten.de/kartenapp

Weiter geht´s von der Kirche durch die Jörgentorgasse und das **Jörgentor** aus der Stadt rechts auf den Main-Werra-Radweg. Am Wallfahrtsort **Thalkapelle** nach Thalhof, dann rechts auf dem RWW63 bergauf nach Nüdlingen. Dort überqueren wir die B 287, biegen kurz danach links vom RWW63 ab und fahren auf ausgeschilderten Wegen entweder am Nudelbach über Hausen oder direkt – mit weiten Blicken, am Bismarckturm vorbei – zurück nach Bad Kissingen.

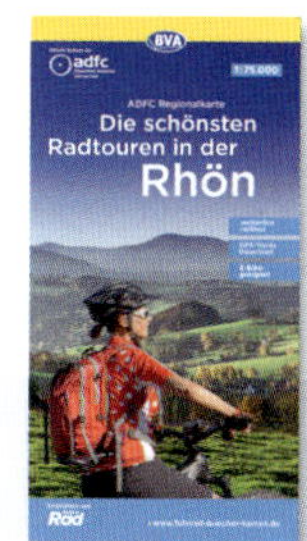

45 Würzburger (Süd-) Stadtrunde

Vom Zentrum zu den Stadträndern

Durch die Stadt und doch entspannend radeln wir durch Parks, Wiesen und Promenaden, um die altehrwürdige Stadt am Main mit ihren zahllosen Sehenswürdigkeiten zu erkunden.

Auf zur Weinprobe an der alten Mainbrücke!

111Touren Info:

18 km, Rundtour mit einigen kleineren Steigungen, meist über Nebenstraßen.
Start / Ziel: Hauptbahnhof Würzburg
Info: www.wuerzburg.de

Die UNESCO-geschützte barocke **Residenz** Würzburgs ist Hauptziel der unzähligen Touristen. Von dort erschließt der Weg über Hofstraße, **Dom, Marktplatz, Marienkapelle** und **Rathaus** die »Muss-Ziele«. Zum Besuch gehört auch die **Festung Marienberg** mit herrlichen Ausblicken auf die Stadt. Nicht umsonst wird Würzburg gerne mit dem »Goldenen Prag« verglichen.

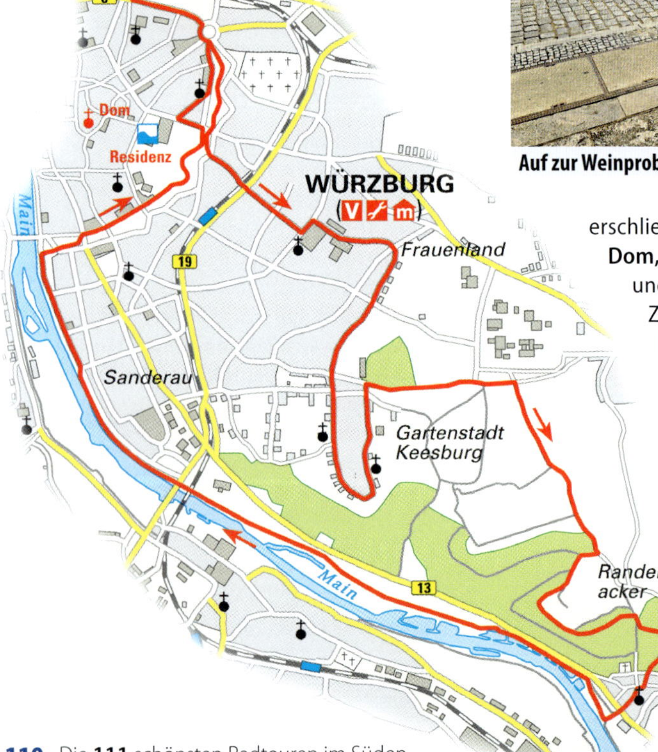

Los geht´s vom Bahnhof links über Haugerring zum Berliner Platz. Jenseits der Hauptstr. fol-

Randersacker fühlt sich wohl inmitten der Weinberge

gen wir dem Kreisel, zweigen zum Rennweger Ring bzw. zum **Ringpark** ab. In der Nähe liegt der **Hofgarten** der Residenz. Im Ringpark rechts, den Friedrich-Ebert-Ring überqueren, via Seinsheistr., Wittelsbacher Platz, Zwerchgraben und Trautenenauer Str. bergauf in die Gartenstadt Keesburg. Über die Matthias-Ehrenfried-Str. erreichen wir die **Wetterwarte** mit **Aussicht** über Heidingsfeld. Es geht weiter über Hans-Löffler-, Kettelerstr., Sanderheinrichsleitenweg, Karl-Ritter-von-Frisch-Weg etwas wellig immer geradeaus, bis der **Weinlehrpfad** abzweigt. Auf diesem im großen Bogen wieder zum Hauptweg, kurz rechts und an der **Kapelle** links.

Tipp: Am **Weinlehrpfad** »Pfülben« können wir uns auf Bänken niederlassen und über die geschmackliche Vielfalt der Frankenweine philosophieren. Zu dessen Füßen liegt das denkmalgeschützte **Randersacker**.

Weiter geht´s durch den Weinberg mit Serpentinen abwärts nach Randersacker. Über die Maingasse erreichen wir das Mainufer, dessen Radweg uns zurück nach Würzburg bringt. Am Ludwigskai weiter geradeaus, kurz vor der Brücke rechts über die Straße zum Ringpark bzw. am Sanderring zurück zur Residenz und zum Bahnhof.

In Randersacker besaß Baumeister Balthasar Neumann einen Weinberg, wo er sich einen **Gartenpavillon** baute. Sie finden diesen neben dem Gasthof Krone.

Kartentipp:

ADFC Regionalkarte »Würzburg/Fränkisches Weinland« 1:75.000, ISBN 978-3-96990-091-8, 9,95 €

Digital für Smartphones und Tablets: www.fahrrad-buecher-karten.de/kartenapp

46 Auf der Suche nach Schneewittchen

Von Wertheim nach Lohr am Main

Der beliebte Main-Radweg geleitet uns durch eine wundervolle Landschaft. Am Wegesrand liegen tolle kleine und große Orte, viele mit Fachwerkhäusern und anderen attraktiven Ortskernen.

Im Mittelalter war Wertheim eine **Residenzstadt**. Diesen romantischen Charme konnte sich die Stadt bis heute erhalten. Und so begeistert sie uns mit einer phantastischen **Altstadt**, die so sehens- und erhaltenswert ist, dass sie gleich komplett unter Schutz gestellt wurde. **Fachwerkfans** kommen hier bestimmt auf ihre Kosten, aber auch Museumsfreunde finden im **Grafschafts-** und im **Glasmuseum** Abwechslung.

111 Touren Info

48 km, Streckentour meist auf befestigten Radwegen bzw. Straßen/Wegen, keine größeren Steigungen, Wegweisung als Main-Radweg

Start: Bahnhof Wertheim

Ziel: Bahnhof Lohr am Main

Info: www.wertheim.de

Los geht´s am Bahnhof von Wertheim, den wir nach links parallel zu den Schienen über die Bahnhofstraße verlassen, die am Ende auf die Bismarckstraße mündet, wo wir rechts abbiegen. Direkt vor der unübersichtlichen Kreuzung können wir auf den Radweg nach links wechseln und mit der Brücke den Main überqueren. Vor dem Kreisel scharf rechts und runter zum Ufer. Hier haben wir Anschluss an den Main-Radweg, dem wir nach links folgen und der uns nochmals die Flussseite wechseln lässt, um dann via Eichel, Urphar, Bettingen, Homburg und Lengfurt nach Marktheidenfeld zu geleiten.

Wir sind auf dem **Main-Radweg** unterwegs, der zu den beliebtesten Fernradwegen Deutschlands zählt und schon mehrfach für seine gute Streckenführung ausgezeichnet wurde. Die offizielle

Beschilderung beginnt gleich zweimal: Am Roten und am Weißen Main. Das Ende hingegen ist eindeutig: Nach rund 600 km endet der Radweg gemeinsam mit dem Fluss in Mainz bei der Mündung in den Rhein.

Burg Wertheim achtet darauf, dass wir gut in die Pedalen kommen

Tipp: Von Bettingen führt eine Straße nach **Wertheim Village**. In kleinen beschaulichen Läden, die wie eine kleine Stadt angelegt sind, bietet das Outlet-Center mehr als 100 Boutiquen und Einkehrmöglichkeiten. Ein Stückchen weiter steht ein ganzes Haus auf dem Kopf. **„Toppels verdrehte Welt"** stellt unsere Sinne vor eine echte Herausforderung.

Vis-a-vis von Lengfurt können wir uns **Kloster Triefenstein** ansehen, das wir über die Mainbrücke erreichen. Auch ein Wasserfall ist ganz in der Nähe.

Marktheidenfeld empfängt uns mit der schmucken **Main-Brücke** und lädt uns mit seinen schönen **historischen Häusern** und den Einkehrmöglichkeiten zu einer längeren Rast ein. Am auffälligsten ist das blau gestaltete **Franck-Haus**. Kaufmann und Weinhändler Franz Franck ließ sich das Anwesen 1745 bauen. Blau war es damals schon, denn diese Farbe galt seinerzeit als die teuerste Wahl.

Weiter geht´s von Marktheidenfeld auf dem Main-Radweg durch Zimmern, Erlach und Pflochsbach nach Lohr am Main. Hier steuern wir auf der anderen Seite des Main den Bahnhof an, wo unsere Tour endet.

Der Ort Pflochsbach blickt auf eine mehr als 800-jährige Geschichte zurück. Unübersehbar ist die **Pfarrkirche St. Jakobus der Ältere**, deren älteste Teile aus dem Jahr 1614 stammen.

Tipp: Bei Zimmern können wir mit Stufen das Main-Ufer wechseln, um Rothenfels einen Besuch abzustatten. So kommen wir in die kleinste Stadt Bayerns. Hoch über dem Ort thront **Schloss Rothenfels** und wacht über den vielen **Fachwerkhäusern** und das turmgeschmückte **Rathaus**.

Nun müssen wir „märchenfest" sein, denn in Lohr am Main finden wir – sofern wir das Märchen kennen – viele Begebenheiten wieder, die in **„Schneewittchen und die Sieben Zwerge"** vorkommen. Auch die anderen Sehenswürdigkeiten der „Schneewittchenstadt" können sich sehen lassen, wie z. B. Schloss Lohr mit dem Spessartmuseum, das **Alte Rathaus**, das einst Markthalle war, der **Bayersturm** oder die Fachwerkhäuser der Altstadt.

Kartentipp:
ADFC Regionalkarte »Spessart/Main/Odenwald«
1:75.000, ISBN 978-3-96990-115-1, 9,95 €
Digital für Smartphones und Tablets: www.fahrrad-buecher-karten.de/kartenapp

47 Zwischen Spessart und Odenwald

Von Seligenstadt nach Miltenberg

Stolze Gotteshäuser am Main erblicken wir beim Tourstart…

Die Maintalverengung zwischen Spessart und Odenwald wird von Wäldern und Weinbergen gesäumt. Die überschaubare Etappe bietet genug Gelegenheit, einen Schoppen zu kosten.

111Touren Info:

56 km, ebene Streckentour über Radwege und Nebenstraßen. Perfekte Wegweisung.
Start: Mainufer Seligenstadt
Ziel: Bahnhof Miltenberg
Info: www.aschaffenburg.de
www.miltenberg.de

In Seligenstadt ist die älteste **Karolinger-Basilika** nördlich der Alpen zu bewundern. Außerdem locken in der **Altstadt** zahlreiche **Fachwerkhäuser**, das **Einhardhaus**, das **Rathaus** und weitere **historische Gebäude**.

Los geht´s am Mainufer von Seligenstadt. Immer in Flussnähe kommen wir durch Dettingen nach Klein-ostheim. Am Ortseingang nicht in den Ort, sondern rechts zum Main. Die hier beginnenden MR-Schildchen (»Main-Radweg«) weisen uns den Weg zur Schokoladenseite Aschaffenburgs.

Direkt am Fluss liegt mit dem **Schloss Johannisburg** das Wahrzeichen der Stadt. Hier gibt es viel zu sehen – ein Schlossmuseum, die Schlosszimmer, eine Galerie, Gärten und vieles mehr können mit einem Besuch der Schlossschänke abgerundet werden. Auch die **Stiftskirche** mit dem **Nothelferaltar** verdient Beachtung.

Weiter geht´s leider ein Stück auf der Straße, ehe die Bahn gequert und Sulzbach erreicht wird. Im gesamten Verlauf sollten Sie die Radwegbeschilderung genau beachten, denn unsere Tour verläuft recht »zackig« und wechselt des Öfteren Straßen- und Bahnseite. Via Sulzbach, Kleinwallstadt, Elsenfeld und Erlenberg erreichen wir Klingenberg.

... und beim Tourfinale

Für die reinste **Tonerde** der Welt, die eine Zeit lang in jedem Bleistift verwendet wurde, ist Klingenberg bekannt. Bei weitem nicht so staubtrocken ist der **Wein**, der hier in extremen Steillagen wächst.

Tipp: Mit etwas »Power in den Beinen« oder 10 Minuten Schiebetechnik wird die **Clingenburg** erreichen. Im Restaurant lässt sich dann bei herrlicher Aussicht der »Klingenberger Rote« genießen.

Weiter geht´s den Schildern und dem Main folgend rasch nach Miltenberg. Am Ortseingang rechts in die Martin-Vierengel-Str., unten rechts, dann links auf der in den Ort führenden Landstraße bis zum Bahnhof.

»Schnatterloch« heißt der **Marktplatz** wohl wegen der Geräuschkulisse an Markttagen. Neben ihm recken sich tolle **Fachwerkhäuser** in die Höhe, in denen auch das **Heimatmuseum** untergebracht ist. In der Fußgängerzone sticht der stattliche **Gasthof »Zum Riesen«** hervor, der mit seinem Ausschank seit 1504 als das älteste Wirtshaus Deutschlands gilt. Über der Kulisse wacht die **Mildenburg**, die im 16. Jhd. von der Festung zum Repräsentationsbau umgestaltet wurde.

Kartentipp:
ADFC Regionalkarte»Spessart/Main/Odenwald« 1:75.000,
ISBN 978-3-96990-115-1, 9,95 €

Digital für Smartphones und Tablets: www.fahrrad-buecher-karten.de/kartenapp

48 Der römische Limes

Von Aschaffenburg über Obernburg am Main

111 Touren Info

39 km, Rundtour meist auf befestigten Radwegen bzw. Straßen/Wegen, keine größeren Steigungen, teils Wegweisung als Main-Radweg

Start / Ziel: Hauptbahnhof Aschaffenburg

Info: www.aschaffenburg.de

Auf dieser Rad-Runde ist „Disziplin" gefragt! Das ist freilich nicht so ganz ernst gemeint, aber es gibt einfach so viel auf engstem Raum zu entdecken, dass die Zeit im Nu verfliegt. Gute Radwege sorgen dafür, dass die Strecken dazwischen auch zu einem Genuss werden.

Die Innenstadt Aschaffenburgs quillt über an Sehenswertem: Als erstes steuern wir die **Pfarrkirche Unserer Lieben Frau** an und bekommen Nackenschmerzen, weil wir die Blicke nicht von den **Deckengemälden** wenden können. Ansehen müssen wir uns auch die **Stiftskirche St. Peter und Alexander** und die **Altstadt**, die sich gleich dort erstreckt.

Tipp: Rund um Aschaffenburg gibt es verschiedene **Streuobstwiesen**. Bis ins 20. Jh. entstanden viele sehr schmale Grundstücke, die sich oft nur für landwirtschaftliche Zwecke eigneten. Die Besitzer nutzten sie als Obstwiesen, was sich bis heute erhalten konnte. Und das ist auch gut so, denn neben den leckeren Früchten geben sie Raum für seltene Pflanzen und Tiere.

Wundervoll am Main liegt **Schloss Johannisburg**, das sich einst die Mainzer Bischöfe als Zweitwohnsitz gönnten. Wo einst eine Burg stand, ließen sie sich diesen Prunkbau errichten, in dem heute auch die **Staatsgalerie** untergebracht ist.

Los geht´s am Hauptbahnhof von Aschaffenburg, den wir schräg links über die Frohsinnstraße und rechts Erthalstraße verlassen. Über die beiden Stränge der B26 geradeaus hinweg, dann rechts in die Straße „Schlossberg", die uns zum Flussufer führt. Nun folgen wir nach links erst dem Verlauf des Mains, dann auf dem Maintal-Radwanderweg durch Obernau, Sulzbach und Kleinwallstadt bis Elsenfeld. Hier queren wir den Fluss nach Obernburg.

Bei Obernburg a.M. laufen die Höhenzüge des Odenwaldes in der Ebene des Mains aus – in dieser wunderbaren Lage entwickelte sich eine Stadt mit wechselhafter Geschichte. Die

Aschaffenburg hält eine große Anzahl an Fotomotiven für uns bereit

Reste der alten **Stadtbefestigung** wie Hexenturm, Unteres und **Oberes Tor**, Almosen- oder Gumpenturm legen Zeugnis davon ab. Toll anzusehen sind auch die **Altstadt** mit dem **Rathaus** und die etwas außerhalb gelegene Annakapelle.

Weiter geht´s von Obernburg, das wir am Main entlang auf dem gleichnamigen Radweg verlassen. Dieser geleitet uns via Großwallstadt, Niedernberg, und Nilkheim zurück nach Aschaffenburg, wo wir mit dem Main-Radweg den Fluss überqueren. Ab hier folgen wir dem Hinweg zurück zum Hauptbahnhof.

In Großwallstadt können wir den **Runden Turm** bestaunen, der nicht nur rund ist, sondern auch noch eine schöne Krone hat. Er war einst Teil der Stadtmauer.

Tipp: Unsere Rückfahrt können wir gleich zweimal mit tollen Abstechern erweitern: Der erste führt ins Zentrum von Großostheim, das uns rund um den Marktplatz mit wunderbaren **Fachwerkhäusern** empfängt, die zwischen dem 16. und dem 18. Jh. errichtet wurden. Ein zweiter Abstecher bringt uns zum **Schloss Schönbusch**. Das Anwesen liegt malerisch an einem See, doch das eigentliche Highlight ist der Park, denn er gilt als **einer der größten und ältesten englischen Landschaftsgärten Deutschlands**.

Nilkheim wirkt recht modern und geschäftig, doch im Park staunen wir über die Reste eines antiken **Römerbades**. Es wurde vom Kastell Stockstadt hierher verlegt. Ganz in der Nähe unserer Radstrecke verlief einst der Limes, eine viele Tausend Kilometer lange Verteidigungsanlage, mit dem die Römer ihr Reich Richtung Norden schützten.

Kartentipp:
ADFC Regionalkarte»Spessart/Main/Odenwald« 1:75.000,
ISBN 978-3-96990-115-1, 9,95 €
Digital für Smartphones und Tablets: www.fahrrad-buecher-karten.de/kartenapp

49 Von Deutschland über Österreich in die Schweiz

Von Langenargen nach Rorschach

Die Tour durch drei Länder ist unterhaltsam und entspannend zugleich. Mit Lindau und Bregenz werden gleich zwei der wichtigsten und schönsten Bodensee-Metropolen durchradelt.

111Touren Info:

57 km, flache Streckentour meist über Radwege, perfekte Rad-Wegweisung.
Start: Schloss Langenargen
Ziel: Bahnhof Rorschach
Info: www.lindau2.de, www.bregenz.ws
www.tourist-rorschach.ch

Los geht´s vom **Schloss** an der **Uferpromenade** den Schildern nach Kressbronn folgend über die »**Golden Gate**« (Brücke) vom Bodensee. Via Gohren, Tunau und Kressbronn wechseln wir in Nonnenhorn die Bundesländer. So erreichen wir **Wasserburg**, dessen Burg auf der Halbinsel ein beliebtes Motiv ist. Weiter über die Uferstraße, dann durch leicht hügeliges Obst- und Wiesenland erreichen wir Lindau.

Ein Besuch der Halbinsel Lindau ist Pflicht, am besten schon über den Bahndamm, denn von dort geht es immer geradeaus zur **Hafenpromenade** mit dem **Mang-Turm**. Vorbei an **Stadttheater, Altem Rathaus, Stadtmuseum, Stephans- und Stiftskirche** schlängeln wir uns durch die **Altstadt**, wobei die Zeit im Nu verfliegt.

Weiter geht´s: Auf dem Bodensee-Radweg radeln wir stets in Ufernähe den guten Schildern folgend über Lochau (die Grenze ist kaum zu sehen) an der klassischen Badeanstalt »Milli« vorbei nach Bregenz.

Tipp: Gute Bremsen am Rad? Na dann auf mit der Pfänderbahn auf den 1.062m hohen **Pfändergipfel**. Nachdem wir uns von der Aussicht und die Kinder vom Spielplatz losgeeist haben, geht es in schneller Fahrt (Schilder beachten!) zu Tale.

Grandiose Aussichten auf den Bodensee bietet der Pfändergipfel

Die Hauptattraktion von Bregenz ist freilich die international bekannte **Seebühne**. Die älteste Bodensee-Stadt verbindet moderne Architektur und Geschäftigkeit in der **Unterstadt** mit der verträumt-ruhigen Atmosphäre der **mittelalterlichen und barocken Oberstadt**.

Ein Löwe bewacht den Hafen von Lindau

Weiter geht´s die Schilder beachtend auf dem tollen Bodensee-Radweg mit einem Schlenker an der Bregenzer Ach via Hardt über den Rhein(-Kanal) zum **Naturschutzgebiet Rohrspitz**. Durch perfekte Idylle radeln wir weiter, vollziehen einen weiteren Schlenker über den **Alten Rhein**, passieren die Schweizer Grenze und erreichen mit Rorschach das Ende unserer Tour.

Das **Museum »Alte Garage«** widmet sich der Autoherstellung, auch wenn es hier nie eine gab. Wer (viel) Zeit hat, fährt mit der Bahn nach **St.Gallen**, genießt das wundervolle Flair dieser **historischen Kantonsstadt** und rollt entspannt mit den Rädern wieder zurück an den See.

Kartentipp:
ADFC Regionalkarte »Bodensee« 1:50.000, ISBN 978-3-96990-169-4, 10,95 €

Digital für Smartphones und Tablets: www.fahrrad-buecher-karten.de/kartenapp

50 Ein Höhepunkt jagt den nächsten

Von Ludwigshafen nach Langenargen

Mit herrlicher Sicht über den Überlinger See geht es ins »Nizza am See«. Wenig später lockt die Birnau Gläubige, Barockliebhaber und Brautpaare, ehe wir ins quirlige Friedrichshafen eintauchen.

111Touren Info:

52 km, nahezu flache Streckentour meist über Radwege, perfekte Rad-Wegweisung.
Start: Zollhaus Ludwigshafen
Ziel: Schloss Langenargen
Info: www.langenargen.de

Los geht´s vom **alten Zollhaus** über die **Uferpromenade**, unter der Bahn her und parallel zur Straße in den **Fachwerkort Sipplingen** mit seinem **Reptilienhaus** und einem **Weitblick** vom Café. Der B 31 folgen wir nach Überlingen. An der **Therme** vorbei wird die Ortsmitte erreicht.

Weiter geht´s über die Uferpromenade am Hafenbecken vorbei bis hinter Nussdorf. Auf dem weiteren Weg nach Uhldingen liegt etwas abseits die Birnau.

Tipp: Die »Kletterarbeit« lohnt sich, denn die **Birnau** ist einer der prächtigsten **Barockbauten** dieser Region. Ein weiterer Abstecher über den **Prälatenweg** führt ins berühmte **Schloss Salem** mit der weithin bekannten Internatsschule. Das **Pfahlbautenmuseum** von Unteruhldingen ist ohne größere Mühen zu erreichen – ein Besuch in der Stein- und Bronzezeit wird besonders den Kindern gefallen. **Und noch ein Tipp:** Ein Ausflug per Schiff in das **Blumenparadies Mainau**, wo sich niemand wundern würde, wenn Bäche aus Milch und Honig fließen würden.

Weiter geht´s neben der Landstraße her geradewegs in die **Altstadt** von **Meersburg**, dessen **Schloss** der Legende nach die älteste Burg Deutschlands sein soll. Dichterin Annette von Droste-Hülshoff verbrachte hier ihre letzten Jahre. Stets in Ufernähe radeln wir durch Hagnau bis an dessen Ortsende, dort in die Strandbadstraße, durch die Campingplätze, links steil hinauf zu einer Landstraße,

Die **Seepromenade** von Überlingen vermittelt südländische Lebendigkeit. Etwas landeinwärts ragen das 5-schiffige **Münster St. Nikolaus** sowie das **Heimatmuseum** empor. Spannend ist auch das **mittelalterliche Befestigungssystem.**

Die Birnau ist ein Traum in Barock

der wir bis zur B 31 folgen, welche uns via Immenstaad nach Friedrichshafen bringt. Über Schwanenweg, Schmid- und Friedrichstraße kommen wir in die Ortsmitte.

Weit in die Vergangenheit entführen uns die Pfahlbauten

Wichtigstes Ziel ist das **Zeppelin Museum**, das wichtige Fragen der Luftfahrt beantwortet. Eine lange **Uferpromenade** erschließt Gaststätten und Parkanlagen, alles mit herrlichem Seeblick, der vom **Aussichtsturm** im Hafen noch besser ist.

Weiter geht´s am Ende der Fußgängerzone Richtung Lindau die Radwegschilder genau beachtend nach Eriskirch. Durch die Orte Gmünd und Moos erreichen wir Langenargen, wo auf einer Halbinsel das **Schloss Montfort** emporragt.

Kartentipp:
ADFC Regionalkarte »Bodensee« 1:50.000,
ISBN 978-3-96990-169-4, 10,95 €

Digital für Smartphones und Tablets: www.fahrrad-buecher-karten.de/kartenapp

51 Zum malerischen Ende des Untersees

Von Konstanz nach Stein am Rhein

Ist es der Bodensee oder doch schon der Rhein, an dem wir entlang radeln? Eigentlich egal, denn es ist einfach ein Genuss, die Etappe zwischen Konstanz und Stein am Rhein zu erkunden. Die Insel Reichenau und schmucke Fischerdörfer locken ebenso, wie eine Tourverlängerung zum donnernden Rheinfall.

111Touren Info:

30 km, überwiegend flache Streckentour auf Radwegen oder kleinen Sträßchen, eine starke Steigung bei Mammern.
Start: Rheinufer / Radlerbrücke Konstanz
Ziel: Untersee-Brücke Stein am Rhein, Rückfahrt mit Bahn
Info: www.konstanz.de

Die **Kurtisane Imperia** begrüßt die seeseitig anreisenden Besucher von Konstanz. Auch auf dem Festland geht es modern zu – trotz der zahllosen historischen Gebäude wie **Rathaus, Zeughaus, Münster** oder das mächtige **Schnetztor**. Wer Fisch nicht nur auf dem Teller mag, sollte dem **Sea-life** einen Besuch abstatten, während es die Romantiker über die **Seepromenade** zum **Stadtgarten** zieht.

Los geht´s am Rheinufer an der Radlerbrücke. Unter der Schnellstraßenbrücke her an

Die leicht bekleidete Imperia

Badestränden vorbei durch eine Siedlung zur Grenze. Rot-weiße Schilder »Seeradweg Schaffhausen« weisen uns den weiteren Weg nach Gottlieben.

Tipp: Ein Abstecher nach Gottlieben lohnt sich wegen der **kulinarischen Genüsse** und der schmucken Häuser rund um den **Dorfplatz**.

Weiter geht´s via Ermatingen. Von hier aus gibt es **Schiffsfahrten** zur Insel Reichenau.

Tosende Wassermassen am Rheinfall

Reichenau ist bekannt als Insel der **drei Kirchen** – alle sind ein perfektes Abbild romanisch - gotischer Baukunst.

Weiter geht´s an Arenenberg mit dem **Napoleon-Museum** vorbei durch das **schlossbewachte Salenstein**, Mannenbach und Berlingen nach Steckborn.

Der **Turmhof** als Rest der Stadtbefestigung sieht von der Seeseite besonders beeindruckend aus.

Weiter geht´s in entspannter Fahrt nach Mammern, wo es dann links steil hinauf geht. Die Belohnung ist ein »**Panorama-Radweg**«, bis es in Eschenz zur Hauptstraße hinunter geht. Via Lindenstraße am Ufer entlang zur **Insel Werd** mit einem **Priesterhaus**. Stein am Rhein ist schnell erreicht.

Das »**Rothenburg der Schweiz**« beeindruckt schon mit der Einfahrt mit dem Rad. Hinter der Brücke liegt rechts das **Kloster St.Georgen** mit der Stadtkirche. Links hinter der Brücke finden Sie ein Haus, das schöner ist als das andere – Stein, Stufengiebel, Fachwerk, alles wird geboten.

Tipp: Rund 20 km sind es am Ufer entlang bis zum beeindruckenden **Rheinfall**. Fast 150 m breit und 22 m tief stürzen sich die Fluten über die Felsen in die Tiefe. Wem die Aussicht von den Plattformen nicht reicht, fährt mit dem **Boot** und ganz nah an die Gischt heran. Oft vergessen wird die Besichtigung der Stadt Schaffhausen mit ihren **prächtigen Altstadthäusern**.

Kartentipp:
ADFC Regionalkarte »Bodensee« 1:50.000,
ISBN 978-3-96990-169-4, 10,95 €

Digital für Smartphones und Tablets: www.fahrrad-buecher-karten.de/kartenapp

52 Vater des Caravans

Von Bad Waldsee über Bad Wurzach

Die „Radrunde Allgäu" begleitet uns auf einem Stück dieser Radtour und führt uns durch das Naturschutzgebiet Wurzacher Ried und später am Rohrsee vorbei. Die Streckenabschnitte müssen wir uns zwar mit einigen Anstiegen erkaufen, doch auch Ungeübte werden nicht vor unlösbare Probleme gestellt.

111 Touren Info

40 km, Rundtour meist auf befestigten Radwegen bzw. Straßen/Wegen, hügelige Tour mit mehreren kurzen Steigungen, teils Wegweisung als Donau-Bodensee-Radweg, Oberschwaben-Allgäu-Radweg und Radrunde Allgäu

Start / Ziel: Bahnhof Bad Waldsee

Info: www.bad-waldsee.de

Moorheilbad und **Kneippkurort** Bad Waldsee bietet uns eine einladende Fußgängerzone, die sich durch die Altstadt schlängelt, mit jeder Menge Shopping- und Einkehrmöglichkeiten.

Tipp: Etwas nördlich der Innenstadt liegt das **Erwin Hymer Center**. Hier können wir etwas über die Historie des Campings erfahren, denn seit 2011 gibt es hier das **Erwin-Hymer-Museum**, das weithin sichtbar in einem futuristischen Bau auf einem Hügel untergebracht ist. Auf rund 6.000 qm wird dargestellt, wie sich Camping vom einfachen Urlaub mit dem „Dethleffs-Wohnauto" bis zu unserem heute bekannten Luxusurlaub entwickelt hat.

Malerisch spiegelt sich die Silhouette der Stadt im großen Stadtsee. Mitten in der Altstadt fallen die hoch aufragenden Türme der **Stiftskirche** und das **Wurzacher Tor** auf, das einst zur Stadtmauer gehörte. Hier mussten die Händler „Torzoll" zahlen, bevor sie auf dem Markt ihre Waren anbieten durften. Sehr sehenswert sind am Markt auch das Rathaus, das ehemalige **Kornhaus** und zwei schöne **Fachwerkhäuser**. Mehr über Bad Waldsee und die Region erfahren wir im Stadtmuseum.

Wer es gar nicht lassen kann, folgt ab Bad Waldsee dem **Radwanderweg Donau-Bodensee** und hat mehr als genügend Auswahl an Kilometern nach Norden und Süden unter den Pneus. Schon zur römischen Zeit

Das größte Hochmoor Mitteleuropas

gab es bei Bad Waldsee eine Straße, die den Bodensee mit der Donau verband.

Los geht´s am Bahnhof von Bad Waldsee, den wir nach rechts und dann links über die Bahnhofstraße verlassen. In der Rechtskurve treffen wir auf den Donau-Bodensee-Radweg und radeln geradeaus auf der Hauptstraße durch die Innenstadt, um an deren Ende links in die Wurzacher Straße einzubiegen. Später rechts in die Hittisweiler Straße und mit Steigung heraus aus der Stadt führen uns die Schilder durch Haisterkirch und Osterhofen. Vor Eggmannsried verlassen wir nach rechts die Route, treffen in Menhardsweiler auf den Oberschwaben-Allgäu-Radweg und gelangen über Unterschwarzach nach Bad Wurzach.

Links neben uns breitet sich der **Stadtsee** aus, rechterhand der zum weitläufigen Schlosspark gehörende **Schlosssee**. Aus dem Stadtsee wurden immer wieder Funde zu Tage gefördert, die im **Stadtmuseum** ausgestellt werden. Spannend sind auch das **Museum im Kornhaus** und das Zunfthaus Ölmühle.

Tipp: Das **Wurzacher Ried** ist **eines der größten Hochmoore Mitteleuropas**. Hier fühlen sich viele seltene Tier- und Pflanzenarten wohl, so dass das Wurzacher Ried schon früh unter Naturschutz gestellt wurde.

Das weiß auch nicht jeder: Bad Wurzach ist die **drittgrößte Gemeinde** und zugleich **eines der ältesten Moorheilbäder** des Bundeslandes. Würdevollen Glanz strahlt **Schloss Wurzach** aus, das ein tolles barockes Treppenhaus von 1728 beherbergt.

Weiter geht´s von Bad Wurzach, das wir auf der Radrunde Allgäu über den Breiteweg und geradeaus über die B465 hinweg verlassen. Via Ziegelbach, Rohrbach, Molpertshaus und Ehrensberg kommen wir wieder vor die Tore von Haisterkirch. Ab hier radeln wir nach links und auf derselben Strecke, auf der wir herkamen, zum Bahnhof von Bad Waldsee retour.

Wir sind auf einem Stück der **Radrunde Allgäu** unterwegs, die uns auch am 55 ha großen **Rohrsee**, der unter Naturschutz steht, vorbei führt.

Kartentipp:
ADFC Regionalkarte »Allgäu«
1:75.000, ISBN 978-3-96990-171-7, 10,95 €
Digital für Smartphones und Tablets: www.fahrrad-buecher-karten.de/kartenapp

53 Der zweitgrößte See des Bundeslandes – ganz schön überraschend!

Von Biberach a. d. Riß über Bad Buchau

Der Federsee gestaltet sich für uns nicht nur zum Dreh- und Angelpunkt unserer Rad-Runde, sondern auch zu einer Reise in die Urzeit. Die Moore, durch die wir radeln, haben Relikte aus längst vergangener Zeit konserviert.

111 Touren Info

45 km, Rundtour meist auf befestigten Radwegen bzw. Straßen/Wegen, hügelige Tour mit einer kräftigen Steigung am Anfang, teils Wegweisung als Oberschwaben-Allgäu-Radweg

Start / Ziel: Bahnhof Biberach a. d. Riß

Info: www.biberach-riss.de

Biberach an der Riß präsentiert sich als lebendiges Mittelalter: Zu Füßen des schlanken **Weißen Turms** schlängelt sich die **Stadtmauer** um eine tolle **Altstadt**, die mit dem turmgeschmückten **„Neuen Rathaus“** von 1503 ihren Höhepunkt findet. Ulmer Tor, Hospital zum Heiligen Geist, **Jordanbad**, Roter Bau, Pfarrkirche St. Martin - die Liste der Fotomotive ist sehr lang!

Ein Ausflug ins Mittelalter!

Los geht´s am Bahnhof von Biberach, den wir geradeaus auf der Adolf-Pirrung-Straße verlassen, um an der nächsten Ecke rechts in den Bismarckring einzubiegen. Diesem folgen wir auch an der Ecke geradeaus, wo die B465 abzweigt. Weiter geradeaus auf der Gaisentalstraße, hinter dem großen Kreisel auf den parallelen Radweg und geradeaus in die Straße „Fünf Linden“. Vor der B312 rechts (St. Georgs Weg) und geradeaus weiter auf dem Radweg parallel zur Bundesstraße. Vor dem Parkplatz Burrenpark links, unter der B312 her, an der nächsten Linkskurve rechts am Waldrand entlang, bei nächster Gelegenheit links und via Stafflangen nach Oggelshausen. Hier zweigen wir rechts ab und umrunden den Federsee nach Bad Buchau.

Der Federseesteg geleitet uns ins Naturschutzgebiet

Der Federsee war bei seiner Entstehung durch abschmelzendes Gletschereis sagenhafte 30 qkm groß. Heute ist der zweitgrößte See von Baden-Württemberg 1,4 qkm groß. Rund um den See erstreckt sich immer noch ein riesiges Moorgebiet, das mehr als 250, teils seltenen Vogelarten ein Refugium bietet und auch zum **Naturschutzgebiet Federsee** gehört.

Tipp: Von Bad Buchau gibt es einen Lehrpfad zum Federseesteg, von dem aus wir einen herrlichen Blick auf diese Naturidylle genießen können. Mehr zum Thema erfahren wir im **Federseemuseum** von Bad Buchau. Dies präsentiert uns auch Fundstücke aus der Früh- und Vorgeschichte, die in den Mooren perfekt konserviert wurden.

Auf einer Insel mitten im Federsee gründete der fränkische Stadthalter Warin um 770 ein Stift, das später verlegt und die Keimzelle einer Ortschaft wurde, die wir heute als Bad Buchau kennenlernen. Das **Stiftsmuseum** erzählt uns mehr darüber und auch dazu, dass das Stift 1802 säkularisiert wurde, die Gebäude und die **Kirche St. Cornelius und Cyprian** mit ihrer reichaltgien Ausstattung aber erhalten werden konnten.

Bad Buchau selbst empfängt uns mit guten Einkehrmöglichkeiten und mehreren Einrichtungen zur Heilung von **Nerven-, Gefäß- und Rheumaerkrankungen**.

Weiter geht´s von Bad Buchau auf dem Oberschwaben-Allgäu-Radweg zurück nach Oggelshausen. Der Rest der Tour ist einfach, denn wir radeln auf derselben Strecke, auf der wir herkamen, nach Biberach zurück.

Natur und Kultur stehen im Mittelpunkt, wenn wir auf dem **Oberschwaben-Allgäu-Radweg** unterwegs sind. 365 km misst die Rad-Runde, die zwischen Ulm und dem Bodensee verläuft.

Tipp: Rund 8 km südlich von Bad Buchau liegt Bad Schussenried, das schon seit 1966 für seine **Moorbäder** den Beinamen „Bad“ bekam. In der Altstadt finden wir das **Törle**, die **Alte Apotheke**, sowie das 1183 gegründete **Prämonstratenserkloster**. Der **Bibliothekssaal** des Klosters wird übrigens als „geistvollste, festlichste und heiterste Halle des Barock“ bezeichnet.

Der kleine Ort Oggelshausen ist für sein **Skulpturenfeld** überregional bekannt, da sich Bildhauer aus aller Herren Länder hier verewigt haben.

Kartentipp:
ADFC E-Bike Karte »Donaubergland«
1:75.000, ISBN 978-3-96990-053-6, 9,95 €

Digital für Smartphones und Tablets: www.fahrrad-buecher-karten.de/kartenapp

54 Ganz schön blau, der Blautopf

Von Ehingen nach Ulm

Unsere Tour gilt als Geheimtipp, um die »ausgefahrene« Haupt-Donauroute zu umfahren. Mit wenig Anstrengungen radeln wir nördlich der Donau durch Blaubeuren und sehen uns nicht nur eine schöne Altstadt, sondern auch eine geologische Rarität an.

111Touren Info:

40 km, hügelige Streckentour über Radwege und Nebenstraßen.
Start: Marktplatz Ehingen
Ziel: Innenstadt Ulm
Info: www.ulm.de

In Ehingen finden wir einen sehr gut erhaltenen **Stadtkern**, der im Rathaus und dem **Ritterhaus** seine Höhepunkte findet. Vergessen Sie nicht, sich in der **Herz-Jesu-Kirche** den **Altar** anzusehen.

Los geht´s vom Marktplatz in Ehingen auf der Bahnhofstr., vor dem Bahnhof rechts, unter den Schienen sowie der Bundesstraße her in weitem Bogen nach Allmendingen. Dort treffen wir wieder auf die Gleise und folgen diesen mit einem Schlenker via Schmiechen nach Schelklingen (mit **Altstadt** und **Heimatmuseum** im **Rathaus**). Hier unterqueren wir erneut die Bahn und radeln über Weiler (mit der **Ausgrabungsstätte Geißenklösterle**) nach Blaubeuren.

Schon bei der Einfahrt nach Blaubeuren können wir uns die »**Küssende Sau**«, ein bizarres Felsenlabyrinth, ansehen. In der nahe liegenden **Brillenhöhle** wurden vorzeitliche Werkzeuge gefunden. Die Ortsmitte markiert der **Marktplatz** mit dem **Fachwerk-Rathaus** und einem **Brunnen**. Von hier ist es nicht weit zum **Kloster**, in dessen **Kirche** ein imposanter **Hochaltar** zu sehen ist. Weit zurück gehen die Funde, die im **urgeschichtlichen Museum** gezeigt werden.

Tipp: Highlight des Ortes ist aber ohne Frage der **Blautopf**: Er ist 21 m tief und ist eine der größten Karstquellen Europas. Immer noch nicht ganz erforscht ist das **Höhlensystem** unterhalb der Quelle. Sehenswert ist auch die in der Nähe stehende **Hammermühle** im Gebäude des ehemaligen **Wasserwerks**.

Weiter geht´s vom Blautopf über die Blaubergstr. am **Freibad** vorbei, über die Blau-Brücke, an der Schule vorbei und stets in der Nähe der Blau durch Arnegg nach Blaustein.

Der Blautopf ist ja wirklich tiefblau!

Von der Donau her sind die Ausmaße des **Münsters** am Besten zu erkennen – mit 161,60 m sehen wir den höchsten **Kirchturm** der Erde – symptomatisch für den damaligen Größenwahn, denn die Kirche war für 29.000 Menschen geplant, obwohl die Stadt damals nur 12.000 Einwohner zählte. Ebenfalls einzigartig auf der Welt ist das **Brotmuseum**. Die wichtigsten Ziele liegen in der Nähe des **Rathauses** mit seiner **astronomischen Uhr** und dem imposanten **Treppenhaus**: Das **Stadtmuseum**, der **Metzgerturm** oder das alte **Fischerviertel**, das auch Blauviertel genannt wird, lassen die Zeit im Nu verfliegen.

Auch Blaustein lockt mit hübschen **alten Häusern** zu einer Rast. Das **Schloss** im Ortsteil Klingenstein ist in Privatbesitz, so dass uns nur eine Außenansicht bleibt.

Weiter geht´s durch Klingenstein auf den Radweg an der Bundesstraße, die uns die nächsten 8 km nach Ulm begleitet. Das Verkehrschaos am Blaubeurer Tor umfahren wir den Schildern »Stadtmitte« folgend und erreichen so das Ziel dieser Tour.

Kartentipp:
ADFC Regionalkarte »Ulm und Umgebung« 1:75.000,
ISBN 978-3-96990-074-1, 9,95 €

Digital für Smartphones und Tablets: www.fahrrad-buecher-karten.de/kartenapp

55 Studenten, Bischöfe und ganz viel Grün

Von Tübingen über Rottenburg

Die berühmte Uni-Stadt Tübingen ist Ausgangspunkt für unsere Tour durch ruhige Natur. Damit es nicht langweilig wird, garnieren wir unseren Ausflug mit einem Besuch der Bischofsstadt Rottenburg.

111Touren Info:

44 km, Rundtour meist über Rad- und Wirtschaftswege, ein Teilstück auf Landstraße, eine längere Steigung, Straßenwegweisung.
Start / Ziel: Bahnhof Tübingen
Info: www.tuebingen.de

Tübingen hat durchaus mehr zu bieten als »nur« Studenten. Aus dem **mittelalterlichen Stadtbild** ragen am **Marktplatz** der **Neptunbrunnen** und das **Rathaus** heraus. Vom **Hölderlinturm**, einem Rest der **Stadtmauer,** schweift der Blick über das **Schloss**, in dem heute Teile der Uni und ein **Museum** untergebracht sind. Ein Treffpunkt nicht nur für frisch Verliebte ist das **Seufzerwäldchen**. Wer über den Dingen stehen mag, besteigt den 56 m hohen **Turm** der **Stiftskirche**.

Los geht´s vom Bahnhof Richtung Innenstadt, links um den Anlagensee und weiter den Wegweisern »Unterjesingen-Hagelloch« folgend. Vor dem Tunnel biegen wir links in die Neckarhalde ein, um über einen Wirtschaftsweg die Straße nach Hirschau zu erreichen.

In Hirschau radeln wir auf der Hauptstr. und weiter in ein Industriegebiet, wo wir in einer Rechtskurve links abbiegen. Der nachfolgende Weg bringt uns nach Rottenburg.

Über 2000 Jahre alt sind die verwinkelten **Gassen** dieses **mittelalterlichen Städtchens**. Wahrzeichen ist der **Turm** des **Doms St. Martin**, doch auch das **Diözesanmuseum** und das **Römische Museum** sollten wir uns nicht entgehen lassen.

Tipp: Bei unserer Tour können wir einen Blick auf ein weiteres Ausflugsziel erhaschen: Über dem Ort liegt die **Wurmlinger Kapelle** mit einer **romanischen Krypta,** allerdings ist sie mit einem schweißtreibenden Aufstieg auf 475 m Höhe verbunden.

Weiter geht´s über den Neckar mittels Radel- und Fußgängerbrücke und dahinter rechts zur Hauptstr. Nach Wechseln der Straßenseite über die Obere Brücke zur

Ein Gondoliere schaukelt die Besucher an Tübingens Altstadt vorbei

abknickenden Vorfahrt, dort radeln wir links in die Neckarhalde und am rechten Ufer stadtauswärts. Nach 500 m folgen wir links dem Schild »Zur Bronnmühle« und gelangen zu einer idyllischen Strecke am Neckarufer. Via Obernau und Bierlingen rollen wir zurück zum Rottenburger Marktplatz. Hinter diesem fahren wir geradeaus über die Kreuzung und weiter auf der Sülchenstr. Richtung Wurmlingen.

Am Friedhof finden wir die **Sülchenkirche**, in der die Bischöfe von Rottenburg bestattet wurden. Die Kirche selbst geht bis in das 6. Jhd. zurück, der heutige Bau stammt zu meisten Teilen aus dem 16. Jhd.

Weiter geht´s auf dem Radweg neben der Landstraße nach Wurmlingen, wo wir an der Ampel die Straße nach Tübingen queren, ein Stück geradeaus, rechts und gleich wieder links abbiegen, um durch ein Wohngebiet bergauf zu schnaufen. Oben biegen wir rechts ab, genießen die Aussicht und die Talfahrt ins Ammertal. Unten erreichen wir den Radweg nach Tübingen, dessen Schilder uns zielsicher zurück ins Ortszentrum bzw. zum Bahnhof geleiten.

Kartentipp:
ADFC Regionalkarte »Tübingen/Stuttgart Süd« 1:75.000,
ISBN 978-3-96990-181-6, 10,95 €

Digital für Smartphones und Tablets: www.fahrrad-buecher-karten.de/kartenapp

56 Nicht nur für Hundefreunde

Von Rottweil über Oberndorf

Ein Ausflug ins Mittelalter erwartet uns in Rottweil. Nachdem wir uns von der Fülle an Fotomotiven losgerissen haben, rollen wir auf hügeliger Strecke beiderseits des Neckars und entdecken weitere hübsche Orte und ganz viele Uhren!

111 Touren Info

46 km, Rundtour meist auf befestigten Radwegen bzw. Straßen/Wegen, zwei kräftige Steigungen, zwischendurch Gefälle, teils Wegweisung als Heidelberg-Schwarzwald-Bodensee-Weg bzw. als Neckartal-Radweg

Start / Ziel: Bahnhof Rottweil

Info: www.rottweil.d

Die Metzger der Stadt hielten sich die Hunderasse namens **Rottweiler** als Hütehunde – bis heute wird die Stadt gerne mit den vierbeinigen Freunden verbunden, von denen wir natürlich auch eine Statue in der Stadt finden!

Tipp: Ein Verein hat sich im **historischen Bahnbetriebswerk Rottweil** ein angemessenes Domizil geschaffen. Hier können wir spannende, teils dampfbetriebene Fahrzeuge bestaunen.

Rottweil hat eine wunderschöne mittelalterliche **Altstadt**, die es in diesem perfekten Zustand kaum ein anderes Mal gibt. Die **Erker** an den **Bürgerhäusern** ziehen uns in den Bann, doch auch die vielen Türme und Tore der Stadtbefestigung sind herrlich! Mehrere **Sonnenuhren** weisen uns die Zeit – na klar, wir sind an der **„Deutschen Uhrenstraße“** unterwegs.

Los geht´s am Bahnhof von Rottweil, den wir nach rechts über die Bahnhofstraße verlassen, die ansteigend verläuft und nach einigen Kurven auf die Hochbrücktorstraße trifft, der wir nach rechts bergauf folgen. Hinter der Links-Rechts-Kurve im Kreisel links, im nächsten Kreisel geradeaus auf der Nägelesgrabenstraße, dann an der Ampel rechts in die Oberndorfer Straße. Ab hier folgen wir den Schildern des Neckartal-Radwegs via Epfendorf nach Oberndorf.

Etwas außerhalb der Stadt steht der 246 m hohe **Thyssenkrupp-Turm**, in dem Aufzüge getestet werden. Es ist der weltweit zweithöchste seiner Art und verwöhnt uns mit einer Aussichtsplattform.

In den ehemaligen Räumen des Klosters von Oberndorf wurde im 19. Jh. die Produktion von Waffen zusammengeführt. Bis heute sind Betriebe hier ansässig, die auf der Welt führend in der **Waffentechnik** sind, wie Heckler & Koch, Rheinmetall oder Feinwerk-

Die Altstadt von Rottweil – selbstverständlich mit Hund!

bau. Mehr darüber erfahren wir im **„Museum im Schwedenbau"**, das sich aber auch der regionalen Geschichte widmet. Außerdem sehen wir uns das spätbarocke **Rathaus** von Oberndorf und die Pfarrkirche St. Michael an.

Weiter geht´s von Oberndorf zunächst auf derselben Strecke entlang des Neckartal-Radwegs wieder zurück bis hinter Epfendorf. Hier zweigen wir links ab, queren den Fluss und kurbeln auf dem Butschhofweg erst mit geringer, dann mit starker Steigung hinauf nach Irslingen. Vorbei an Dietingen radeln wir dem Heidelberg-Schwarzwald-Bodensee-Weg folgend Richtung Göllsdorf, wo wir am Ortsteingang rechts hinunter nach Rottweil rollen können, wo die Tour rechterhand am Bahnhof endet.

Die Pfarrkirche von Dietingen verbirgt eine **„Karfreitagsrätsche"** von 1768. Dieses „Lärminstrument", wird traditionell von Kindern am Freitag vor Ostern eingesetzt, damit alle an den Gottesdienst denken. Deutlich leiser geht es in der **„Welt der Kristalle"** zu, wo es uns aus jeder Ecke entgegen funkelt.

Tipp: Der **Heidelberg-Schwarzwald-Bodensee-Weg** bringt uns beste Aussichten, aber auch Steigungen auf kleinen Straßen. Also doch besser auf dem Neckartal-Radweg zurückradeln? Die Steigung dort ist angenehmer zu radeln.

Zum Ende unserer Tour sind wir im Übergangsbereich zwischen **Schwäbischer Alb** und **Schwarzwald** unterwegs, was wir an den Erhebungen deutlich merken. Der **Falkenberg** und das **Dissenhorn** sind die höchsten Berge der Region.

Kartentipp:

ADFC E-Bike Karte »Donaubergland«
1:75.000, ISBN 978-3-96990-053-6, 9,95 €

ADFC Regionalkarte »Tübingen/Stuttgart Süd«
1:75.000, ISBN 978-3-96990-181-6, 10,95 €

Digital für Smartphones und Tablets: www.fahrrad-buecher-karten.de/kartenapp

57 Der Ursprung des zweitgrößten Flusses Europas

Von Donaueschingen über Bräunlingen

Der Tourstart ist etwas beschwerlich, denn es geht gleich mächtig bergauf. Dafür rollen wir aber in der Folge autofrei durch einen dichten, ruhigen Wald. Das große Finale bildet der Schlosspark mit der offiziellen Donauquelle.

Tipp: Wer die Tour am **S-Bahnhof Donaueschingen** beginnt, folgt der Bahnhofstraße nach links, dann rechts über die Brigach, links weiter ein Stück entlang des Ufers und erneut links auf die andere Flussseite bis zum Bahnhof Donaueschingen-Mitte/Siedlung.

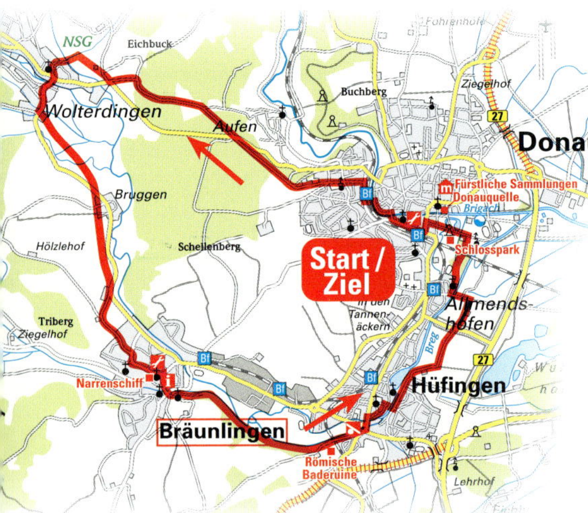

111 Touren Info

21 km, Rundtour meist auf befestigten Radwegen bzw. Straßen/Wegen, zu Beginn eine sehr kräftige Steigung, dann fast komplett Gefälle, teils Wegweisung als Schwarzwald Panorama-Radweg

Start / Ziel: Bahnhof Donaueschingen Mitte/Siedlung

Info: www.donaueschingen.de

Donaueschingen bietet viele Sehenswürdigkeiten auf engstem Raum: die **Pfarrkirche St. Johann Baptist**, die **Fürstlich Fürstenbergische Hofbibliothek**, die **historische Brauerei Fürstenberg** und in den umliegenden Straßen weitere, teils farbenfroh historische Häuser.

Auch das **Einkehren** fällt in Donaueschingen leicht, denn die Auswahl an Gaststätten und Cafés ist groß – vor allem die Kuchen und Torten sind hier empfehlenswert“.

Los geht´s am Bahnhof Donaueschingen-Mitte/Siedlung, den wir nach rechts über die Hagelrainstraße verlassen, um kurz darauf links in die Alte-Wolterdinger-Straße abzubiegen, die sogleich sehr stark ansteigt. Die Straße bringt uns an zwei Kliniken vorbei und mit einer Kurve in den Wald – die Autos sind nun vergessen. Geradeaus über die Querstraße hinweg, noch etwas bergauf, dann rasant ins Tal bei Wolterdingen. Ab hier folgen wir dem Schwarzwald Panorama-Radweg durch Bruggen nach Bräunlingen.

Rechts neben unserem Weg liegt der bei Urlaubern beliebte kleine Ort Aufen direkt an der **Brigach**. Und wie wir alle gelernt haben: „Brigach und Breg bringen die Donau zu weg“.

Tipp: Wenn wir in unserer Route einen Schlenker nach links an der Klinik Sonnenhalde vorbei einlegen, genießen wir bei klarer Sicht eine phantastische Aussicht bis zu den **Alpen**.

Bräunlingen ist ein Ort der Brunnen – zu ihnen gehört auch das sogenannte **„Narrenschiff"**, das zu Füßen der schmucken alten Häuser steht. Zu denen gehören das farbenfrohe **Rathaus**, die Stadtkirche „Unsere Liebe Frau" und das **Mühlentor**.

Weiter geht´s von Bräunlingen auf der Dögginger Straße, geradeaus über den Kreisel und vom Friedhofweg links in den Buchhaldenweg durch Hüfingen und über die Breg, vorbei an Allmendshofen nach Donaueschingen, das wir durch den Schlosspark erreichen. Unsere Tour beenden wir an einem der beiden Bahnhöfe.

Hier beginnt die lange Reise der Donau

Direkt an unserem Radweg liegt das **frührömische Kastell Brigobannis**. Ausgrabungen haben wir es zu verdanken, dass wir uns gut vorstellen können, wie sich die Römer einst in der benachbarten Therme erholt haben.

Strahlend weiß funkelt uns das Rathaus von Hüfingen entgegen. Es ist umgeben von weiteren historischen Gebäuden, unter ihnen das **Obere Schloss**, die **Lorettokapelle** und die Stadtkirche St. Verena und Gallus.

Wir rollen durch den Park des Schlosses und gelangen zur offiziellen **„Donauquelle"**. Hier plätschert das Wasser munter vor sich hin, eingefasst in ein Becken und beschriftet mit „über dem Meere 687 m, bis zum Meere 2840 km".

Die Quelle liegt direkt neben dem Donaueschinger Schloss, das sich die Fürsten von Fürstenberg im Jahre 1772 gönnten. Nach Armut sieht es im Innern nicht aus: In der Empfangshalle, im **Festsaal**, in den Salons oder in der Kupferhalle umrahmen wertvolle **Wandteppiche** Möbel aus den Epochen Renaissance, Barock und Rokoko.

Gegenüber des Schlosses finden wir die **Fürstlich Fürstenbergischen Sammlungen**. Sie bieten für jeden Geschmack etwas: Kunst, Geologie, Mineralogie, Zoologie und kirchliche Kunst bieten Abwechslung.

Kartentipp:

ADFC E-Bike Karte »Donaubergland«
1:75.000, ISBN 978-3-96990-053-6, 9,95 €

Digital für Smartphones und Tablets: www.fahrrad-buecher-karten.de/kartenapp

58 Zu den ungleichen Zwillingen

Von Neustadt nach Freiburg

Die Höllentalbahn bringt uns von Freiburg nach Neustadt. Per Rad schnaufen wir den Thurner hinauf, ehe es mit herrlichen Ausblicken wieder zu Tal geht.

Neustadt markiert das geschäftige **Zentrum des Hochschwarzwaldes**. Die Türme des **Münsters St. Jakobus** sind unübersehbar.

111Touren Info:

48 km, Streckentour auf Landstraßen, Nebenstrecken und Radwegen, im ersten Drittel längere, teils starke Steigung.
Start: Bahnhof Neustadt
Ziel: Bahnhof Freiburg
Info: www.freiburg.de

Los geht´s ab Bahnhof Titisee-Neustadt über Bahnhof-, Gutach-, Freiburger- und Jostalstr. auf der ansteigenden Straße.

Am Josenhof/Bushalt Eckbach links in den Eckbachweg. Richtung Breitnau-Bruckbach über den Bach, an einsamen Gehöften vorbei zum Dominikhof. Dahinter rechts hinauf Richtung Thurner. Am Holzhof ist der **höchste Punkt der Tour (1.032 m)** erreicht. Ausblicke und Ruhe entschädigen die fehlende Puste.

Ein kühles Bier haben wir uns verdient

An der **Thurner-Kapelle** vorbei geht es hinunter über die Straße nach St. Märgen.

Weit sichtbar sind die beiden Zwiebeltürme des ehemaligen **Klosters**, das im Innern wertvolle Kirchenschätze beherbergt. Abseits des Ortes führen 14 Kreuzwegstationen zur **Judas-Thaddäus-Kapelle**.

Auf dieser Tour bieten sich viele Ausblicke - wie hier auf St. Märgen

Weiter geht´s aus der Ortsmitte heraus über die Glottertalstr. Die Schwarzwald-Panorama-Straße macht ihrem Namen alle Ehre und bringt uns in teils steiler Abfahrt nach St. Peter.

Auch St. Peter wird von seiner **doppeltürmigen Barockkirche** dominiert, ohne aber seinen **ländlichen Charakter** zu verlieren.

Tipp: Wer mag, kann durch das berühmte **Glottertal** zurück nach Freiburg radeln. Wegen der steilen Abfahrt und des großen Verkehrsaufkommens sollte dies aber gut überlegt sein.

Weiter geht´s von der Bushaltestelle in St. Peter rechts (Roter Weg) dem Schild Lindenberg folgend hinauf. Die Eichwaldstr. geradeaus, denn steile (!) Serpentinen-Abfahrt durch den Wald nach Ibental. Am Ibenbach entlang, ab Hofacker auf dem Radweg, geht es nach Burg, ab wo wir den Schildern des Dreisamtal-Radweges folgen können. An der Dreisam entlang, später am Stadion vorbei via Horchweg, Hindenburgstr., Kronenbrücke, Schreiberstr., Werderring, Belfort- und Wilhelmstr. zum Bahnhof in Freiburg.

Kartentipp:
ADFC Regionalkarte »Freiburg und Umgebung« 1:75.000,
ISBN 978-3-96990-140-3, 10,95 €
Digital für Smartphones und Tablets: www.fahrrad-buecher-karten.de/kartenapp

59 Villen, Alleen und Aussichten

Freiburg-Rundfahrt

Nach dem Sightseeing in der Innenstadt radeln wir abseits der Touristenpfade in aussichtsreicher Lage zur Zähringer Burg. Villen und Parks geleiten uns wieder herab ins quirlige Freiburg.

111Touren Info:

19 km, Rundtour auf meist befestigten Straßen/Wegen, eine leichte und eine lange Steigung beim Abstecher.
Start / Ziel: Münsterplatz Freiburg
Info: www.freiburg.de

Dicht gedrängt liegen in Freiburg hochkarätige Sehenswürdigkeiten wie das **Colombischlössle**, das Ensemble um den **Rathausplatz** oder das **Münster** zusammen.

Los geht´s vom Münsterplatz zur Herrenstraße. Auf den Zinnen weiter über Leopoldring und Jakob-Burckhardt-Straße in die **Allee** namens Hochmeisterstraße.

Rund um die barocke **Michaelskapelle** stehen auf dem **Alten Friedhof** viele künstlerisch gestaltete Grabmale berühmter Persönlichkeiten.

Weiter geht´s vorbei an alten Villen via Immental- und Winterer Straße zum Uni-Wald. Nun den Schildern »Radrundweg« am Hang entlang folgen und die herrlichen **Ausblicke** genießen. Über Eichhalde, Rötebuckweg, Harbuckweg und einem Waldweg zur Pochgasse.

Tipp: Den Schildern folgend können wir hier einen Abstecher bergauf zur **Zähringer Burg** machen. Vom zinnengekrönten **Bergfried** schweift der Blick weit über das Land.

Weiter geht´s die Pochgasse herab und über Wildtalstraße, Burgdorfer Weg, Hinterkirch-, Händel-, Richard-Wagner-, Brahms-, Ocken- und Lerchenstraße zum **botanischen Garten**. Via Weiherhof-, Wölflin-, Habsburger-, Tennebacher-, Stefan-Maier-Straße zum Tennenbacher Platz. Weiter über Lortzing-, Heiliggeist-, Hohenzollernstraße, ab

Auf dem Münsterplatz lassen wir die Tour ausklingen

hier den Schildern Richtung Stadtmitte/Stühlinger folgen.

Die Kirchtürme des **Stühlinger Doms** sind umstanden von schmucken Häusern aus der **Gründerzeit**.

Weiter geht´s über Eschholz-, Wanner-, Stühlinger-, Wentzinger Straße und Blaue Brücke zum Konrad-Adenauer-Platz. Via Wilhelm- und Belfordstraße, Werderring, Rempart-, Kaiser-Josephstraße und Gerberau zum Augustinerplatz und weiter in die Salzstraße.

An den Resten der **Stadtmauer** liegt das **Augustinerkloster**, dessen Räume teils als Museum genutzt werden. Die **Eiche** am Oberlindenbrunnen wurde vor mehr als 250 Jahren gepflanzt.

Weiter geht´s von der Salzstraße über die Herrenstraße vorbei zurück zum Münster.

Kartentipp:
ADFC Regionalkarte »Freiburg und Umgebung« 1:75.000,
ISBN 978-3-96990-140-3, 10,95 €

Digital für Smartphones und Tablets: www.fahrrad-buecher-karten.de/kartenapp

60 In die Schwarzwald-Idylle des Elztales

Von Freiburg nach Elzach

Mitten im Schwarzwald hat sich die Elz eine tiefe Furche gegraben. Die idyllische Strecke steigt stetig leicht an und bietet viel Raum für Naturerlebnisse. Wer es leichter mag, fährt mit der Bahn nach Elzach und rollt die Tour in anderer Richtung wie beschrieben bergab.

111Touren Info:

32 km, Streckentour, auf der gesamten Strecke um rund 150 m steigend, meist auf Wirtschaftswegen oder Nebenstraßen.
Start: Hauptbahnhof Freiburg
Ziel: Bahnhof Elzach
Info: www.freiburg.de

Los geht´s ab Bahnhof Freiburg über Bismarckallee, Stefan-Maier-Str., geradeaus auf die Händelstr., Burgdorfer Weg, Wildtalstr., Pochgasse, Höheweg, Zähringer Weg, Wolfsgrubenweg und zwischen Schienen und Feldern zum Bahnhof Gundelfingen. Via Glotterpfad, Waldstr., durch Denzlingen auf Mühlengasse und Rosenstr., dann Schwarzwald-, Hindenburg-, Bahnhofstr. zum Elztalradweg. Ab hier folgen wir diesen Schildern bis Buchholz.

In der Häuserzeile der Alten Dorfstraße steht das nach Art schweizer Landhäuser erbaute **Schloss**. Wer zur rechten Zeit hier ist, wird genießen, dass Buchholz für seine **Erdbeerfelder** bekannt ist.

Weiter geht´s durch Buchholz auf der Schwarzwald-, Alte Dorf- und Fohrenbühlstr. zum Rebberg. An Schützenhaus und Spielplatz vorbei nach Batzenhäusle und weiter nach Waldkirch.

Zu Füßen des 1242 m hohen Kandel liegt der **Kneippkurort** Waldkirch mit seinem **mittelalterlichen Marktplatz**. Barocke Träume bietet die **Stiftskirche St. Margaretha**, nebenan informiert das **Elztalmuseum**. In den **Kuranlagen** können wir unsere müden Radlerbeine pflegen.

Ohne allzu große Anstrenungen radeln wir an der Elz entlang bis Elzach

Tipp: Kinder werden die Streicheltiere im **Schwarzwaldzoo** lieben, die Eltern werden merken, dass es hier mehr Eulen gibt als in den meisten anderen Zoos Europas.

Weiter geht´s den Radschildern folgend parallel zur Elz an der **Carolus-Kirche** vorbei und nach einem Schlenker unterhalb der **Kastelburg** wieder zurück ans Ufer bis Kollnau.

Der **Sailerjörgenhof** ist ein gut erhaltener Bauernhof im alten Schwarzwälder Stil.

Weiter geht´s vom Ufer weg - die Schilder geleiten uns später mit einer **Gusseisenbrücke** über die Wilde Gutach in den gleichnamigen Ort, der von den Gebäuden der Seidenspinnerei geprägt wird. Hinter Bleibach geht es etwas bergauf, bevor Oberwinden erreicht wird. Nach einem Stück Landstraße wird rasch Elzach erreicht. Am Bahnhof endet unsere Tour.

Elzach wird geprägt von hübschen **Schwarzwaldhöfen** und seiner **St.Nikolaus-Kirche**. Der Luftkurort bietet Gelegenheit, nach der Tour gut durchzuatmen.

Kartentipp:
ADFC Regionalkarte »Freiburg und Umgebung« 1:75.000,
ISBN 978-3-96990-140-3, 10,95 €

Digital für Smartphones und Tablets: www.fahrrad-buecher-karten.de/kartenapp

61 Einkehr am größten deutschen Marktplatz

Von Freudenstadt nach Schiltach

Sehr beeindruckend sind die Dimensionen des Marktplatzes von Freudenstadt. Die Gebäude rund herum scheinen uns mit ihren herrlichen Arkaden anzulachen. Nachdem wir das Ensemble ausgiebig betrachtet haben, radeln wir durch das Kinzig-Tal in ein Fachwerk-Paradies.

Riesig und schön: Freudenstadts Marktplatz

111 Touren Info

32 km, Streckentour meist auf befestigten Radwegen bzw. Straßen/Wegen, zu Beginn eine Steigung, dann durchgängiges Gefälle, teils Wegweisung als Naturpark-Radweg Schwarzwald Mitte/Nord bzw. Kinzigtal-Radweg

Start: Bahnhof Freudenstadt

Ziel: Bahnhof Schiltach

Info: www.freudenstadt.de

Auf einer Höhe von 732 m wird es hier, im Hochschwarzwald, Zeit für ein echtes Highlight: Eine Fläche von etwa 4,5 ha. bedeckt der 216 x 219 m große Marktplatz von Freudenstadt und ist damit der **größte bebaute Marktplatz Deutschlands**! Die Gebäude rund um den Platz wurden meist mit **Arkaden** gestaltet.

Tipp: Auf dem Marktplatz müssen wir uns Zeit nehmen, um unsere Blicke schweifen zu lassen. Besonders schön ist es, hier ein Stück Kuchen in einem **Café** zu genießen oder ins benachbarte **Brauhaus** einzukehren.

An einer Ecke des Marktplatzes finden wir auch das **Rathaus**, wo wir auf eine der **Plattformen** steigen und uns die ganze Pracht von oben ansehen können. Natürlich gibt es auch eine **Kirche** am Platz, eine Rarität, denn sie ist eine der

seltenen Winkelkirchen – ein Blick ins Innere lohnt sich also!

Los geht´s am Bahnhof von Freudenstadt, den wir nach links, geradeaus über den Kreisel und dann links in die Moosstraße (Einbahnstraße) verlassen. Links in die Hirschkopf- und rechts in die Martin-Luther-Straße. So kommen wir direkt über den Marktplatz. Am anderen Ende ein Stück weiter auf der Straße, im Kreisel geradeaus in die Lauterbad-, dann rechts in die Friedrich-Ebert-Straße. Wir befinden uns auf dem Naturpark- bzw. Kinzigtal-Radweg. Nun geht es deutlich bergauf, aber dafür durch den Wald und dann hinunter nach Loßburg.

Wir kurbeln den **Kienberg** hinauf, wo auch der 1899 errichtete **Friedrichsturm** steht. Er sieht schon von unten beeindruckend aus, doch die Fernsicht, die sich uns bietet, wenn wir die 25 m emporgestiegen sind, ist atemberaubend.

Weiter geht´s von Loßburg, das wir weiter auf dem Naturpark-Radweg über die Arthur-Hehl-Straße verlassen. Wir radeln um einen großen Industriebetrieb herum und können wenig später rechts abbiegen, um hinunter ins Kinzigtal zu radeln. Auf etwas hügeliger Strecke erreichen wir parallel zu Bahn und Bundesstraße Alpirsbach, wo wir beides queren. Nachdem wir die Bahnschienen ein viertes Mal überquert haben, haben wir zwei Möglichkeiten: weiter den Radwege-Schildern durch hügeliges Gelände folgen oder ohne Anstieg auf der Bundesstraße mit zum Teil separaten Radwegen weiterradeln. Nun ist es nicht mehr weit durch Schenkenzell nach Schiltach, wo unsere Tour am Bahnhof endet.

Unsere Tour leitet uns um das Gelände des Unternehmens Arburg GmbH & Co. KG herum. Eine große Glasfront ermöglicht den Blick auf den **Showroom**, in dem die **Spritzgießmaschinen** gezeigt werden. Arburg ist einer der weltweit führenden Ausrüster im Kunststoff-Spritzgießen und 3-D-Drucken.

Tipp: Nur wenige Pedalumdrehungen von unserer Strecke entfernt liegt der Ortskern von Alpirsbach, der noch heute vom ehemaligen **Benediktinerkloster** samt Klosterkirche dominiert wird. Auch das **Rathaus**, die **Klosterbrauerei** mit Museum, die Glasbläserei, die Schaudruckerei und die historischen Gebäude machen den Abstecher lohnenswert.

Wunderschöne Orte schmiegen sich ins Kinzigtal

Schiltach ist der krönende Abschluss unserer Tour. Herrlich ist der Anblick dieses perfekt erhaltenen **Fachwerk-Idylls**, das sich rund um den **Marktplatz** postiert. Im selben Stil präsentiert sich hier die ehemalige Biedermeier-Apotheke, in der wir das **Apotheken-Museum** besuchen können. Sehenswert sind auch die Fassaden entlang der Flussufer und in der Gerbergasse, wo auch die Äußere Mühle steht. Zurecht wurde die komplette **Altstadt** schon im Jahr 1971 unter Denkmalschutz gestellt.

Kartentipp:
ADFC E-Bike Karte »Schwarzwald«1:75.000, ISBN 978-3-96990-052-9, 9,95 €

Digital für Smartphones und Tablets: www.fahrrad-buecher-karten.de/kartenapp

62 Im Tal der Mur mit schnurrenden Rädern

Von Baiersbronn nach Rastatt

Der Schwarzwald ist immer wieder auf´s Neue beeindruckend: Wir rollen durch das Tal der Mur und neben uns ragen die Höhenzüge teils in atemberaubende Höhen empor. Am Wegesrand liegen wunderschöne große und kleine Orte. Und wenn die uns zu sehr verzaubern, steigen wir einfach in die Bahn, die stets in unserer Nähe ist.

111 Touren Info

56 km, verkürzbar durch Nutzung der Bahn, Streckentour meist auf befestigten Radwegen bzw. Straßen/Wegen, fast durchgängiges Gefälle, Wegweisung als Tour de Mur bzw. als Schwarzwald-Radweg

Start: Bahnhof Baiersbronn Schulzentrum

Ziel: Bahnhof Rastatt

Info: www.baiersbronn.de

In Forbach können wir mit einer überdachten Holzbrücke das Ufer wechseln

Die erste Überraschung erwartet uns schon beim Start: Baiersbronn ist von der Fläche her die **zweitgrößte Gemeinde des Bundeslandes Baden-Württemberg** – nur Stuttgart ist größer.

Tipp: Baiersbronn wird auch gerne als **„Sternedorf"** bezeichnet, denn nirgendwo sonst in Deutschland gibt es in einem Ort gleich zwei Restaurants mit drei Sternen. Doch auch, wenn wir nicht im Hotel Bareiss oder in der Schwarzwaldstube einkehren: Auch die anderen Gaststätten bieten höchsten Gaumengenuss!

Baiersbronn bietet seinen Gästen eine perfekte Infrastruktur und ist damit ein äußerst beliebter **Urlaubsort**.

Los geht´s am Bahnhof von Baiersbronn, den wir nach rechts, am Lochweg rechts und vor dem Fluss wieder rechts verlassen. So gelangen wir auf den Radweg namens Tour de Mur, der uns via Klosterreichenbach, Röt, Huzenbach, Schwarzenberg und Raumünzbach nach Forbach bringt.

Jenseits der Bahnlinie liegt Kloster Reichenbach, das schon im Jahre 1085 geweiht wurde. 1595 mussten die Mönche aus ihrem Kloster fliehen, als die Reformation durch´s Land kam. Es blieb die alte **Klosterkirche**, die direkt gegenüber des **Gefängnisturms** steht.

Auf einer Länge von 37,8 m führt die alte **Holzbrücke** von Forbach über die Mur. Damit ist das 1779 fertiggestellte Bauwerk das Wahrzeichen des Ortes. Gar nicht weit entfernt überspannt seit 1885 ein **Aquädukt** den Fluss. Es wurde einst aus Stampfbeton gefertigt, um Wasser in die ehemalige Papierfabrik zu bringen.

Die Markgrafen gönnten sich ein Barockschloss…

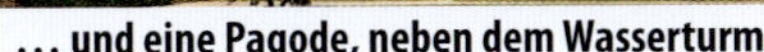

… und eine Pagode, neben dem Wasserturm

Weiter geht´s von Forbach auf dem Radweg „Tour de Mur" mit einer kleinen Steigung, durch Langenbrand, Weisenbach, Gernsbach, Gaggenau und Kuppenheim nach Rastatt.

Auch hinter Forbach bleibt das Tal noch recht eng, wobei wir auch immer wieder große **Papierfabriken** entdecken. Über viele Jahrzehnte hinweg entwickelte sich durch das viele Wasser der Region eine Hochburg dieser Industrie. Auch die Azubis zum Papiermacher kennen diese Region bestens, denn sie werden im Gernsbacher Papierzentrum ausgebildet.

Für uns ist aber die wunderschöne Altstadt von Gernsbach interessant. Tolle **Fachwerkfassaden**, Teile der Stadtmauer, der Storchenturm, das Alte Rathaus und eine mittelalterliche Kulisse am Flussufer verführen zu einem längeren Aufenthalt.

Gaggenau ist ein wichtiger Produktionsstandort von Mercedes und bietet uns eine schöne Einkehr in der Fußgängerzone.

Tipp: Noch ein Stück weiter an der Murg entlang erreichen wir das **Hanomag-Museum** von Gaggenau und ein Thermalbad namens **„Rotherma"**.

Start

Rastatt ist der krönende Abschluss unserer Tour de Murg, denn hier empfängt uns ein **barocker Stadtkern** mit dem **Residenzschloss** der Markgrafen von Baden-Baden. Es liegt eingebettet in eine **Gartenanlage**. Ganz klar, warum das Ensemble gerne als Badisches Versailles bezeichnet wird.

In Rastatt gibt es auch noch das **Historische Rathaus**, ein wehrgeschichtliches Museum, das ehemalige Teehaus der Markgrafen, **Pagodenburg** genannt und den 47 m hohen **Wasserturm** zu entdecken.

Kartentipp:

ADFC E-Bike Karte »Schwarzwald«1:75.000, ISBN 978-3-96990-052-9, 9,95 €

Digital für Smartphones und Tablets: www.fahrrad-buecher-karten.de/kartenapp

63 La petite France – un grand plaisir!

Von Kehl über Strasbourg

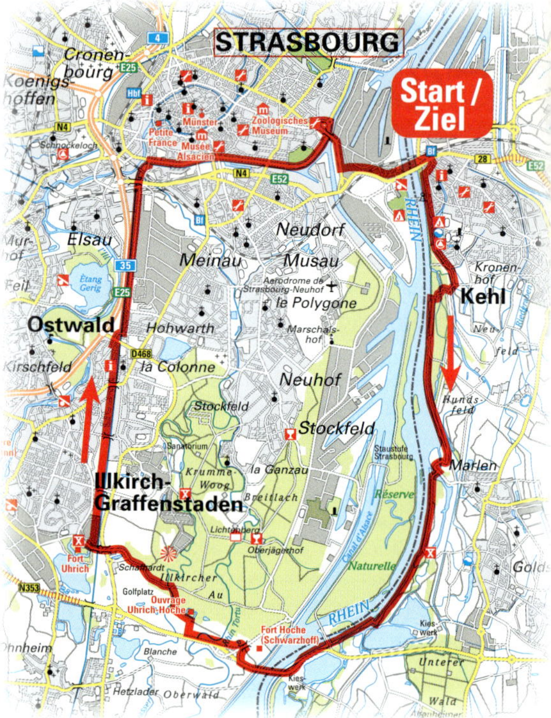

Nachdem wir den wunderbaren Rhein-Radweg genossen und uns in einem der Baggerseen abgekühlt haben, rollen wir hinüber nach Frankreich. Dabei entdecken wir gleich mehrere der ehemals 19 Forts, die zum Schutz von Strasbourg angelegt wurden. La petite France, wie die Altstadt von Strasbourg auch genannt wird, begeistert uns mit seiner tollen Bausubstanz.

111 Touren Info

31 km, Rundtour meist auf befestigten Radwegen bzw. Straßen/Wegen, keine Steigungen, größtenteils Wegweisung als Rhein-Radweg

Start / Ziel: Bahnhof Kehl am Rhein

Info: www.kehl.de

Die Kleinstadt Kehl liegt in einer herrlichen Lage am Rheinufer und empfängt uns mit der 387 m langen **Passerelle des deux Rives**. Die Fußgänger- und Radfahrerbrücke verbindet Frankreich und Deutschland sehr elegant miteinander. Rund um die Fußgängerzone sehen wir uns das Weinbrennerhaus, das Rathaus und die **Villa Schmidt** an.

Los geht´s am Bahnhof von Kehl, den wir geradeaus über die breite Straßburger Straße hinweg verlassen. Auf der anderen Seite ein Stück auf der Hauptstraße geradeaus, dann rechts in die Friedensstraße, die uns ans Rheinufer bringt, dem wir nach links folgen. So gelangen wir auf den Rhein-Radweg, der uns meist am Wasser entlang nach ca. 11 km zu einer Brücke führt, mit der wir das Ufer wechseln. Hier verlassen wir zunächst den Rhein-Radweg.

Nachdem wir Kehl verlassen haben, rollen wir durch ruhige Natur. Direkt neben uns fließt der Rhein, der an dieser Stelle die Grenze zwischen Frankreich und Deutschland bildet. Der Blick wird frei für das **Réserve Naturelle de l´Ile-du-Rohrschollen**. Der Rhein formt eine dicht bewaldete Insel, die unter Naturschutz gestellt wurde.

Tipp: Kurz bevor wir das Rheinufer wechseln, haben wir im **Kuhgrün-See** und ein paar Minuten später im See namens **Dreibauerngrund I** die Möglichkeit, uns in den kühlen Wogen zu erfrischen. Die Seen entstanden durch den Abbau von Baustoffen. Hier verläuft auch der interessante **Auen-Wildnispfad**, wo wir auf Holzstegen durch die Natur wandeln und alles Wissenswerte über diese seltene Natur erfahren.

Das Wehr „Barrage Vauban" ist nur eines der unzähligen Highlights Strasbourgs

Gerade erst rollen wir auf französischem Boden, und schon gibt es etwas zu sehen: Wir kommen an mehreren Forts vorbei, die einst zum **Festungsgürtel** gehörten. Ab 1871 wurde der Verteidigungsring angelegt, der aus sage und schreibe 19 Forts bestand.

Weiter geht´s auf französischer Seite zunächst (mit einem kleinen Schwenker) neben der Straße her, dann nach rechts an einem der Forts vorbei. Hinter dem Canal du Rhone au Rhin (linkerhand Fort Uhrich) fahren wir rechts ab und stoßen am Flussufer auf den EuroVelo15, dem wir nach links folgen. Fast schnurgerade gelangen wir vorbei an Illkirch-Graffenstaden nach Strasbourg. Mit dem EV15 wechseln wir in einer Schleife das Flussufer, um diesem um die Altstadt herum zu folgen. In einer Linksschleife unterqueren wir zunächst die Brücke, um dann nach zwei Kreiseln mit ihr auf der Rue du Grand Pont den Kanal zu überqueren und auf dem Paneuroparadweg Prag-Paris zurück zu unserem Ausgangspunkt, dem Bahnhof Kehl, zu radeln.

Die Altstadt von Strasbourg liegt nur wenige Meter von unserem Radweg entfernt – daher sollten wir uns diesen Abstecher keinesfalls entgehen lassen, denn Strasbourg gilt als eine der **radfahrerfreundlichsten Kommunen Frankreichs.** Das merken wir an guter Beschilderung, breiten Radwegen und an Fahrrad-Leihstationen, von denen sich eine direkt vor dem **EU-Parlament** befindet.

Tipp: Etwas außerhalb der City finden wir die teils supermodernen und **extravaganten Bauten der EU** mit viel Glas, Grün und Wasser. Zahlreiche Institutionen der Gemeinschaft sind hier ansässig – ein Besuch lohnt sich!

„La Petite France" wird das **Gerberviertel** mit seinen unglaublich gut erhaltenen Fachwerkfassaden auch gerne genannt. Es ist ein Teil der **Altstadt**, die komplett unter Denkmalschutz steht. Rund um das **Münster** entdecken wir tolle Fotomotive, wie den **Spanferkelmarkt**, das Palais Johann oder den Place Gutenberg.

Kartentipp:
ADFC Regionalkarte »Elsass/Oberrhein Nord«
1:75.000, ISBN 978-3-87073-898-3, 9,95 €
Digital für Smartphones und Tablets: www.fahrrad-buecher-karten.de/kartenapp

64 Prominente Schlossherren

Von Pforzheim nach Ettlingen

Nachdem wir das quirlige Pforzheim erkundet haben, machen wir uns auf dem Enztal-Radweg auf in den Nordschwarzwald. Nach einer kleinen Bergwertung geht's weiter im Tal des Flusses Alb, das uns zur wunderbaren Kleinstadt Ettlingen geleitet.

111 Touren Info

37 km, auf Wunsch verkürzbar durch die Bahn, Streckentour meist auf befestigten Radwegen bzw. Straßen/Wegen, eine merkliche Steigung, teils Wegweisung als Enz-Radweg bzw. Naturpark-Radweg Schwarzwald Mitte/Nord

Start: Hauptbahnhof Pforzheim

Ziel: Bahnhof Ettlingen

Info: www.pforzheim.de

Pforzheim hat seit jeher eine verkehrstechnisch günstige Lage – die Geschichte reicht lange zurück, aber auch die Historie der Zerstörungen. Daher erwartet uns ein eher **modernes Stadtbild**.

Tipp: Direkt an der Bahnhofstraße von Pforzheim, an der unsere Tour beginnt, erhebt sich der 42 m hohe **Bezirksamtsturm**, der zum ehemaligen großherzoglichen Bezirksamt gehörte. Wir starten also auf „historischem Boden".

Die einladende Fußgängerzone erweist sich als Nabel der Stadt, die uns mit vielen Museen verwöhnt, darunter das **Technische Museum**, aber auch das überraschende DDR-Museum.

Los geht´s am Hauptbahnhof von Pforzheim, den wir über den Vorplatz schräg rechts geradeaus in die Heinrich-Stephan-Straße verlassen, die nach links in die Bahnhofstraße übergeht bzw. später zur Leopoldstraße wird und unten auf die Enz trifft. Dem Enz-Radweg folgen wir noch vor der Brücke nach rechts. Vorbei an Birkenfeld erreichen wir Neuenbürg, wo wir am Ende der Bahnhofstraße auf den Naturpark-Radweg Schwarzwald Mitte/Nord treffen, rechts abbiegen und die Enz überqueren. Hinter dem Rechtsbogen geht es direkt schräg links hinauf auf die Hafnersteige. Die trägt ihren Namen zu Recht, denn es geht gleich steil hinauf. Links, an der Weggabelung rechts halten, oben an der Marxzeller Straße links und geradeaus über den Kreisel nach Straubenhardt.

Neuenbürg erweist sich mit der Steigung zwar als anstrengend, aber auch als sehenswert, denn rund um den **Marktplatz** finden wir ein knallrotes Gasthaus, schöne **Fachwerkfassaden** und die Stadtkirche. Auch das Rathaus dürfen wir uns nicht entgehen lassen. **Schloss Neuenbürg** liegt auf einem Berg oberhalb der Enz und wurde im 17. Jh. für die Grafen von Vaihingen errichtet, bevor es erst in den Besitz der Habsburger, dann zu den Württembergern kam.

Der Fluss namens Alb umschmeichelt die Altstadt von Ettlingen

Weiter geht´s auf dem Naturpark-Radweg von Straubenhardt, das wir (am Kreisel zweite Ausfahrt) durch Langenalb mit schönem Gefälle nach Marxzell verlassen. Vorbei an Busenbach erreichen wir Ettlingen, wo unsere Tour am Bahnhof endet.

In Marxzell haben wir das Tal des Flüsschens **Alb** erreicht. Das schlängelt sich hier auf 51 km durch den Nordschwarzwald und mündet später in den Rhein. Aus einer privaten Sammelleidenschaft entstand das **Fahrzeugmuseum Marxzell**, das uns alte PKW und Nutzfahrzeuge in einem ehemaligen Sägewerk präsentiert.

Wesentlich älter sind die Ruinen des ehemaligen **Klosters Frauenalb**, das 1185 gegründet und lange Zeit als Stift genutzt wurde. Nach mehreren Bränden gibt es noch diese Ruine, die durch eine neue Stiftung erhalten werden soll.

Tipp: Hinter Marxzell können wir auch auf der anderen Flussseite radeln und rollen damit nicht ständig neben Straße und Schiene. Allerdings ist der **Weg** nicht immer perfekt mit den Bikes befahrbar.

Auch Ettlingen erstreckt sich beiderseits des Flusses Alb. Direkt am Ufer erhebt sich das **Rathaus** mit einem prachtvollen **Torturm**. Nicht minder schön ist das markgräfliche Barockschloss, das wir ebenso in der Innenstadt erblicken, wie die **Pfarrkirche St. Martin**. Die steht genau dort, wo einst die Römer schon gebaut hatten. Nachdem wir uns den **Marktplatz** mit seinem Brunnen, die vielen Fachwerkhäuser und die Herz-Jesu-Kirche angesehen haben, finden wir im **Horbach-Park** noch etwas Ruhe.

Kartentipp:

ADFC Regionalkarte »Karlsruhe u. Umgebung«

1:50.000, ISBN 978-3-87073-951-5, 9,95 €

Digital für Smartphones und Tablets: www.fahrrad-buecher-karten.de/kartenapp

65 Das Enztal – naturbelassen und renaturiert

Von Pforzheim nach Vaihingen

Schloss Kaltenstein scheint auf Weinreben gebettet zu sein

Im Laufe der Jahrmillionen hat sich die Enz ein malerisches Tal in den Muschelkalkfelsen gegraben. Grund genug, zu Füßen der Weinberge eine entspannte Radeltour zu unternehmen.

111Touren Info:

34 km, Streckentour ohne größere Steigungen meist auf Radwegen.
Start: Bahnhof Pforzheim
Ziel: Bahnhof Vaihingen
Info: www.stadt-pforzheim.de

Rund um die **Schloß- und Stiftskirche St. Michael** ragen in Pforzheim viele schöne Gebäude empor. In der Goldschmiedestadt darf auch ein Schmuckmuseum nicht fehlen.

Los geht´s am Bahnhof Pforzheim durch die Unterführung zur Schlosskirche, den Schlossberg hinunter, 1. Ampel rechts in die Fußgängerzone (!). An den Rathäusern vorbei, links unter Hauptstr. her zur Enz. Wir folgen der

Enz flussabwärts bzw. den Radschildern nach Vaihingen.

Die am Weg liegende **Altstädter Kirche St.Martin** ist das älteste Gebetshaus der Stadt, die nahe liegende **Faith Moschee** das jüngste. Der schöne Park ist Überbleibsel der Landesgartenschau.

Weiter geht´s durch Eutingen, die Radschilder lassen uns das Ufer zweimal wechseln, die Enz bleibt aber stets in der Nähe, bis Mühlacker erreicht ist.

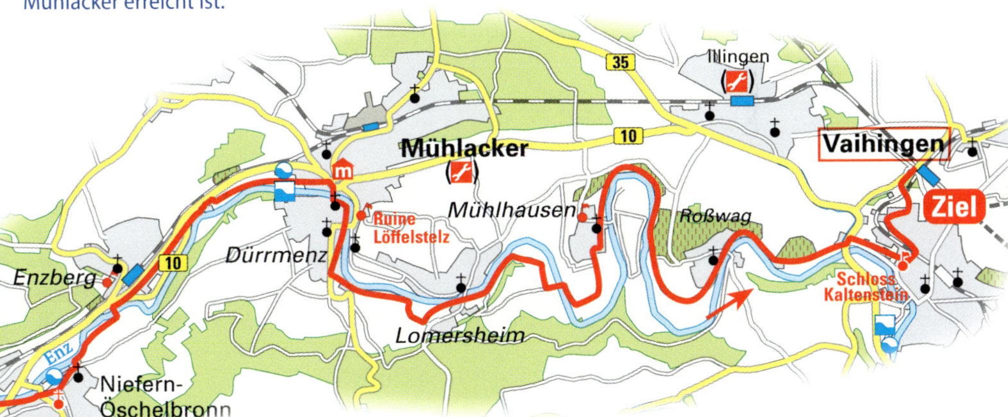

Die Ortsmitte markiert die **Mönchskelter**, das moderne **Rathaus** und das **Heimatmuseum**, in dem wir alles Wissenswerte zur Region erfahren.

Weiter geht´s durch den schönen **Fachwerkort** Dürrmenz entlang der Enz. Auf dem anderen Berg wacht die Ruine **Löffelstelz** über uns. Nach weiterer Flussquerung radeln wir bei Mühlhausen durch einen sehr schönen Abschnitt. Über Roßwag ist Vaihingen, teils auf Straßen, teils auf Nebenwegen, schnell erreicht. Hinter der Enzbrücke die Landstraße nach schräg links verlassen. Über den Alten Postweg und die Schlossbergstrasse geht es hinauf zum **Schloss Kaltenstein**.

Das **Schloss** thront würdevoll über der **Altstadt**, die am besten zu Fuß erreicht wird. Das reich verzierte **Rathaus** beherrscht den **Marktplatz**.

Tipp: Abkühlung für die Kinder bringt das Planschen am Bürgerbrunnen in der Stuttgarter Straße.

Weiter geht´s von der Schlossbergstraße über die Nebenbahn. Nach der Brücke links in die Marienburger Straße, an deren Ende rechts, später links über drei Gleise (!) und nochmals links Am Fuchsloch. Nach steiler Abfahrt passieren wir die Hauptstraße, nach einem kurzen Anstieg hinter dem **KZ-Friedhof** haben wir den Bahnhof erreicht.

Kartentipp:

ADFC Regionalkarte »Stuttgart E-Bike-Region« 1:75.000, ISBN 978-3-87073-971-3, 9,95 €

Digital für Smartphones und Tablets: www.fahrrad-buecher-karten.de/kartenapp

66 Rekordverdächtig

Von Stuttgart nach Bad Cannstatt

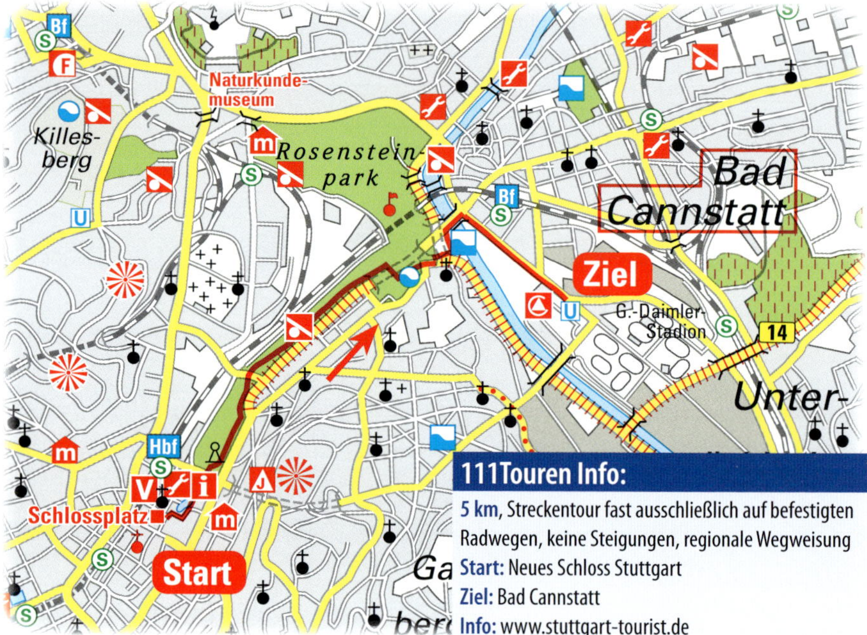

111Touren Info:

5 km, Streckentour fast ausschließlich auf befestigten Radwegen, keine Steigungen, regionale Wegweisung
Start: Neues Schloss Stuttgart
Ziel: Bad Cannstatt
Info: www.stuttgart-tourist.de

Wie - nur 5 Kilometer? Ja, aber wirklich besondere 5 km! Wir radeln mitten in der Neckar-Metropole abseits des Straßenverkehrs auf perfekten Wegen, tangieren Schlösser, eine Sternwarte, erleben Einkehrmöglichkeiten im satten Grün und können am Ende kuren oder Autogeschichte erleben.

Stuttgart ist nicht „nur" die Landeshauptstadt von Baden-Württemberg: Nein, Stuttgart ist auch ungemein abwechslungsreich. Das bekommen wir schon direkt an unserem Tourstart zu spüren und zu sehen: Der **Schlossplatz** erfreut sich bei Einheimischen und Touristen stets großer Beliebtheit. Es ist aber auch einfach schön hier: Auf dem weitläufigen Platz haben alle mehr als genug „Auslauf", die beiden großen **Springbrunnen** und der Pavillon bieten tolle Fotomotive, rundherum locken Biergärten und Cafés zur Einkehr. Historische Gebäude gibt es, wohin man sieht. Sie bieten Kurzweil und Kultur satt, unter ihnen das **Neue Schloss**, das Landesmuseum Württemberg, die **Alte Kanzlei**, das Kunstmuseum und der **Württembergische Kunstverein**. Nur ein paar Schritte am Landesmuseum vorbei erhebt sich die **Stiftskirche**, direkt daneben liegt das spannende Musikinstrumenten-Museum.

Los geht´s auf dem Schlosspark von Stuttgart, den wir durch den Oberen Schlossgarten verlassen. Mit der Brücke queren wir die breite Straße und radeln rechts am Hauptbahnhof vorbei. Hinter dem Planetarium erreichen wir den Mittleren Schlossgarten, wo wir den rechten der Wege wählen.

Entspannung pur mitten in der Großstadt: Im Stuttgarter Schlosspark ist das möglich

Im **Oberen Schlossgarten** sehen wir uns einige **Wasserspiele** an, während sich im Hintergrund die Staatsoper erhebt. Den Stuttgarter Hauptbahnhof, der beim unterirdischen Umbau unter dem Arbeitstitel „Stuttgart 21" für Schlagzeilen sorgte, lassen wir links liegen und kommen am **Planetarium** vorbei.

Als nächstes durchradeln wir den **Mittleren Schlossgarten** mit einigen Statuen und einem großen Teich.

Weiter geht´s vom Mittleren in den Unteren Schlossgarten, wobei wir zwei Wege zur Auswahl haben, die beide leicht abfallend sind. Bei der U-Bahnhaltestelle „Mineralbäder" queren wir die Gleise und bleiben direkt rechts daneben. So gelangen wir am „Leuze" vorbei auf die Brücke. Auf der anderen Uferseite folgen wir dem Radweg neben der vierspurigen Straße und kommen zum Haltepunkt Cannstatter Wasen, wo die Tour endet.

Im **Unteren Schlossgarten** können wir einkehren und die Kinder haben Gelegenheit, sich auf dem Spielplatz auszutoben. Wir rollen durch üppiges Grün und immer an Wasserläufen oder Teichen vorbei. Die Idylle lässt uns vergessen, dass wir immer noch mitten in einer Großstadt radeln. Das **Mineralbad Leuze** gibt es an dieser Stelle schon seit 1842. Das Wasser stammt aus den Stuttgarter Mineralquellen, die jeden Tag 43 Millionen Liter Wasser liefern.

Wenn gerade keine Veranstaltung ist, werden die Dimensionen des Festplatzes „**Cannstatter Wasen**" erst so richtig deutlich. In der Mitte des Platzes gibt es natürlich auch das Wahrzeichen dazu.

Tipp: Am Ende der Neckarbrücke lohnt sich ein kurzer, beschilderter Abstecher ins Herz von Bad Cannstatt. Wir merken, dass wir im ältesten Stadtteil Stuttgarts und zugleich in einem Kurort sind: Zu Füßen der Stadtkirche finden wir den alten **Kursaal**, historische Villen, Schlösser und das „**Klösterle**". Dieses putzige Fachwerkhaus wurde schon 1463 errichtet.

Am Ende des Festplatzes liegen das Fußballstadion, weitere große Sportanlagen und in deren Mitte ein guter Biergarten. Nur wenige Kurbelumdrehungen weiter erreichen wir das **Mercedes-Benz-Museum**, das nicht nur Autofans begeistert: In dem futuristischen Bau folgen wir der Geschichte des Automobils vom ersten Motor bis zu den modernen Luxuskarossen.

Kartentipp:
ADFC Regionalkarte »Stuttgart E-Bike-Region« 1:75.000,
ISBN 978-3-87073-971-3, 9,95 €
Digital für Smartphones und Tablets: www.fahrrad-buecher-karten.de/kartenapp

67 Aufgefächert

Von Karlsruhe über Friedrichstal

Karlsruhe ist in mehrfacher Hinsicht etwas anders als andere Großstädte. Erst 1715 gegründet, gibt es wenig Historisches. Dafür aber gibt es weitläufige Parks in der Innenstadt, so dass wir hier eine komplette Radtour absolvieren können. Und nur keine Sorge: Zu sehen gibt es dennoch Vieles!

111 Touren Info

32 km, auf Wunsch verkürz- oder verlängerbar, Rundtour meist auf befestigten Radwegen bzw. Straßen/Wegen, keine größeren Steigungen

Start / Ziel: Hauptbahnhof Karlsruhe

Info: www.karlsruhe.de

Rund um das herrliche Karlsruher Schloss wurde eine Straße namens **„Zirkel"** angelegt, die mit dem **Aheweg** einen exakten Kreis nachbildet. Von hier gehen strahlenförmig Straßen und Wege in verschiedene Richtungen ab, was der Metropole den Beinamen **„Fächerstadt"** einbrachte.

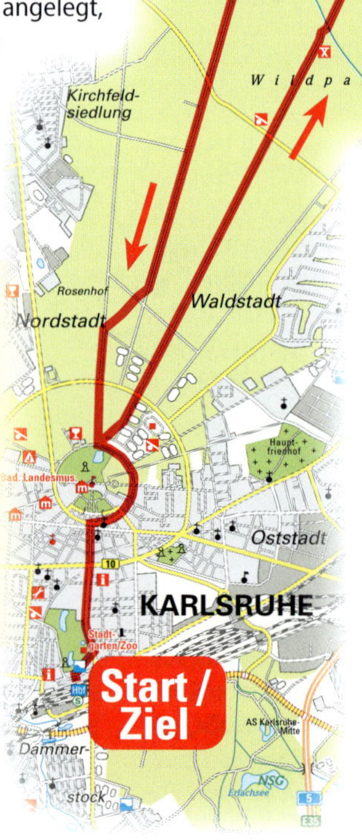

Tipp: Die Herzöge und Markgrafen von Baden gönnten sich 1715 das **Karlsruher Schloss**, das mit dem 7 Etagen hohen Turm einen echten Höhepunkt bildet. Bekannt ist das hier im Schloss ansässige **Bundesverfassungsgericht**. Die Räume und Säle sind aber so groß, dass auch das **Badische Landesmuseum** Platz findet.

Der Zirkel umschließt den **Schlosspark**, der als Landschaftspark angelegt wurde und nahtlos in den endlosen **Wildpark** übergeht.

Los geht´s am Hauptbahnhof von Karlsruhe, den wir vom Bahnhofsplatz aus schräg rechts über die Straße „Am Stadtgarten" verlassen. Am Ende biegen wir links ab und fahren auf der Ettlinger Straße am Zoo entlang. Dann immer geradeaus am Kongresszentrum vorbei und über die breite Kriegsstraße hinweg. Auf der anderen Seite geradeaus, ebenso am Kreisel und am Marktplatz. Am Platz der Grundrechte rechts, so kommen wir auf die Straße namens Zirkel, die einen großen Bogen vollzieht und im Wald in den Ahaweg übergeht. Hinter dem Teehaus im spitzen Winkel rechts in den Weg „An der Fasanengartenmauer", der dann später in die Friedrichstaler Allee übergeht. Diese führt uns schnurgerade durch den Wildpark nach Friedrichstal.

Das Karlsruher Schloss mit seinem grandiosen Turm begeistert Radler und Jogger

Gleich zu Beginn unserer Rad-Runde fahren wir um das weitläufige Areal des **Zoologischen Stadtgartens** herum. Das prunkvolle **Eingangsportal**, das wir am Bahnhofsplatz erblicken, lässt es erahnen: 1865 wurde der Karlsruher Zoo eröffnet und ist damit einer der ältesten Zoos Deutschlands. Die Fläche ist riesig: Gemeinsam mit dem **Stadtgarten** wurde eine Fläche von 22 ha. umzäunt, so dass sich mehr als 240 Tierarten hier wohlfühlen können.

Auf unserem Weg durch den riesigen Wildpark kommen wir am **Wildparkstadion** und einer ganzen Reihe anderer Sporteinrichtungen vorbei.

Tipp: Rechterhand liegt die aus mehreren Orten gebildete Gemeinde Stutensee. Ein kleiner Abstecher lohnt sich, denn mitten in einem gepflegten **Park** liegt das 1749 als Lusthaus errichtete **Schloss Stutensee**.

Es waren Religionsflüchtlinge aus Frankreich, die ab 1699 den Ort Friedrichstal gründeten. Überregional bekannt ist die **Friedrichstaler Mühle**, die auf eine ehemalige Wassermühle zurückgeht und bis heute Getreide mahlt.

Weiter geht´s von Friedrichstal, das wir von den Bahnschienen nach links weg über die Rheinstraße West verlassen. Der Radweg gesellt sich neben eine Landstraße. Direkt vor dem Hirschkanal zweigen wir links ab und rollen wieder kilometerlang auf der Grabener Allee geradeaus. Schließlich erreichen wir wieder den Ahaweg, dem wir nach links folgen, um wie auf dem Hinweg wieder zum Hauptbahnhof zurück zu radeln.

Wir kommen vorbei am **„Karlsruher Institut für Technologie – Campus Nord"**, das auch gerne als „KIT" oder als „Forschungszentrum Karlsruhe" bezeichnet wird. Seit 2019 darf sie den Titel **„Exzellenzuniversität"** tragen. Die Studierenden lernen und forschen im Bereich der Ingenieurs- und Naturwissenschaften.

Kartentipp:
ADFC Regionalkarte »Karlsruhe u. Umgebung«
1:50.000, ISBN 978-3-87073-951-5, 9,95 €
Digital für Smartphones und Tablets: www.fahrrad-buecher-karten.de/kartenapp

68 Am Neckar entlang

Von Mannheim über Heidelberg

Die Tour entlang des Neckars verbindet die beiden kurpfälzischen Residenzstädte Mannheim und Heidelberg und schlägt gleichzeitig die Brücke zwischen zwei imposanten Schlössern.

111Touren Info:

48 km, flache Rundtour auf Radwegen.
Start / Ziel: Kurpfalzbrücke Mannheim
Info: www.mannheim.de
www.cvb-heidelberg.de

Die Innenstadt Mannheims wurde um die 1606 erbaute **Festung** herum in exakten Quadraten angelegt. Die Fassade des größten **Barockschlosses** Süddeutschlands misst satte 450 m. Um den Marktplatz gesellen sich das **alte Rathaus** und die **Untere Pfarrkirche**.

Los geht´s an der Mannheimer Kurpfalzbrücke. Stets am Südufer des Neckar entlang geht es unter mehreren Brücken her nach Seckenheim.

Nach wechselhafter Geschichte drohte das **Seckenheimer Schloss** zu verfallen, ehe es in den 1960er Jahren restauriert wurde.

Weiter geht´s über die Neckarbrücke und in großem Bogen nach Ivesheim, das wir über Brücken-, Schloss- und Ladenburger Straße am Schloss vorbei durchqueren. Am Ufer entlang erreichen wir Ladenburg auf der Bahnhofstraße.

Tipp: Es lohnt sich, den Schildern in die **Altstadt** zu folgen, die von **Fachwerkhäusern** geprägt wird, aus denen die **St. Galluskirche** empor ragt. **Hexenturm** und **Martinstor** sind Reste der Stadtbefestigung.

Weiter geht´s vom Rathausplatz über die Neckarstraße zum Radweg am Ufer.

Mit kleinen Schlenkern hinter Schwabenheim und am Schwimmbad bleiben wir meist am Ufer und kommen am **Zoo** vorbei. Die Schilder bringen uns zielsicher in die Heidelberger Altstadt.

Die vielen Touristen können nicht irren – Heidelberg ist eine Reise wert!

Phantastisch: Für diese Aussicht kommen die Gäste sogar aus Übersee nach Heidelberg

Ein tolles Motiv bietet schon die »**Alte Brücke**« mit **Altstadt** und Schloss im Hintergrund. Nach dem Altstadt-Bummel geht es am besten per pedes hinauf zum **Schloss**, das seit 1683 Ruine ist. Das **Apothekermuseum** bestätigt wieder den Ruf der »Ärztestadt«, während wir vom Schloss aus die herrliche Aussicht genießen.

Weiter geht´s zurück am Neckar – der Abwechslung halber auf der Altstadtseite flussabwärts und immer in Ufernähe. Auf dem Neckardamm erreichen wir hinter Edingen Neckarhausen mit einem weiteren **kurpfälzischen Schloss**. Auf der Haupt- und Seckenheimer Straße radeln wir nach Seckenheim und von dort unseren Hinweg retour.

Tipp: Sie haben sich in der Altstadt zu lange den Schwärmereien hingegeben? Kein Problem – Sie können auch einfach mit der Bahn nach Mannheim zurück fahren.

Kartentipp:

ADFC Regionalkarte »Rhein/Neckar«
1:75.000, ISBN 978-3-96990-011-6,
9,95 €

Digital für Smartphones und Tablets: www.fahrrad-buecher-karten.de/kartenapp

69 Was hat ein Pferd mit Kuren zu tun?

Von Bad Wimpfen über Bad Rappenau

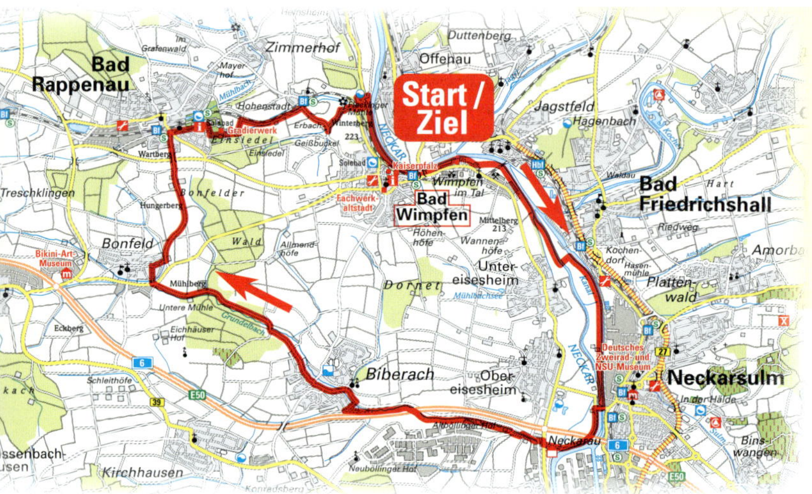

Eine echte Tour der Gegensätze erwartet uns, denn am Wegesrand liegen nicht nur drei wunderbare Kurorte, sondern auch das industriell geprägte Neckarsulm. Damit auch unsere Kondition trainiert wird, gibt es zwischendurch noch eine „Bergwertung".

111 Touren Info

30 km, Rundtour meist auf befestigten Radwegen bzw. Straßen/Wegen, eine langgestreckte, spürbare Steigung, dann längeres Gefälle, teils Wegweisung als Neckar-Radweg

Start / Ziel: Bahnhof Bad Wimpfen

Info: www.badwimpfen.de

Die alte Stauferpfalz und Reichsstadt Bad Wimpfen ist wie eine Reise ins Mittelalter, denn wir entdecken bestens erhaltene **Fachwerkhäuser**, die von einer gut erhaltenen Stadtmauer eingefasst werden.

Tipp: Der **Blaue Turm**, heute Wahrzeichen der Stadt, war einst ein Bergfried der Pfalz und zugleich die Türmerwohnung. Ein Aufstieg lohnt sich, um sich deren Gemächer anzusehen und zudem einen herrlichen Blick über die Altstadt und die umliegende Region zu erhaschen.

Beim Durchstreifen der teils engen Gassen kommen wir auch am **Schwibbogentor**, an der imposanten Stiftskirche, am **Rathaus** und am Jüdischen Bethaus vorbei, das 1580 ebenfalls im Fachwerkstil errichtet wurde.

Los geht´s am Bahnhof von Bad Wimpfen, den wir am Kreisel nach rechts verlassen, um mit der „Alten Stiege" in einem Rechtsbogen die Schienen zu queren und ans Ufer des Neckar zu radeln. Der ausgezeichnete Neckar-Radweg geleitet uns unter der Brücke her und stets in Ufernähe vorbei an Bad Friedrichshall und Untereisesheim bis zur Wehrbrücke bei Neckarsulm.

Am anderen Neckar-Ufer liegt der **Kurort Bad Friedrichshall**, dessen Mitte eine steinerne Stele ziert, die einen dreispitzigen **Salzkristall** darstellt. Damit werden wir daran erinnert, dass Bad Friedrichshall aus den drei Gemeinden Kochendorf, Jagstfeld und Hagenbach entstand.

Am anderen Ufer liegt auch Neckarsulm, wo exklusive PKW der Marke **Audi** produziert werden. Die Wurzeln liegen im Unternehmen

Stauferpfalz, Reichsstadt, Kurstadt – Bad Wimpfen trägt viele Attribute

NSU – Mitte der 1950er Jahre gab es weltweit keinen größeren Zweiradhersteller – der 1969 mit der Auto Union GmbH fusionierte, woraus 1985 die Audi AG hervorging.

In der Stadtmitte finden wir das **Rathaus**, die farbenfrohe **St. Dionysius-Kirche** und einige Fachwerkhäuser. Im ehemaligen **Deutschordensschloss** können wir das **Deutsche Zweirad- und NSU-Museum** besuchen.

Weiter geht´s von der Wehrbrücke bei Neckarsulm noch ein Stück am Neckar entlang, unter der A6 her und verlassen den Neckar-Radweg beim Fahrradrastplatz nach rechts. In der Folge bleiben wir in der Nähe des Böllinger Bachs und unterqueren später erneut die A6 nach Biberach. Im Gewerbegebiet biegen wir rechts ab, fahren in der Nähe des Gundelbaches auf dem Radnetz BW nach Bonfeld und mit Steigung auf der Schwaigerner Straße nach Bad Rappenau. Vorbei am Gradierwerk und am Bahnhof Hohenstadt rollen wir zurück ans Neckarufer, dem wir zurück nach Bad Wimpfen folgen.

Der kleine Ort Bonfeld überrascht uns mit dem repräsentativen **Oberen Schloss**, einem „Wasserturm", der eigentlich ein Treppenturm ist, dem **Fachwerk-Getreidespeicher** und mit dem teils erhaltenen Unteren Schloss.

Tipp: Bei Bonfeld führt ein kleiner Abstecher zum **Bikini-Art-Museum**, das uns eine Zeitreise durch drei Jahrhunderte der Bademode präsentiert. Es gibt Foto-Hotsports und ein SelfieARTmuseum!

Bad Rappenau ist seit 1930 ein Heilbad, von dem das **Salinenamtsgebäude**, das **Gradierwerk**, oder das Bohrhaus zu berichten wissen. Das Wahrzeichen der Stadt ist das **Wasserschloss**, das in einem weitläufigen Park eingebettet wurde. Im Stadtwappen von Bad Rappenau ist ein **schwarzes Pferd** zu sehen. Es stammt vom Wappen der Herren von Gemmingen, die hier einst das Sagen hatten.

Kartentipp:
ADFC Regionalkarte »Heilbronner Land / Stuttgart Nord«
1:50.000, ISBN 978-3-96990-178-6, 10,95
Digital für Smartphones und Tablets: www.fahrrad-buecher-karten.de/kartenapp

70 Vom Schloss zur Residenz

Von Bad Mergentheim über Weikersheim

Das breite, sonnige Taubertal wird hier »Taubergrund« genannt. Auch wir gehen der Sache auf den Grund und radeln gleich durch verschiedene liebliche Täler zum Stammsitz des Hauses Hohenlohe.

111Touren Info:

35 km, Rundtour meist über Radwege und Nebenstraßen, eine längere Steigung, Straßen- und Radwegweisung.

Start / Ziel: Bahnhof Bad Mergentheim

Info: www.bad-mergentheim.de

Los geht´s vom Bahnhof links in die Poststr., über die Bahn, am Kreisel geradeaus und bei der Tauberbrücke rechts auf den Radweg »Liebliches Taubertal« Richtung Weikersburg. Am nachfolgenden Weg liegen die Sport- und Kuranlagen sowie der Kurpark. Via Igersheim durchradeln wir zuerst den alten Weinort Markelsheim (mit einem Weinlehrpfad) und dann parallel zur Bahn nach Elpersheim. Durch das Naturschutzgebiet Mutzenhorn gelangen wir nach Weikersheim.

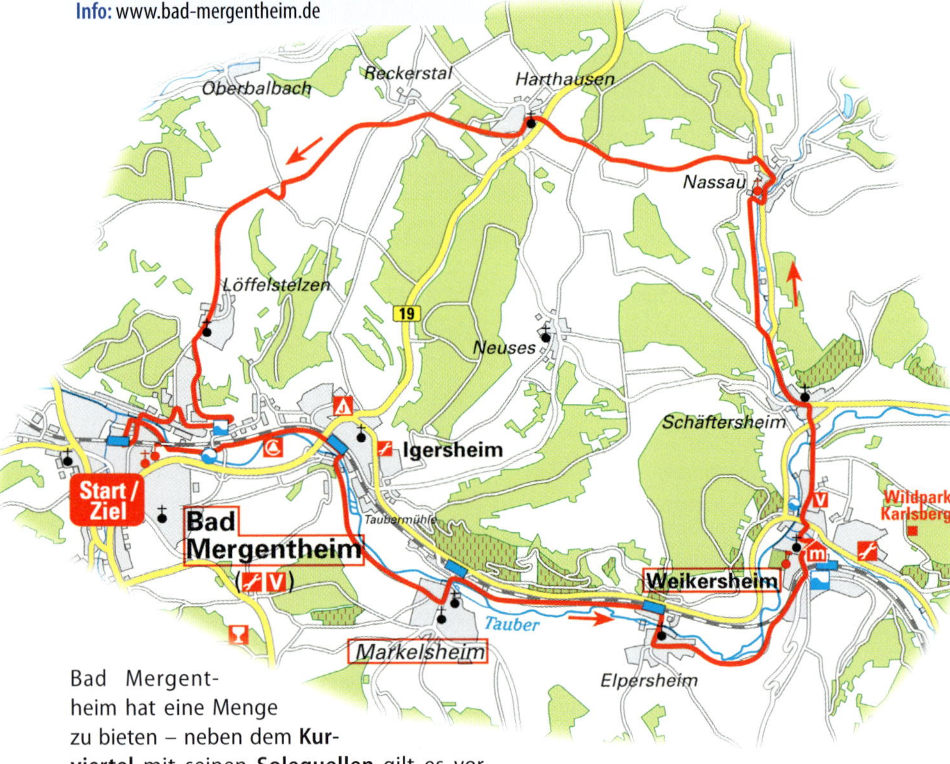

Bad Mergentheim hat eine Menge zu bieten – neben dem **Kurviertel** mit seinen **Solequellen** gilt es vor allem, das **Schloss** mit seiner **Kirche** anzusteuern. Wir haben beides dem 600 Jahre hier ansässigen Deutschen Orden zu verdanken.

Auf unserer Fahrt konnten wir neben uns an den Hängen die typische Landschaft mit **Steinriegeln, Hecken, Trockenwiesen** und

Fasst sich die Dame an den Kopf? Wegen Schloss Weikersheim ganz bestimmt nicht!

Blüten bewundern. Die Steine wurden von Bauern und Winzern zusammengetragen, um als »Heizungen« für Pflanzen und Tiere zu dienen. Hauptziel in Weikersheim ist das **Renaissanceschloss**, das uns mit dem **Barockgarten, Alchemie-Museum** und den **prachtvollen Innenräumen** verzaubert. Jedes Jahr gibt es hier mit der »jeuness musicales« eine Akademie für junge Musiker. Aber auch den Ortskern mit **Dorfmuseum, Pfarrkirche** und **Marktplatz** sollten wir uns nicht entgehen lassen.

Tipp: An dieser Stelle können wir die Tour zur »Hohenloher Residenzen-Tour« ausweiten, indem wir durch das Vorbachtal über Schrozburg nach **Langenburg** radeln. Von hier aus ist auch eine weitere Exkursion bis **Rothenburg o.d.T.** möglich.

Weiter geht´s durch das Taubertal nach Schäftersheim, wo wir kurz die Straße nutzen, ehe wir links ins Tal des Nassauer Bachs abbiegen. Wir radeln durch Nassau mit seiner Kirche und deren frühgotischen Fresken und weiter Richtung Bernsfelden. Am Ortsende links hinauf an den Lichthöfen entlang nach Harthausen. Hier radeln wir links, dann rechts auf der Straße und gelangen zum Wegkreuz mit den Vierzehn Heiligen. Weiter schräg links, quer über die Straße Richtung Igersheim, bleiben wir auf dem Berg, umrunden eine Militäranlage und erreichen Löffelstelzen.

Der **Turm** der **Kirche** von Löffelstelzen dient zugleich als **Wasserturm** für den hoch gelegenen Ort.

Weiter geht´s in entspannter Fahrt durch das Kur- und Klinikviertel von Bad Mergentheim und von der Ortsmitte aus retour zum Bahnhof.

Kartentipp:
ADFC Regionalkarte »Würzburg/Fränkisches Weinland« 1:75.000,
ISBN 978-3-96990-091-8, 9,95 €

Digital für Smartphones und Tablets: www.fahrrad-buecher-karten.de/kartenapp

71 Mit Umweg nach Rothenburg

Von Creglingen über Rothenburg o.d.T.

Der Radweg im Taubertal ist beinahe ideal – wären da nicht die kurzen, aber kraftraubenden Anstiege. Dafür nähern wir uns Rothenburg von einer Seite, die Überraschungen bereit hält.

111Touren Info:

48 km, Rundtour mit einigen kurzen, aber starken Steigungen meist über Radwege und Nebenstraßen.
Start / Ziel: Ortsmitte Creglingen
Info: www.creglingen.de
www.rothenburg.de

Los geht´s via den Mühlweg ins Münstertal, links über den Bach, vorbei an der Herrgottskirche mit Außenkanzel nach Münster. Weiter über die Landstraße geht es über Lichtel, Oberrimbach, Spielbach, Heiligenbronn, Enzenweiler (hier gibt es einen Badesee) und auf dem Burgenweg via Leuzenbronn und Hemmendorf abwärts mit tollen Blicken auf Rothenburg ob der Tauber. An der **Bronnenmühle** über die Tauber, vorbei am Toppler-Schlösschen bis zur Doppelbrücke und links hoch in die Stadt.

Tipp: Von der Bronnenmühle können Sie die Räder bis zum Gasthaus »Unter den Linden« tauberabwärts mitnehmen, sich dort stärken, die Räder anketten und per pedes die wenigen 100 m hinauf in die Stadt gehen.

Creglingen hat in seiner **Altstadt** über der Tauber schöne Winkel und bemerkenswerte Bauten aufzuweisen, wie z.B. die **Kirche** oder den **Faulturm**.

Als Inbegriff einer trutzigen, freien, stolzen Stadt hat **Rothenburg ob der Tauber** ungeheuer viel zu bieten, nicht nur Romantik. Diese führt Sie auch zum

Mittelalterliches...

Rathaus, wo zur vollen Stunde von 11 bis 15 und 20 bis 22 Uhr an der **Kunstuhr** der legendäre **Meistertrunk** verfolgt werden kann. Wer nicht mehr mit dem Rad zurück fährt, sollte sich einer **Führung** mit dem Nachtwächter anschließen – ein ganz außergewöhnliches Erlebnis.

Weiter geht´s auf der Mergentheimer-/Hindenburgstr. mit zwei großen Kurven wieder hinunter ins Taubertal zum Radweg »Liebliches Taubertal/Romantische Straße«. Unten rechtzeitig bremsen, es geht weiter nach Detwang mit der **Kirche St. Peter und Paul** und einem **Riemenschneider-Altar**. Über Bettwar, Tauberscheckenbach, Tauberzell und Archshofen kommen wir zurück nach Creglingen.

In Tauberzell lohnt eine Extrarunde auf einem **Kunstpfad**, an dem teils archaisch, teils sehr modern anmutende Plastiken aus Holz und Metall stehen.

Rothenburg ob der Tauber

Kartentipp:

ADFC Regionalkarte »Würzburg/Fränkisches Weinland« 1:75.000, ISBN 978-3-96990-091-8, 9,95 €

Digital für Smartphones und Tablets: www.fahrrad-buecher-karten.de/kartenapp

72 Unglaublich viel zu entdecken

Von Völklingen über Saarlouis

Nachdem wir gleich zu Beginn der Tour die Luft der Industriekultur geschnuppert haben, rollen wir an der Saar entlang nach Saarlouis. Die noch perfekt erhaltenen Verteidigungsanlagen beeindrucken noch heute.

111 Touren Info

44 km, Rundtour meist auf befestigten Radwegen bzw. Straßen/Wegen, zwei Steigungen die vermieden werden können, teils Wegweisung als Saar- bzw. Saarland-Radweg

Start / Ziel: Bahnhof Völklingen

Info: www.voelklingen.de

Unübersehbar ist sie, die **Völklinger Hütte**, an der wir direkt nach unserem Tourstart vorbeikommen. Ab 1873 wurde hier Eisen erzeugt, doch aus wirtschaftlichen Gründen musste der Betrieb 1986 eingestellt werden. Es wurde zu einem **Industriedenkmal**, das von der UNSESCO als Welterbe eingestuft wurde. Erst ein Rundgang durch die riesigen Anlagen macht die Dimensionen deutlich, in denen einst bis zu 17.000 Beschäftigte ihrer Arbeit nachgingen

Los geht´s am Bahnhof von Völklingen, den wir nach links auf der Rathausstraße verlassen, um unter den Schienen her zu fahren. Am Kreisel zweite Ausfahrt, dann über die Saar und mit einem Linksbogen zum Ufer und unter der Straße durch. Der Saar-Radweg geleitet uns meist zwischen A620 und Saar vorbei an Wadgassen nach Saarlouis.

Ein Altarm der Saar führt uns vorbei an einem toll gelegenen Campingplatz zur sogenannten Vauban Insel. Sie trägt den Namen des königlichen Baumeisters Vauban, der von „Sonnenkönig" Ludwig XIV. den Auftrag bekam, Saarlouis gegen Eindringlinge zu schützen. Es entstand eine Anlage, die weltweit ihresgleichen sucht: ein **Festungsstern**, der mit **Kasematten** und anderen Wehranlagen versehen wurde.

Saarlouis ist ein Musterbeispiel der Festungsbaukunst

Bis heute können wir bestens nachvollziehen, welche Meisterleistung hier geschaffen wurde, denn alles ist immer noch perfekt erhalten und bietet mit den teils ausgestellten **Kanonen** erstklassige Fotomotive.

Tipp: Um dieses einzigartige Bauwerk und die Innenstadt richtig genießen und verstehen zu können, schließen wir uns einer 2-stündigen **Stadtführung** an. Das ist nicht nur lehrreich, sondern auch äußerst unterhaltsam.

Hinter dem Verteidigungsring erstreckt sich die prachtvolle Innenstadt von Saarlouis mit ihrem **Großen Markt.** Der ehemalige Exerzierplatz ist nicht nur sehr weitläufig, sondern gibt auch den Blick frei auf die **Kirche St. Ludwig** und die Kommandantur. Von hier aus machen wir uns auf in die teils engen Gassen der **Altstadt**, die uns eine große Anzahl historischer Gebäude, eine einladende **Fußgängerzone** und jede Menge Einkehrmöglichkeiten bietet.

Weiter geht´s in einem Linksbogen am Saaraltarm entlang durch Saarlouis, das wir auf dem Radweg Saarlouiser Runde durch die Innenstadt und den Vorort Lisdorf (Holzmühler Straße) verlassen. Diese steigt sogleich an und bringt uns via Holzmühle, Picard, Neuforweiler, Sablonhof, Differten und Wadgassen zurück zum Saarufer. Ab hier folgen wir demselben Weg zum Völklinger Bahnhof, den wir auf der Hinfahrt wählten.

Wir tangieren das **Naturschutzgebiet Eulermühle**. Hier können wir mit etwas Glück seltene Vogelarten beobachten, die sich im teils feuchten Dickicht auf die Jagd begeben.

Tipp: Der Rückweg durch´s Hinterland verläuft etwas hügelig. Wer´s also lieber bequemer mag, rollt einfach am **Saarufer** wieder retour.

In Waldgassen wurde im Jahre 1843 eine Cristallerie gegründet, in der unter der Regie Eugen von Bochs Glas hergestellt wurde. Als **„Cristallerie Villeroy & Boch"** werden Teile des alten Betriebs heute für kulturelle Zwecke genutzt.

Im ehemaligen Wirtschaftshof eines Klosters gibt es seit 2004 das **Deutsche Zeitungsmuseum**, das uns die Historie der Zeitung von der Entstehung bis in die heutige Zeit präsentiert.

Kartentipp:
ADFC Regionalkarte »Saarland«
1:75.000, ISBN 978-3-96990-010-9, 9,95 €

Digital für Smartphones und Tablets: www.fahrrad-buecher-karten.de/kartenapp

73 Wilde Tiere bewachen die Geburt eines Flusses

Von Türkismühle über Selbach

Es sind zwar nur 23 km, doch aufgrund einiger Steigungen kann es etwas schweißtreibend werden, denn wir unternehmen einen Abstecher zur Quelle der Nahe, die auf rund 467 m Höhe liegt. Weniger anstrengend ist es, wenn wir „nur" eine Runde um den Bostalsee drehen – dann bleibt auch mehr Zeit für einen Sprung ins kühle Nass!

111 Touren Info

23 km, Rundtour meist auf befestigten Radwegen bzw. Straßen/Wegen, mehrere kleinere Steigungen, größtenteils Wegweisung als Nahe- bzw. als Saarland-Radweg

Start / Ziel: Bahnhof Türkismühle

Info: www.nohfelden.de

Johann Jakob Dürck war ein visionärer Müller, der 1747 eine **Mahl- und Ölmühle** baute, die durch die Energie des Sölerbachs angetrieben wurde. Erst 1860 bekam die Mühle Nachbarn, als die Region mit der Nahetalbahn erschlossen wurde. Der **Bahnhof**, der damals entstand, kann sich auch heute noch sehen lassen.

Los geht´s am Bahnhof namens Türkismühle, wo wir direkt Anschluss an den Nahe- bzw. an den Saarland-Radweg haben, der uns nach links durch Gonnesweiler mit einer Steigung zum Bostalsee bringt, den wir gegen den Uhrzeigersinn befahren, um zur Bosener Mühle zu gelangen.

Gerade am Bostalsee angekommen, sind wir verwirrt: Da steht doch ein **Haus auf dem Dach**? Seit 2022 können wir dieses um 180° gedrehte Haus betreten und unsere Sinnesorgane auf eine Probe stellen.

Ein paar Meter weiter am See kommen wir an der weitläufigen Anlage des **Center Parcs Bostalsee** vorbei und stellen fest: Wir sind in einer sehr beliebten Urlaubsregion unterwegs! Hier finden die Gäste wirklich alles, was man im Urlaub braucht: Ferienhäuser in verschiedenen Größen, Spielplätze, Abenteuerschwimmbad und vieles mehr.

Tipp: Nun wird es Zeit für Kultur, denn wir erreichen die **Bosener Mühle**. Zunächst gab es 1870 hier eine Scheune, später eine Getreidemühle. Inzwischen wird das Gebäude als Zentrum für Kultur und Kunst genutzt.

Gar nicht weit von unserem Radweg entfernt liegt Bosen, das 978 als „Busena" das erste

Wollen wir das Fortbewegungsmittel ,mal wechseln?

Mal in den Geschichtsbüchern auftauchte. Im Jahr 1971 wurde der Ort mit 11 anderen Ortschaften zur Gemeinde Nohfelden vereint.

Zu einem längeren Stopp verführt das **Freizeitzentrum** des Bostalsees mit verschiedenen Restaurants, Pavillon, Fußballgolf, Trampolinanlage, Spielplatz, Strandbad oder Segelschule. Auch einen Indoorspielplatz gibt es – der heißt natürlich **„Bosiland"**.

Weiter geht´s von der Bosener Mühle am Ufer des Bostalsees entlang. Ein Stück hinter dem Campingplatz zweigen wir an einem Parkplatz rechts-links ab auf den Saar-Bostalsee-Radweg und kurbeln durch Neunkirchen und Selbach zur Nahequelle. Von hier radeln wir auf demselben Weg wieder zum See zurück, den wir gegen den Uhrzeigersinn weiter umrunden. Hinter dem Staudamm rechts und über Gonnesweiler wieder zurück zum Bahnhof Türkismühle.

Tipp: Der Abstecher zur Nahequelle ist mit einigen **Steigungen** recht anstrengend. Wer sich die Hügel ersparen möchte, umrundet einfach den Bostalsee bis zum Ende und fährt direkt wieder retour.

Hier quillt die Nahe aus der Erde

Ein schöner Quellstein markiert im dichten Wald die **Nahequelle**. Direkt nebenan macht das Dammwild sich bemerkbar – es möchte gerne von uns gefüttert werden. Während sich die Kids auf dem Spielplatz austoben, zieht es die Erwachsenen eher zu Fuß weiter in den Wald, um auf dem **Nahequelle-Pfad** mehr über dieses schöne Fleckchen Erde zu erfahren.

Auf der weiteren Tour gibt es nochmals richtig viel Spaß: Wir rollen über den 500 m langen **Staudamm** des **Bostalsees**, der seit 1979 zur Wasserkraft-Gewinnung und für die Freizeitgestaltung der Gäste genutzt wird.

Kartentipp:

ADFC Regionalkarte »Saarland«

1:75.000, ISBN 978-3-96990-010-9, 9,95 €

Digital für Smartphones und Tablets: www.fahrrad-buecher-karten.de/kartenapp

74 Europas Wiege

Von Konz nach Schengen

Die Europäische Union ist eine der wichtigsten Errungenschaften der Geschichte: Noch nie war Europa so lange verschont von kriegerischen Auseinandersetzungen, noch nie waren die Grenzen so durchlässig, noch nie gab es ein einheitliches Zahlungsmittel und noch nie rückten die Menschen so eng zusammen. All´ dies geht zurück auf das Abkommen von Schengen. Grund genug, sich diesen historischen Ort als Ziel einer entspannten Mosel-Radtour näher anzusehen.

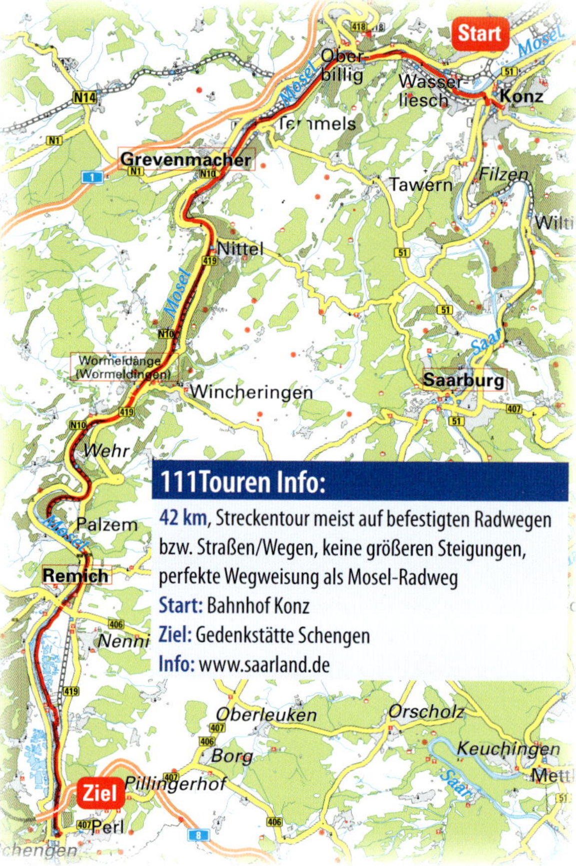

111Touren Info:

42 km, Streckentour meist auf befestigten Radwegen bzw. Straßen/Wegen, keine größeren Steigungen, perfekte Wegweisung als Mosel-Radweg
Start: Bahnhof Konz
Ziel: Gedenkstätte Schengen
Info: www.saarland.de

Unser Start-Ort Konz liegt direkt an der **Mündung** der Saar in die Mosel. Schon die keltischen Treverer siedelten hier auf einer Anhöhe, später gab es unter den Römern hier eine erste Brücke und der römische Kaiser Valerius hatte hier eine Sommerresidenz. Heute ist das bedeutendste Bauwerk die ehemalige **Karthause**, von der noch der Südflügel erhalten ist. Mit etwas „Kletterarbeit" erreichen wir den **Roscheider Hof** mit dem Volkskunde- und Freilichtmuseum.

Los geht´s am Bahnhof von Konz, den wir über die Saar hinweg zum Moselufer verlassen. Hier haben wir Anschluss an den Mosel-Radweg. Der ist bestens ausgebaut und beschildert, so dass wir problemlos durch Oberbillig und Temmels nach Grevenmacher radeln können.

Wir erblicken immer wieder grüne Weinberge und kommen auf dieser Tour durch viele attraktive Weinorte. Schon rasch erreichen wir den kleinen Ort Oberbillig mit seinem „Haus der Fischerei".

Tipp: Die kleine Fähre bringt uns hinüber nach Wasserbillig. Mit 130 m Seehöhe ist es der tiefste Ort von Luxemburg. An der Mündung zur Sauer finden wir eine schöne **Promenade**. Hier beginnt auch ein spannender **Radweg** entlang der Sauer nach Echternach.

Gute Aussichten über Wasserbillig – und unten fließt die Sauer in die Mosel

Die **Pfarrkirche St. Peter** in Temmels überrascht uns mit einem imposanten Altar. Die Wände sind geschmückt mit Bildern, die das Leiden Christi darstellen.

Auf der anderen Uferseite liegt Grevenmacher. Entlang der Gassen entdecken wir einige historische Gebäude. Überragt werden sie von der Kirche. Deren Turm war einst Teil einer **Wehranlage** und diente als Wach- und Zufluchtsturm.

Weiter geht's von Grevenmacher auf deutscher Seite über Nittel, Wehr und Palzem nach Perl bzw. Schengen.

Der hübsche Weinort Nittel hat mit der **Rochus-Kapelle** ein kleines Juwel in den Weinbergen versteckt. Im Zentrum lohnt die **Pfarrkirche St. Martin** einer genaueren Betrachtung. In diesem Abschnitt der Mosel wurde 1957 ein echter „Römerschatz" mit rund 100 Goldmünzen gefunden.

Bei Palzem soll es schon 120 v.Chr. eine Brücke gegeben haben, worüber eine Infotafel am Ufer berichtet. In Palzem beginnt der **Wanderweg „Via Caliga"**, dessen Name auf dem Schuhwerk der römischen Soldaten „fußt". Er verläuft entlang der ehemaligen Römerstraße und ist mit Hinweisschildern ausgestattet.

In Nennig müssen wir unbedingt die ausgeschilderte Römische Villa besuchen. Zwar sind von der Villa nur die Mauern übrig, in einem neu errichteten Gebäude aber wird uns ein 160 qm großer **Mosaikfußboden** präsentiert, der als größtes erhaltenes römisches Mosaik nördlich der Alpen gilt. Sehenswert im Ort sind auch die Pfarrkirche St. Martin und das **Schloss Berg** aus dem 12. Jh.

Die Hauptattraktion von Perl liegt weit oberhalb des Ortes: Die ehemalige **Römervilla Borg** umfasste einst die erstaunlichen Ausmaße von 7,5 ha.

Per Brücke erreichen wir den Ort Schengen. Wenn wir direkt hinter der Brücke zweimal rechts abbiegen, kommen wir zum Museum bzw. zum **Denkmal** für die EU. Am 14.6.1985 unterzeichneten Politiker aus Frankreich, Deutschland und den Benelux-Ländern auf dem Ausflugsschiff „Princesse Marie Astrid" das Schengener Abkommen. Damit war der freie Personen- und Handelsverkehr zwischen den EU-Mitgliedsländern beschlossene Sache.

Kartentipp:

ADFC Regionalkarte »Trier und Umgebung«
1:50.000, ISBN 978-3-96990-139-7, 10,95 €
Digital für Smartphones und Tablets: www.fahrrad-buecher-karten.de/kartenapp

75 Durch Klein-Venedig

Von Trier nach Merzig

Die Saar begleitet uns auf unserer Tour vom historischen Trier vorbei an der modernen Keramik in Mettlach. Beim Spaziergang durch das herrliche Saarburg oder beim Blick auf die Saarschleife sammeln wir tolle Eindrücke.

111Touren Info:

58 km, flache Streckentour meist über Radwege, perfekte Rad-Wegweisung.
Start: Römerbrücke Trier
Ziel: Bahnhof Merzig
Info: www.saarburg.de
www.merzig.de

Los geht´s unter der Römerbrücke von Trier auf der Altstadtseite der Mosel. Immer an der Mosel lang radeln wir bis Konz mit seiner **Kartause.** Schon vor der Saarmündung trennen sich Mosel- und Saarradweg, wobei wir die Saar zunächst nicht überqueren, sondern am Ufer bis zur letzten Straßenbrücke radeln, um mit dieser den Fluss zu überqueren. Am Ende der Brücke kehren wir ans Ufer zurück, dem wir nun mehrere Kilometer folgen. Von Könen und Ayl-Bibelhausen sehen wir nur wenig – genau wie vom Straßenverkehr, den wir erst wieder bei unserer Einfahrt nach Saarburg etwas spüren.

Hinter der Brücke schräg links der kleinen Gasse folgend erreichen wir bergauf die Ortsmitte, wobei mit **Wasserfall, Wasserrad** und **Mühlenmuseum** schon drei Hauptziele direkt ins Auge fallen. Wer die Blicke losreißen kann, steigt weiter hinauf an der **Pfarrkirche St. Laurentius** und dem »**Amüseum**« vorbei zum **Leukbach.** Beiderseits des Ufers laden besonders idyllische Gaststätten zur Rast.

Schöner einkehren? Kaum möglich!

Tipp: Saarburg ist nicht nur sehens- sondern auch »schleckenswert«! Machen Sie den Selbstversuch in einem der vielen Eiscafés in der **Altstadt**!

Weiter geht´s von Konz kommend noch vor der Brücke rechts auf die Straße, oben links über die Brücke, dahinter ein paar 100 m geradeaus, dann zweimal rechts, um dem

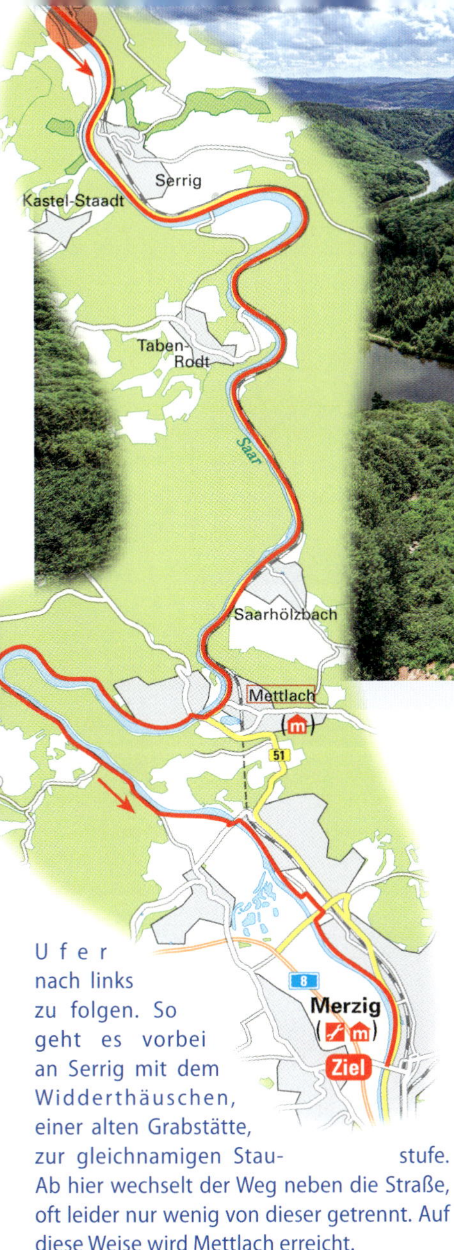

Die Saarschleife ist ein echtes Naturwunder

Ufer nach links zu folgen. So geht es vorbei an Serrig mit dem Widderthäuschen, einer alten Grabstätte, zur gleichnamigen Staustufe. Ab hier wechselt der Weg neben die Straße, oft leider nur wenig von dieser getrennt. Auf diese Weise wird Mettlach erreicht.

Die **ehemalige Benediktinerabtei** wird heute vom Keramikkonzern Villeroy & Boch genutzt. Neben einem **Museum** gibt es auch einen **Werksverkauf**. Im Garten steht der 14 m hohe »**Erdgeist**«, ein Rest der Expo 2000.

Weiter geht´s mit der Straße ans andere Ufer, hinter der Brücke links. Ab der Schleuse trübt nur der rote Staub die perfekte Radel-Idylle der nächsten Kilometer durch die Saarschleife. Ein (beschilderter) Aufstieg zum Cloef ist anstrengend, aber Pflicht, denn nur von diesem Aussichtspunkt ist die Naturpracht der Saarschleife zu erkennen. Nachdem wir für kurze Zeit eine Nebenstraße genutzt haben, geht es mit Uferwechseln zielsicher nach Merzig – der Bahnhof ist ausgeschildert.

Neben der in der Fußgängerzone gelegenen **Pfarrkirche St. Peter** stehen das **alte Rathaus** und einige **alte Bürgerhäuser.** Etwas außerhalb liegt ein **Gehege**, in dem Wölfe naturnah gehalten werden.

Kartentipp:
ADFC Regionalkarte »Trier und Umgebung« 1:50.000,
ISBN 978-3-96990-139-7, 10,95 €

Digital für Smartphones und Tablets: www.fahrrad-buecher-karten.de/kartenapp

76 Radeln an der Sauer? Das macht lustig!

Von Wasserbilligüber Echternach

Während sich viele Radwanderer auf den Mosel-Radweg konzentrieren, widmen wir uns den eher weniger bekannten Wegen entlang des Flusses Sauer. Wir wechseln mehrfach und meist unbemerkt zwischen den luxemburgischen und deutschen Landen. Eines bleibt stets gleich: Die wunderbaren kleinen Ortschaften und die landschaftlichen Eindrücke in dem teils engen Tal.

111 Touren Info

50 km, Rundtour meist auf befestigten Radwegen bzw. Straßen/Wegen, keine größeren Steigungen, Wegweisung als Sauerland-Radring bzw. Rheinland-Pfalz-Radroute

Start / Ziel: Bahnhof Wasserbillig (in Luxemburg)

Info: www.lux-trier.info

In Wasserbillig mündet der Fluss Sauer in die Mosel – hier sind wir gerade eben über die Grenze nach Luxemburg gerollt. Bevor es losgeht, können wir uns die **Kirche** und das **Rathaus** ansehen.

Tipp: Wasserbillig ist ein echter Tipp für alle Sparfüchse: Jeden Tag kommen viele Deutsche über die Grenze, um hier günstig zu tanken. Auch **Kaffee**, Zigaretten, Schokolade und (alkoholische) Getränke sind hier teils günstiger als im eigenen Land. So ist es keine Überraschung, dass sich an der N1 ein paar Pedalumdrehungen Richtung Mertert eine Tankstelle an die nächste reiht und alle einen gut sortierten **Shop** dabei haben.

Der Fluss namens **Sauer** wird uns hier von der Mündung aus auf unserer Radtour stets begleiten. Dabei vollzieht er durch das teils sehr enge Tal kunstvolle Schleifen, so dass insgesamt eine Flusslänge von 173 km zusammenkommt. In den belgischen Ardennen beginnt die Reise der Sauer, die so viel Wasser aufnimmt, dass sie zum **wasserreichsten linken Zufluss der Mosel** wird.

An der Sauer lässt es sich bestens radeln

Los geht´s am Bahnhof von Wasserbillig, den wir nach rechts entlang der Grand Rue verlassen. Vor der Sauerbrücke ans Ufer, dann flussaufwärts am Campingplatz vorbei. Via Moersdorf, Born, Hinkel, Rosport und Steinheim gelangen wir nach Echternach.

Echternach entführt uns in längst vergangene Zeiten, denn wir flanieren durch ein Meer aus bestens erhaltenen, historischen Häusern. Schon die **Alte Sauerbrücke** liefert das erste tolle Fotomotiv. Ob schon von den Römern eine erste Brücke errichtet wurde, kann uns daher eigentlich egal sein. Auch die Reste der **Wachmauer** mit ihren **Türmen**, das **Rathaus**, das Gerichtsgebäude, die Abtei und weitere prachtvolle Fassaden müssen wir gesehen haben. Das Highlight der Stadt ist die **Basilika**, die in ihrer Krypta das Grab des Heiligen Willibrord beherbergt.

Weiter geht´s von Echternach, wo wir mit dem Sauerland-Radring die Sauer überqueren, um dahinter von der Bitburger rechts in die Mindener Straße einzubiegen. Der Radweg führt uns durch Minden, Edingen, Godendorf, Ralingen, Wintersdorf, Metzdorf, Mesenich und Langsur und wieder zurück zur Mündung. Hier queren wir erneut die Sauer und rollen zurück zum Bahnhof von Wasserbillig, wo die Tour endet.

Auch die Orte auf der deutschen Seite der Sauer können sich sehen lassen – und wir merken auch an diesem Ufer: Die Region ist bei **Campern** äußerst beliebt – die wissen halt, wo´s schön ist! Unsere Urahnen offenbar auch, denn die Gegend um Minden war schon in **prähistorischer Zeit** besiedelt.

Tipp: Der zweite Teil der Radtour verläuft teils parallel der Bundesstraße. Etwas beschaulicher radeln wir wenn wir die Strecke, die wir auf dem Hinweg nahmen, wieder zurück radeln.

Mehrere alte Bauernhäuser, eine barocke Hofanlage am Pfarrhof und die knallgelb gestrichene Pfarrkirche St. Remigius locken uns in Mesenich zu einem kurzen Stopp, bevor wir uns in Langsur noch die **Pfarrkirche St. Katharina** ansehen. Diese wurde um 1780 im spätbarocken Stil erbaut und besitzt noch einen romanischen Chorturm.

Kartentipp:
ADFC Regionalkarte »Trier & Umgebung«
1:50.000, ISBN 978-3-96990-139-7, 10,95 €

Digital für Smartphones und Tablets: www.fahrrad-buecher-karten.de/kartenapp

77 Typisch Mosel!

Von Trier nach Leiwen

Kaum eine Stadt könnte eine würdevollere Ouvertüre des Moselradweges abgeben als Trier, die älteste Stadt Deutschlands. Nach einer Tour durch 2000 Jahre Geschichte ragen neben uns die ersten Weinberge empor, die Mosel vollzieht die ersten Schleifen, und die Römer haben uns aussichtsreiche Villen hinterlassen.

111Touren Info:

37 km, ebene Streckentour überwiegend auf separaten Radwegen, perfekte Rad-Wegweisung.
Start: Römerbrücke Trier
Ziel: Ortsmitte Leiwen
Info: www.schweich.de

Ein Rundgang kann in Trier nur an der **Porta Nigra**, der höchsten römischen Erhebung nördlich der Alpen, beginnen.

Am **Hauptplatz**, wo ein herrliches Gebäude das andere überstrahlt, betrachten wir das bunte Gemisch aus Touristen, Einheimischen und Marktleuten. Gleich in der Nähe finden wir das **Spielzeugmuseum**, die **älteste Apotheke Deutschlands** und das **»Rote Haus«**. Vom Platz geht es zur **Doppelkirche**, die vom **Dom St. Peter** und der **Liebfrauenkirche** gebildet wird. Unweit liegt das **Landesmuseum** mit einem **»Weinschiff«**. Vorbei an der **Palastaula** radeln wir zum **Amphitheater** und hinaus zu den **Kaiserthermen**.

Tipp: Im **Amphitheater** erzählt **Gladiator Valerius** von »seinem« tödlichen Zweikampf und lässt die Ruinen lebendig werden. Ähnliches können Sie auch in den **Kaiserthermen** erleben.

Los geht´s an der Römerbrücke von Trier am linken Moselufer hinaus nach Pfalzel, wo das älteste Steinhaus Deutschlands am Weg steht. Überhaupt lädt der Ort mit den historischen Gebäuden inmitten der gut erhaltenen Stadtmauer zum Verweilen ein. In Pfalzel müssen wir die Radwegeschilder gut beachten, denn es geht »zackig« durch den Ort und ein Industriegebiet. Vorbei an Ehrang und Quint kommen wir nach Schweich.

Direkt am Radweg liegt der alte **Fährturm**, in der Ortsmitte die **Kirche** und das **Amtshaus**. In Schweich wohnte auch »der Knabe am Brunnen«, der bekannte Schriftsteller Stefan Andres, an den es im Ort viele Erinnerungen gibt.

Trier und andere Weinorte sorgen für Abwechslung entlang der Mosel

Weiter geht´s ab Schweich auf der anderen Moselseite nach Longuich-Kirsch.

Longuich ist der »erste« typische Moselort mit vielen **historischen Häusern**. Der Hit liegt aber außerhalb am Berg – die **Römervilla Villa Urbana** wurde weitgehend restauriert und versetzt uns mit Infotafeln zurück in jene Zeit, als römische Gutsherren diesen schönen Ausblick genossen.

Weiter geht´s via Riol nach Mehring.

Der Ortskern Mehrings liegt am anderen Ufer, doch auf unserer Seite ist mit wenig Kletterarbeit die ebenfalls gut restaurierte **römische Villa** zu erreichen.

Weiter geht´s via Detzem, Thörnich und Köwerich nach Leiwen.

Die Kaisergattin Livia war Namensgeberin für den Ort – für Sie wurde hier eine Sommerresidenz errichtet. Das Gasthaus **»Römisches Weindorf«** steht auf römischen Mauern und bietet ein gutes Weinlokal mit angeschlossener **Vinothek**. Mit viel Schweiß können wir zum Freibad hinauf radeln und vom **Zummet** mit den Füßen im Wasser eine herrliche Sicht genießen.

Kartentipp:
ADFC Radreiseführer »Mosel-Radweg« 1:50.000, ISBN 978-3-87073-690-3, 14,95 €

78 Der wasserreichste Fluss der südlichen Eifel

Von Gerolstein nach Kyllburg

Es waren einst die Vulkane, die durch heftige Ausbrüche eine Landschaft modellierten, die wir heute als Eifel genießen können. An einigen Stellen gibt es immer noch vulkanische Aktivität, doch keine Angst: Auf unserem Weg durch das beschauliche Kylltal, bleibt alles „cool".

111 Touren Info

26 km, Streckentour meist auf befestigten Radwegen bzw. Straßen/Wegen, fast durchgängiges Gefälle, Wegweisung als Kylltal-Radweg

Start: Bahnhof Gerolstein

Ziel: Bahnhof Kyllburg

Info: www.gerolstein.de

Der **Gerolsteiner Mineralbrunnen** genießt als erfrischendes Getränk über die Eifel hinaus einen guten Ruf. Dass Gerolstein aber auch ein anerkannter **Luftkurort** ist und die Region schon seit der Altsteinzeit besiedelt wurde, ist eher weniger bekannt.

Tipp: Weitere Attraktionen liegen in direkter Umgebung von Gerolstein, wie der **Adler- und Wolfspark**, ein keltisch-römischer Tempel, der 100 m über dem Ort gelegene **Dolomitfelsen Munterley** oder die Eishöhlen, die auch als **Mühlsteinhöhlen** bekannt sind, weil das Gestein hier einst zur Herstellung von Mühlsteinen genutzt wurde.

Aus den Dächern Gerolsteins ragt der schlanke Turm der **Erlöserkirche** am höchsten empor. Bei dem Bau des Gotteshauses entdeckte man die Überreste eines **römischen Herrensitzes**, einer „villa rustica".

Los geht´s am Bahnhof von Gerolstein, den wir über die Kyll hinweg und am Kreisel nach rechts verlassen. In der Kurve links in die Raderstraße und sofort rechts in den Kyllweg. So gelangen wir auf den Kylltal-Radweg, dessen Schilder uns den Weg vorbei an Lissingen nach Birresborn weisen.

In Lissingen steigen wir von den Bikes, um uns die **ehemalige Wasserburg Lissingen** anzusehen, die es offenbar schon seit 1212 gibt. Zwar wird sie heute nicht mehr von einem Wassergraben geschützt, dennoch wurde sie im Laufe der Geschichte niemals zerstört, so dass uns eine richtige alte Bausubstanz erwartet.

Malberg ist ein lohnenswerter Abstecher

Auf unserem Weg nach Birresborn kommen wir auch an der **Lindenquelle** vorbei, wo das gesunde Wasser aus der Tiefe wieder im **Quellpavillon** sprudelt. Die zweite Mineralquelle am Ort, die Adonisquelle, musste wegen Verunreinigungen geschlossen werden.

Weiter geht´s von Birresborn auf dem Kylltal-Radweg via Mürlenbach, Densborn, Usch und St. Thomas nach Kyllburg, wo unsere Tour am Bahnhof endet.

Der kleine Erholungsort Mürlenbach begeistert uns mit der **Betradaburg**, die 348 m hoch auf einem Felsen das Kylltal überblickt. Einige Teile der alten Höhenburg sind leider nur noch als Ruinen vorhanden, dafür aber darf darüber spekuliert werden, ob hier einst Bertrada, die Mutter Karls des Großen, gelebt hat. Und so kann es sogar sein, das dieser berühmte Europäer einst hier auf der Burg das Licht der Welt erblickte. Um die Sache genauer zu ergründen, steigen wir in den 30 m hohen **Wohnturm** der Burg – und haben eine herrliche Sicht über die Region!

Tipp: Nur wenige Minuten weiter an der Kyll entlang liegt der kleine Ort Malberg mit seinem gleichnamigen **Schloss**. Die prachtvolle Anlage wurde einst auf Geheiß eines Kölner Weihbischofs in einem barocken Stil umgebaut.

Malerisch schlängelt sich der Fluss durch den Ortskern von Kyllburg. An seinen Ufern entdecken wir viele historische Bauten, dabei auch die altehrwürdige **Stiftskirche** hoch oberhalb der **Kyll**. Besonders beachten sollten wir die Chorfenster, die im Stile der Renaissance erschaffen wurden.

Natürlich gibt es auch eine Burg in **Kyllburg**, die noch zu weiten Teilen erhalten ist. Sie dienste zunächst zum Schutze der Ländereien des Trierer Bistums, dann zum Schutze der Stadt.

Kartentipp:

ADFC Regionalkarte »Eifel/Mosel«

1:75.000, ISBN 978-3-96990-149-6, 10,95 €

Digital für Smartphones und Tablets: www.fahrrad-buecher-karten.de/kartenapp

79 Steile Reben und Menschenmassen

Von Bullay nach Cochem

Die »Königsetappe« an der Mosel strotzt vor Superlativen: Dem steilsten Rebenhang Europas in Bremm folgt ein historischer Weinort nach dem anderen, gekrönt von Beilstein, dem Inbegriff der Moselromatik. Ziel ist der Touristenmagnet Cochem, dessen Altstadt von der Reichsburg bewacht wird. Die Mosel von oben sehen wir vom Aussichtspunkt Pinnerkreuz.

111Touren Info:

32 km, ebene Streckentour überwiegend auf Radwegen, perfekte Rad-Wegweisung.
Start: Moselbrücke Bullay
Ziel: Touristen-Info Cochem
Info: www.cochem.de

Los geht´s an der Moselbrücke von Bullay am linken Moselufer vorbei an Alf mit seinem Gewölbeweinkeller und St. Aldegund, wo sich alte Wohnhäuser um die Bruchsteinkirche scharen. Ab St. Adelgund verläuft der Radweg stets links der Mosel zwischen Ufer und Straße. »Verfransen« können wir uns bis Cochem eigentlich nicht. Wir radeln vorbei an Neef und Bremm von einem **Weinort** zum nächsten.

Tipp: Auf der anderen Uferseite liegt Neef, dessen **Ofen- und Puppenmuseum** schon allein durch die Kombination beste Unterhaltung verspricht. Auch die **Pfarrkirche** und das **Burghaus** verdienen der genaueren Betrachtung.

In Bremm liegt neben uns mit dem **Calmont** der steilste Weinberg Europas. Auf dem **Klettersteig** können wir die beschwerliche Arbeit der Winzer am Besten nachvollziehen. In Ediger-Eller können wir im **Gasthof Christoffel** außergewöhnlich speisen. In eine Toga gewandet, werden wir von **»echten Römern«** bedient.

Ein Spaziergang führt uns hinauf zur Burgruine von Beilstein

Weiter geht´s an den herrlichen Winzer- und Fachwerkhäusern von Ediger-Eller vorbei nach Beilstein, das auf der anderen Moselseite liegt. Den Abstecher mittels Fähre sollten wir uns nicht entgehen lassen!

Die engen **Pflastergassen** im »Dornröschen der Mosel« (**Beilstein**) sind schnell überfüllt mit Gästen. Ein Spaziergang durch die Weinberge führt zur **Burgruine**, zu deren Füßen **Fachwerk- und Bruchsteinfassaden** ein einzigartiges Ensemble bilden. In der **Kirche** ist die »wunderbare schwarze Muttergottes von Beilstein« zu finden.

Cochem ist ein beliebtes Ausflugsziel - schnell zieht es auch uns in den Bann

Weiter geht´s zurück am linken Ufer an den Winzerorten Ellenz-Poltersdorf und Ernst vorbei ins quirlige Cochem.

Dicht gedrängt stehen die **Fachwerkbauten** in der **Altstadt**, wo auch Wein und Gesang angesagt sind. Von barocker Natur ist das alte **Rathaus**, das ebenso wie die **Kirche St. Martin** am Markt steht. Der Weg hinauf zur **Reichsburg** ist Pflicht, nicht nur für die Aussicht oder das Rittermahl. Richtig »scharfe Sachen« gibt es in der **historischen Senfmühle** im Ortsteil Cond. Wer mag, kann sogar selbst zum Kochlöffel greifen.

Kartentipp:
ADFC Radreiseführer »Mosel-Radweg«
1:50.000, ISBN 978-3-87073-690-3, 14,95 €
ADFC Regionalkarte »Eifel/Mosel«,
1:75.000, ISBN 978-3-96990-149-6, 10,95 €

Digital für Smartphones und Tablets: www.fahrrad-buecher-karten.de/kartenapp

80 Neues Erfahren an der Westerwälder Seenplatte

Von Hachenburg über Freilingen

Der Westerwald liegt gar nicht weit von den Ballungsräumen rund um Köln oder Frankfurt entfernt. Und doch ist die Region unter Radfahrern eher weniger bekannt. Es ist zwar etwas hügelig, dafür aber gibt es ruhige Natur, verträumte kleine Orte und ganz viele Bademöglichkeiten.

111 Touren Info

31 km, Rundtour meist auf befestigten Radwegen bzw. Straßen/Wegen, hügelige Strecke mit mehreren Steigungen, teils Wegweisung als Westerwald-Lahn-Radweg

Start / Ziel: Hauptbahnhof Koblenz

Info: www.hachenburg.de

Gleich zu Beginn unserer Tour rollen wir zwischen **Schloss Hachenburg** und dem im englischen Stil angelegten **Burggarten** hindurch. Das wuchtige Schloss ist durch seine erhöhte Lage weit ins Land sichtbar, hier finden wir auch das **Landschaftsmuseum Westerwald**.

Die Innenstadt von Hachenburg hat sich fein herausgeputzt – der **Alte Markt** wird von historischen Häusern, darunter viele mit **Fachwerk**, umringt. Ansehen müssen wir uns hier auch die ehemalige Franziskanerkirche und das **Steinerne Haus**, das bereits im Jahre 1439 errichtet wurde. Von hier erreichen wir die Herrnstraße, in der es weitere tolle Fassaden zu bestaunen gibt.

Los geht´s am Bahnhof von Hachenburg, den wir nach links über die Bahnhofstraße mit einer ersten Steigung verlassen, um am Kreisel rechts in die Jahnstraße und an deren Ende wieder rechts in den Alexanderring einzubiegen. Am Denkmal links auf die Leipziger Straße, kurz darauf schräg rechts in den Dehlinger bzw. Ziegelhütter Weg. Wir sind nun auf dem Westerwald-Lahn-Radweg, der uns hügelig nach Alpenrod bringt. Den Ort verlassen wir mit der nächsten Steigung auf der Mittelstraße. Oben links und via Lochum, Linden und Dreifelden nach Freilingen.

Von einem „Albrechtsrode" war in den Büchern im Jahre 1320 zu lesen. Zu dieser Zeit stand hier auf dem nahe gelegenen Nöchel auch eine Burg, die die Straßen beschützen sollte. Heute heißt der Ort Alpenrod und prä-

Von Schloss Hachenburg blicken wir weit über den Westerwald

sentiert uns eine **Kirche**, die vermutlich noch älter, vielleicht sogar aus dem 9. Jh., ist.

Tipp: Am Wegesrand liegt beim Örtchen Linden die **Wiedquelle**. Die Einfassung aus Bruchsteinen wird mit einem Gitter geschützt, damit hier niemand Schabernack treibt. Auf dem Picknickplatz lassen wir uns nieder, bevor wir uns an der Tafel darüber informieren, dass die Wied hier ihre rund 102 km lange Reise zum Rhein antritt.

Bei Dreifelden finden wir eine weiße Kirche, und eine alte **Holzbrücke** am Weiher, die beide sehr fotogen wirken.

Weiter geht´s von Freilingen, das wir nach rechts parallel zur B8 verlassen. Mit einigen kleinen Steigungen kurven wir durch die Weiher, tangieren Steinen und Schmidthahn, Langenbaum und Gehlert bevor wir wieder nach Hachenburg kommen, wo unsere Runde am Bahnhof endet.

Von der Mühle und dem Postgebäude ist in Freilingen leider nichts mehr übrig. Dafür aber wurde das Haus der Gemeindeverwaltung aus feinstem **Fachwerk** gefertigt.

Tipp: Hinter Freilingen erkennen wir auch direkt, warum diese Region „Westerwälder Seenplatte" genannt wird, denn neben unserem Radweg liegen zunächst links der Hausweiher, rechts **Post-** und **Brinkenweiher**, wenig später links **Haiden-** und **Hofmanns Weiher** sowie rechterhand der **Dreifelder Weiher**. An vielen Stellen wurden Bademöglichkeiten angelegt, so dass wir uns auf der hügeligen Strecke immer wieder abkühlen können.

Die **Erlebnisbrauerei** liegt genau am Weg, wenn wir unsere Tour beenden – es könnte also gar nicht besser „laufen". In einer 90-minütigen Führung erfahren wir alles Wichtige über das leckere „Hachenburger", das wir im Anschluss auch testen können.

Kartentipp:
ADFC Regionalkarte »Koblenz/Bonn/Mainz/Mittelrhein«
1:75.000, ISBN 978-3-96990-021-5, 9,95 €
Digital für Smartphones und Tablets: www.fahrrad-buecher-karten.de/kartenapp

81 Das Deutsche Eck aus allen Perspektiven

Von Koblenz über Neuwied

Diese Radrunde können wir gleich mehrfach fahren, denn es gibt einfach zu viel zu sehen auf dieser Strecke, die uns zudem gutes Radeln auf dem Rheinradweg beschert.

111 Touren Info

44 km, Rundtour meist auf befestigten Radwegen bzw. Straßen/Wegen, keine größeren Steigungen, Wegweisung als Rheinradweg

Start / Ziel: Hauptbahnhof Koblenz

Info: www.koblenz.de

Schon die Römer ließen sich in Koblenz nieder. Auf den Resten eines römischen Stadtturmes wurde auch die ehemalige **Stiftskirche St. Florin** erbaut. Sie beeindruckt mit einer Doppelturmfassade und Langhaus.

Tipp: Zum ausgiebigen Einkehren und Shoppen lädt die endlos scheinende **Fußgängerzone** von Koblenz ein – oftmals können wir mit tollem Blick auf historische Gebäude speisen.

In der Altstadt von Koblenz erheben sich zahllose historische Gebäude, unter ihnen das **„Alte Kauf- und Danzhaus"**, die **Alte Kurfürstliche Burg** und gleich nebenan die **Balduinsbrücke**. Der gleichnamige Erzbischof gab 1332 die Brücke in Auftrag. Von den ursprünglich 13 Pfeilern wurden 1964 sechs abgerissen, um größere Schiffe passieren lassen zu können. Gegenüber der Burg liegt der **Münzplatz** mit **Haus Metternich**, in dem der österreichische Außenminister Fürst Metternich 1773 geboren wurde.

Los geht´s am Hauptbahnhof von Koblenz, den wir geradeaus über den Markenbildchenweg und später weiter geradeaus über die Januarius-Zick-Straße zum Rheinufer verlassen. Dem Rhein folgen wir ein paar Meter flussabwärts, dann mit dem Radweg Deutsche Einheit links hinauf und über die Pfaffendorfer Brücke. Am anderen Ufer in einer Schleife hinunter auf den Rheinradweg. Dieser geleitet uns weiter flussabwärts stets neben B42 und Bahnstrecke vorbei an Ehrenbreitstein, Mallendar, Vallendar und Bendorf nach Neuwied.

Hoch über uns „schwebt" in 118 m Höhe die **Festung Ehrenbreitstein**. Die Trierer Kurfürsten sorgten für einen großzügigen Ausbau der Anlage. Später schufen die Preußen von 1817 und 1832 die nach Gibraltar damals zweitstärkste Bastion Europas. Die Festung ist inzwischen bequem mit einer **Gondel** zu erreichen.

Tiefenentspannung am Rheinufer von Koblenz

Das **Residenzschloss** der Fürsten zu Wied ist nur eines von vielen prachtvollen Gebäuden in Neuwied. Zu denen gehören auch **Burg Altwied**, Schloss Monrepos, **Schloss Friedrichstein** oder das Schlosstheater. Von den Museen sind das Borgward- oder das **Flippermuseum** eher außergewöhnlich.

Weiter geht´s von Neuwied, wo wir mit der Brücke auf die andere Seite nach Weißenthurm wechseln, um dem Rheinradweg flussaufwärts zu folgen. Vorbei an Urmitz, Kaltenengers, St. Sebastian, Kesselheim und Wallersheim erreichen wir den Campingplatz an der Moselmündung. Hier im Zickzack mit der Brücke über die Mosel und wieder zurück zum Deutschen Eck. Von hier sind es nur wenige Pedalumdrehungen den Rhein hinauf, bis wir links in die Januarius-Zick-Straße einbiegen und zurück zum Hauptbahnhof radeln können.

Es gibt tatsächlich einen **weißen Turm** in Weißenthurm, der an der ehemaligen Grenze zwischen Kurköln und Kurtrier steht. Drum herum finden wir farbenfrohe Häuser und die **Pfarrkirche Hl. Dreifaltigkeit**.

Tipp: Ein paar Meter den Rhein hinab liegt Andernach mit seiner wunderschönen **Altstadt**. Hier können wir in mittelalterlicher Kulisse einkehren oder uns am nördlichen Stadtrand den ganz exotischen **Kalt-Geysir** ansehen, der aufgrund natürlicher Kohlensäurequellen immer wieder Fontänen in den Himmel stößt.

Das große Finale unserer Tour bildet das **Deutsche Eck**, das an der Mündung der Mosel in den Rhein liegt und seinen Namen vom Gebäude der **Deutschherrenkommende** bekam, das es im 15.Jh. gab. 1897 setzte man das **Reiterstandbild Wilhelms I.** auf einen Sockel. Nach der Zerstörung im 2.Weltkrieg sitzt Wilhelm seit 1993 wieder auf seinem Ross.

Kartentipp:
ADFC Regionalkarte »Koblenz/Bonn/Mainz/Mittelrhein«
1:75.000, ISBN 978-3-96990-021-5, 9,95 €
Digital für Smartphones und Tablets: www.fahrrad-buecher-karten.de/kartenapp

82 Inbegriff der Rheinromantik

Von Rhens nach Bingen

Der Mittelrhein ist für Viele der schönste Abschnitt, den der lange Strom durchfließt. Und das ist nicht neu, denn schon Ende des 18. Jhds. entstand der Begriff der „Rheinromantik". Das liegt an der wunderbaren Landschaft, durch die sich der Rhein im Tal windet, aber auch an den vielen Burgen, die auf diese Szenerie blicken.

111 Touren Info

54 km, Streckentour meist auf befestigten Radwegen bzw. Straßen/Wegen, keine größeren Steigungen, Wegweisung als Rheinradweg

Start: Bahnhof Rhens

Ziel: Bahnhof Bingen

Info: www.rhens.de

Das geht ja schon toll los: Der kleine Ort Rhens begeistert uns mit einer gut erhaltenen **Stadtmauer**, die uns durch eines der Tore in die **Altstadt** lässt. So treten wir ein ins lebendige Mittelalter: Bestens erhaltene **Fachwerkhäuser**, darunter auch das **Alte Rathaus**, umringen den **Marktplatz**. Auch die Pfarrkirchen St, Theresia und St. Dionysus blicken auf eine lange Geschichte zurück.

Los geht´s am Bahnhof von Rhens, den wir nach rechts und direkt wieder rechts unter den Schienen her zum Rheinufer verlassen. Dem Rheinradweg folgen wir nun flussaufwärts. Vorbei an Brey, Spay, Boppard und Bad Salzig erreichen wir St. Goar.

Direkt am Rhein beim Start unserer Tour kommen wir am **Scharfen Turm** vorbei, der eigentlich ein Zollturm war, später aber auch als Gefängnis und Folterturm für vermeintliche Hexen herhalten musste.

Das **„Obere Mittelrheintal"** ist ein so seltenes Gut, dass es die UNESCO in seiner Gesamtheit als **Welterbe** unter Schutz gestellt hat.

Schnell wird klar, warum Boppard einer der Touristenmagneten ist: Als Reichsstadt wurden auf den Ruinen eines alten **römischen Kastells** prachtvolle Bauten errichtet, wie die **Kurfürstliche Burg**, die einst Teil der **Stadtbefestigung** war. Mehrere **Adelshöfe**, Villen, **Fachwerkhäuser**, prunkvolle Gotteshäuser und mehrere Parks lassen die Zeit im Nu verfliegen.

Auf der anderen Rheinseite lacht uns **Burg Maus** entgegen – natürlich gibt es wenige Kilometer später auch die **Burg Katz** auf der Rheinseite.

Tipp: Kindheitserinnerungen werden bestimmt wach, wenn wir in St. Goar das **Deutsche Puppen- und Bärenmuseum** besuchen. Mehr als 3.000 Exponate werden gezeigt und eine echte „Bärenklinik" gibt es auch.

St. Goar liegt in bester Lage zwischen den Bergen des Mittelrheintals, was Touristen aus der ganzen Welt hierher zieht. Die genießen die farbenfrohe **Altstadt**, aber auch den guten **Wein**, der hier angebaut wird.

Weiter geht´s von St. Goar auf dem Rheinradweg flussaufwärts. Am Wegesrand liegen Urbar, Oberwesel, Bacharach, Niederheimbach und Trechtingshausen nach Bingen am Rhein. Hier treffen wir direkt auf unser Tourenziel, dem Bingener Hauptbahnhof.

Mit einer gut erhaltenen **Wehrmauer**, einem tollen **Rathaus** und mehreren **Türmen** fügt sich Oberwesel in die schönen Orte unserer Tour nahtlos ein und sogar die Bahntunnel wurden zu Kunstwerken gestaltet. Oben am Berg thront **Burg Schönburg**, die schon im 12. Jh. erbaut wurde.

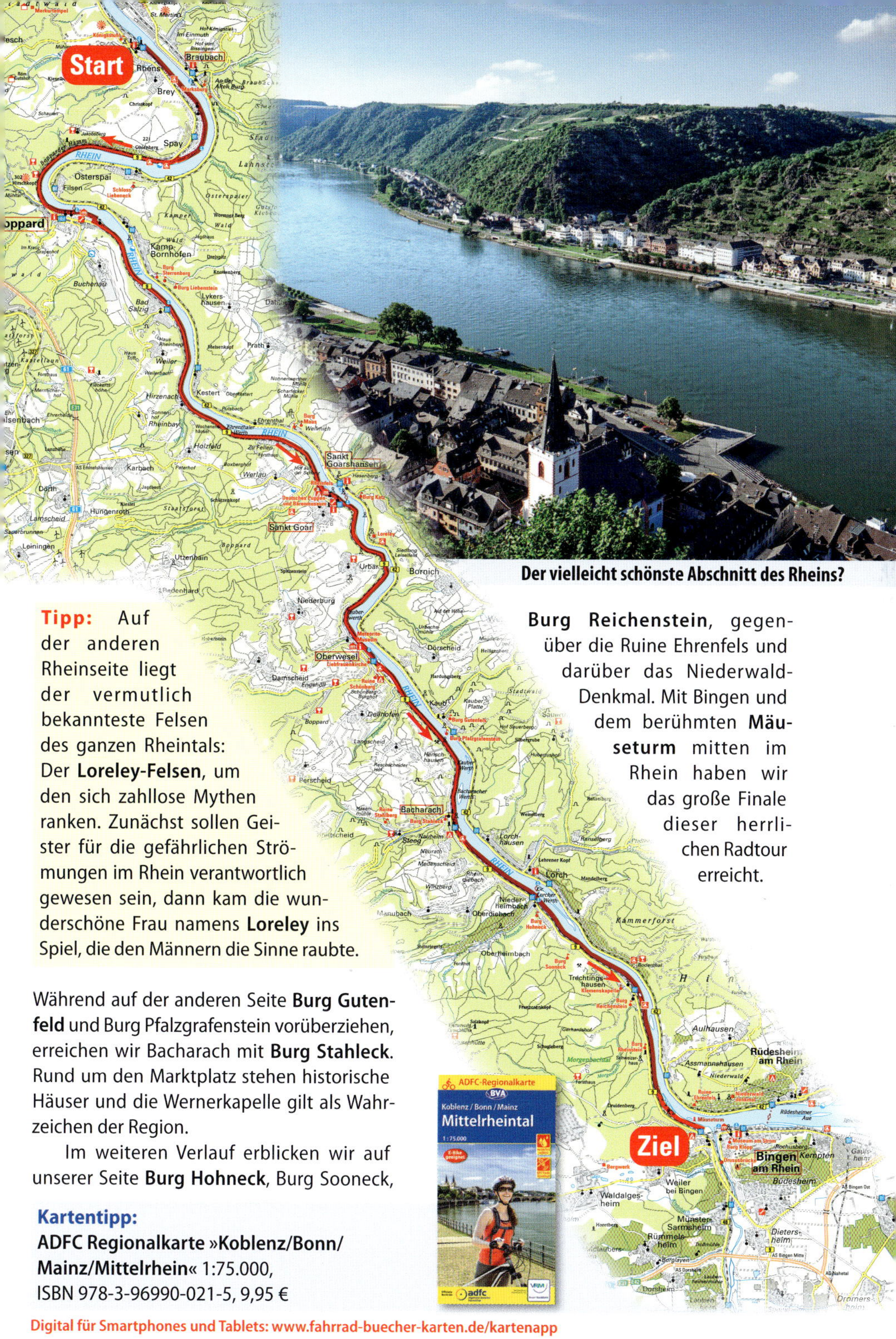

Der vielleicht schönste Abschnitt des Rheins?

Tipp: Auf der anderen Rheinseite liegt der vermutlich bekannteste Felsen des ganzen Rheintals: Der **Loreley-Felsen**, um den sich zahllose Mythen ranken. Zunächst sollen Geister für die gefährlichen Strömungen im Rhein verantwortlich gewesen sein, dann kam die wunderschöne Frau namens **Loreley** ins Spiel, die den Männern die Sinne raubte.

Während auf der anderen Seite **Burg Gutenfeld** und Burg Pfalzgrafenstein vorüberziehen, erreichen wir Bacharach mit **Burg Stahleck**. Rund um den Marktplatz stehen historische Häuser und die Wernerkapelle gilt als Wahrzeichen der Region.

Im weiteren Verlauf erblicken wir auf unserer Seite **Burg Hohneck**, Burg Sooneck, **Burg Reichenstein**, gegenüber die Ruine Ehrenfels und darüber das Niederwald-Denkmal. Mit Bingen und dem berühmten **Mäuseturm** mitten im Rhein haben wir das große Finale dieser herrlichen Radtour erreicht.

Kartentipp:
ADFC Regionalkarte »Koblenz/Bonn/Mainz/Mittelrhein« 1:75.000, ISBN 978-3-96990-021-5, 9,95 €

Digital für Smartphones und Tablets: www.fahrrad-buecher-karten.de/kartenapp

83 Im »Rebenmeer«

Von Landau über Edenkoben

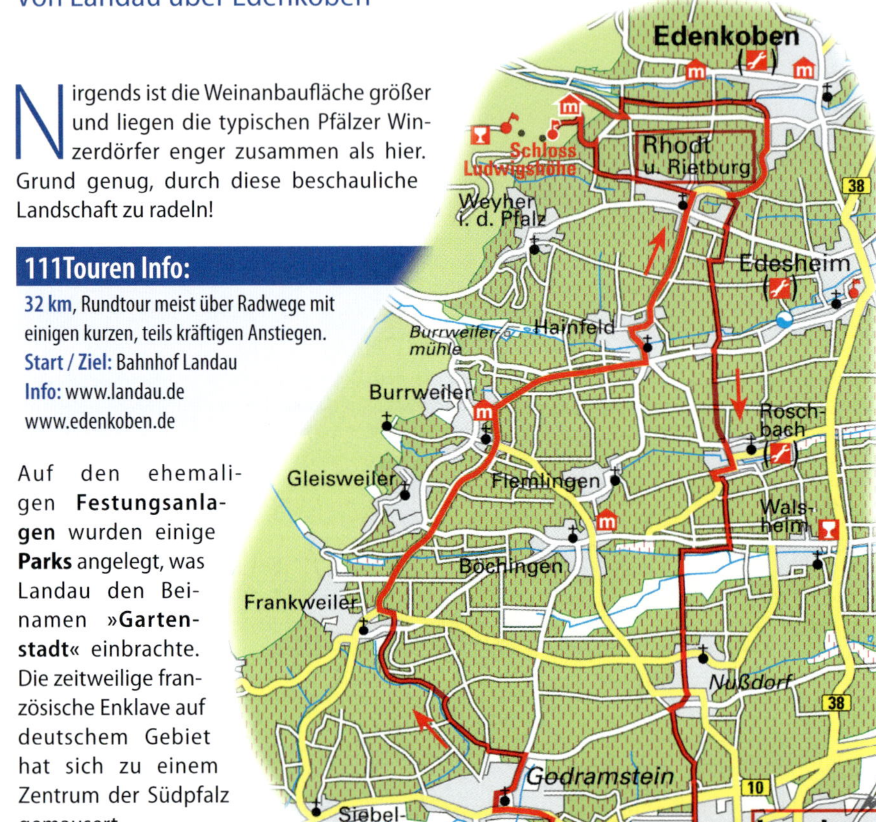

Nirgends ist die Weinanbaufläche größer und liegen die typischen Pfälzer Winzerdörfer enger zusammen als hier. Grund genug, durch diese beschauliche Landschaft zu radeln!

111Touren Info:

32 km, Rundtour meist über Radwege mit einigen kurzen, teils kräftigen Anstiegen.
Start / Ziel: Bahnhof Landau
Info: www.landau.de
www.edenkoben.de

Auf den ehemaligen **Festungsanlagen** wurden einige **Parks** angelegt, was Landau den Beinamen »**Gartenstadt**« einbrachte. Die zeitweilige französische Enklave auf deutschem Gebiet hat sich zu einem Zentrum der Südpfalz gemausert.

Los geht´s vom Bahnhof Landau über die Ostbahnstr. zum Ostpark. Über Ostring und links in den Nordring geht es am **Deutschen Tor** und am **Messplatz** vorbei. In der Kurve radeln wir geradeaus in den Hirschweg, der uns nach Goldramstein bringt. Im Ort radeln wir über »In den Obstgärten«, links auf der Hauptstr., rechts in der Kellereigasse zwischen den **Kirchen** her und auf der Böchinger Str. nach Frankweiler. Bei diesem Ort tangieren wir nur die Randbebauung, um via Gleisweiler nach Burrweiler zu radeln.

Ein Abstecher in den malerischen Ort lohnt sich, denn die alten **Häuserzeilen**, der **Doppeltorbogen** und das **Amtshaus** werden überragt von der **Pfarrkirche St. Mariä Heimsuchung.**

Selten passt ein Tour-Titel so perfekt!

Weiter geht´s über kleine Straßen via Hainfeld und Rhodt nach Edenkoben.

Tipp: In Rhodt bietet sich ein Umweg an, denn so radeln wir durch das **denkmalgeschützte »Schatzkästlein der Weinstraße«** (Rhodt) zuerst zum **Schloss Villa Ludwigshöhe**, das Ludwig I. »in des Königreiches mildesten Theil« errichten ließ. Wer die Wandmalereien genossen hat, fährt mit dem **Sessellift** hinauf zur Ruine der **Rietburg**. Der Blick schweift von hier über die Rheinebene bis zu Odenwald und Schwarzwald.

Rebenumrankte **Winzerhäuser** und alte **Torbögen**, dazu ein **Weingut** im ehemaligen **Kloster** und der größte deutsche **Holzweinfass-Keller** – der **Luftkurort** Edenkoben ist zu Recht ein beliebtes Ausflugsziel. Kennen Sie Johann Adam Hartmann aus Edenkoben? Der Auswanderer diente J. F. Cooper als Vorbild für seinen Roman »Lederstrumpf«. Gewürdigt wird dies mit dem **Brunnen** im Ort.

Weiter geht´s von Edenkoben zunächst zurück nach Rhodt, am Ortseingang von Rhodt jedoch links in den Weg, der uns via Eckel, Roschbach und Nussdorf wieder retour nach Landau bringt.

Ebenso wie Landau war Nussdorf lange Zeit französisch. In der hübschen **Ortsmitte** warten die **Kirche** und das **»Bauernhaus«.** Von diesem **Fachwerkbau** ging 1525 der pfälzische Bauernaufstand aus.

Kartentipp:
ADFC Regionalkarte »Rhein/Neckar« 1:75.000,
ISBN 978-3-96990-011-6, 9,95 €
Digital für Smartphones und Tablets: www.fahrrad-buecher-karten.de/kartenapp

84 An der »Blauen Adria«

Von Ludwigshafen über Speyer

Wir radeln aus dem quirligen Ludwigshafen an der »Blauen Adria«, einem großen Bade- und Erholungsgebiet, vorbei in die Dom- und Kaiserstadt Speyer. Die guten Radwege der Rheinauen versprechen Entspannung pur.

111Touren Info:

46 km, flache Rundtour meist über Radwege, Verkürzung möglich.
Start / Ziel: Bahnhof Ludwigshafen
Info: www.ludwigshafen.de
www.speyer.de

Überraschend: Die größte Stadt der Pfalz ist auch eine der jüngsten. Erst als es als **Winterhafen** für Mannheim genutzt wurde, entwickelte sich das »Tor zur Pfalz«. Die Großindustrie, vor allem die **Chemieindustrie,** fand Gefallen an der jungen Stadt, was den Finanzen nur nutzen konnte. So wurde 1969 der damals modernste **Bahnhof** Europas mit vier Ebenen eröffnet. Der überspannende **Pylon** wurde zum Wahrzeichen der Stadt.

Los geht´s vom Bahnhof Ludwigshafen unter demselben her zum »Ostausgang« und über den Parkplatz auf der Richard-Demel-Str. Parallel der Straßenbahnschienen erreichen wir die Saarlandstr., in die wir rechts abbiegen und immer geradeaus radeln. Die Wälle des benachbarten **Südwest-Stadions** wurden aus dem Kriegsschutt der Innenstadt aufgeschüttet. Durch Mundenheim gelangen wir nach Rheingönheim. Hier biegen wir links in die Kornackerstr., rechts in den Brückweg und fahren von nun an auf dem »R1«. Der »R1« führt uns nun für die nächsten Kilometer ständig in der Nähe des Rheins bzw. dessen Altarmen entlang vorbei an Altrip (entstanden aus einem römischen Kastell) und Otterstadt nach Speyer.

Speyer ist mit seinem Dom ein ideales Zwischenziel

Tipp: Wir radeln direkt durch das **Bade- und Erholungsgebiet »Blaue Adria«,** das viel Gelegenheit zur Abkühlung bietet. Durch den mäandrierenden Rhein und zahlreiche Kiesgruben entstand eine **»Seenplatte«,** die im Sommer viele Besucher anzieht.

Unübersehbar ist der **Dom** von Speyer, der als größter Sakralbau nördlich der Alpen gilt. Den Grundstein legte der erste Salierkaiser Konrad II. im Jahre 1030 – seine **Grabkrone** hängt im Langhaus. Sehenswert ist auch das **Historische Museum** der Pfalz nahe beim Dom, der Funde aus den **Kaisergräbern** zeigt und so die Geschichte dieser 2000 Jahre alten Stadt lebendig werden lässt. Wem das zu »trocken« ist, informiert sich im **Weinmuseum** über die geselligere Historie oder genießt den Rummel in der **Fußgängerzone** bei einem Gasthausbesuch. Den besten Blick auf die Region haben wir vom **Altpörtel,** der am Ende der Maximilianstr. zu finden ist.

Weiter geht´s: Für den Rückweg bieten sich gleich drei Varianten an: Vom Bahnhof mit dem Zug, den selben Weg am Rhein entlang, den wir herkamen, oder ab dem Bahnhof Speyers folgende Strecke: Über Bahnhof- und Waldseer Str. aus der Stadt hinaus Richtung Otterstadt/Waldsee, unter der A 61 hindurch und weiter nach Waldsee. Von dort erreichen wir den Schildern folgend Neuhofen und später Rheingönheim, wo wir nun auf dem Hinweg zurückfahren.

Kartentipp:
ADFC Regionalkarte »Rhein/Neckar« 1:75.000,
ISBN 978-3-96990-011-6, 9,95 €

Digital für Smartphones und Tablets: www.fahrrad-buecher-karten.de/kartenapp

85 Mit Siegfried nach Lorsch

Von Worms über Bensheim

Ausgehend von Worms folgt die Tour der Nibelungenstraße an den Odenwald. In die Geschichte passt ein Besuch der Abtei Lorsch.

111Touren Info:

60 km, flache Rundtour auf Rad- und Feldwegen.
Start / Ziel: Bahnhof Worms
Info: www.worms.de
www.bensheim.de

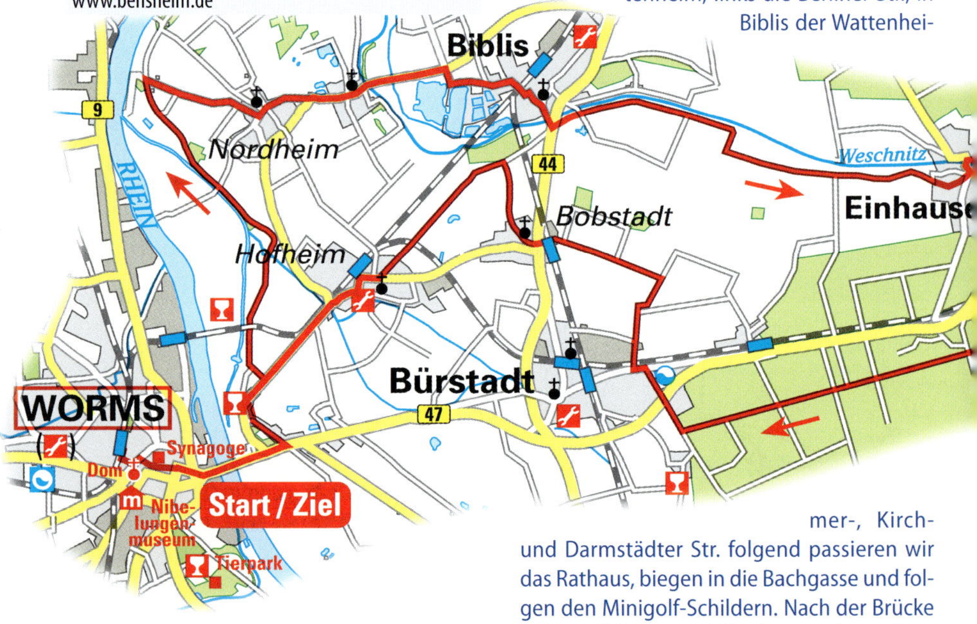

Die Hauptstraßen Worms folgen der römischen »**Civitas Vagionum**«. Auf einem Hügel thronend wacht **Dom St.Peter** über die **Altstadt**, die noch Reste der **Stadtmauer** zeigt. An »unserer« Rheinbrücke erhebt sich das **Nibelungentor**.

Los geht´s vom Bahnhof durch die Wormser Innenstadt (teils Fußgängerzone) zum Rheinufer (ab Post über die Hauptstr.). Über die aussichtsreiche **Nibelungenbrücke**, links in die Rheingoldstr., dann auf dem Radweg rechts zur **Siedlung Wehrzollhaus**. An der Hofheimer Str. wenden wir uns rechts, 300m später links und kommen zum **Rheindamm**, dem wir bis zum Luisenhof folgen. Vor dem Hof rechts nach Nordheim auf Schlehgasse und Wattenheimer Str. Auf der Rheinstr. durch Wattenheim, links die Berliner Str., in Biblis der Wattenheimer-, Kirch- und Darmstädter Str. folgend passieren wir das Rathaus, biegen in die Bachgasse und folgen den Minigolf-Schildern. Nach der Brücke links, es folgt eine idyllische Strecke entlang der Weschnitz bis Einhausen. Heinrich-Fey-, Peter-, Rhein-, Ludwig- und Bensheimer Str. bringen uns zur Wattenheimer Brücke. Dahinter folgen wir dem Wirtschaftsweg nach Bensheim, dessen City wir über die Schwanheimer Str. erreichen.

Dem Bensheimer Stadtpatron, dem Heiligen Georg, ist die **Pfarrkirche** geweiht. Auf dem Marktplatz davor sehen wir sein **Standbild**. Umrahmt wird die Kulisse von herrlichen **Fachwerkbauten**, die ihre Wurzeln in ehemaligen Adelshöfen haben.

Tipp: Am **Rinnentor** finden wir Reste der Stadtmauer, die einst den Weinort umgab.

Weiter geht´s über die Heidelberger- und Weinheimer Straße über die B3, unter der Bahn her und dann parallel der Bahngleise nach Lorsch.

Auf den Spuren der Nibelungen

Das Kloster Lorsch war einst eines der mächtigsten mittelalterlichen Klöster, von dem Teile des Kirchenschiffs und die Königshalle übrig sind. Das Kloster wird im Nibelungenlied als Ruhestätte Siegfrieds und als Begräbnisstätte der Burgunderkönige genannt. Und: Als Dichter des Heldenepos wird Sighard, im 12. Jhd. Abt von Lorsch, vermutet.

Weiter geht´s vom Marktplatz über die Nibelungenstraße, hinter der Autobahn links-rechts, nach dem gewundenen Weg auf der Krummschneise, dann über die Tiergartenschneise Richtung Bürstadt. Am Ende der Schneise rechts in die Wasserwerkstr., weiter via Lampertheimer- und Forsthausstr. durch den Ort. Weiter nach Bobstadt, das wir auf Viehweg, Berg-, Waldstr. und Pfaffenaue durchradeln. Vom Bibliser Weg in Hofheim rechts in die Backhausstr., am Rathaus rechts in die Lindenstr. Ab hier den Hinweg wieder retour.

Kartentipp:
ADFC Regionalkarte »Rhein/Neckar« 1:75.000,
ISBN 978-3-96990-011-6, 9,95 €

Digital für Smartphones und Tablets: www.fahrrad-buecher-karten.de/kartenapp

86 Zwischen Rhein und Wein

Von Mainz über Oppenheim

Diese Tour eröffnet uns alle Facetten eines Rad-Wochenendes: Gut Trainierte radeln die Strecke an einem Tag, gemütlichere Naturen übernachten in Gernsheim bzw. Oppenheim oder fahren mit der Bahn von dort retour.

111Touren Info:

84 km, im ersten Teil flache, dann etwas hügelige Rundtour meist auf Waldwegen, Kürzung möglich.
Start / Ziel: Bahnhof Mainz-Gustavsburg
Info: www.mainz.de
www.oppenheim.de

Los geht´s vom Bahnhof Mainz-Gustavsburg nach rechts über die Bahnschienen und nochmals rechts in die Landdammstr. Ab hier folgen wir dem Radweg auf dem Rheindamm. Der Radweg führt uns in entspannter Fahrt stets in Rheinnähe über Ginsheim, Langenau, Hessenaue und Nierstein nach Erfelden.

Vor Erfelden radeln wir durch das **Naturschutzgebiet Kühkopf-Knoblochsaue**, das auch einen Arm des Altrheins einbezieht. Familie Knobloch soll dieses Gebiet einmal gehört haben. Der Name kann aber auch vom **Bärlauch** her kommen, von dem hier reichlich gedeiht. Eventuell vertreibt er ja die Heerscharen an Mücken, denn die »Rheinschnaken« sind kein Vergnügen - darum: Mückenschutz nicht vergessen! In einer Lichtung weist ein Schild zur **Schwedensäule**, die an Gustav Adolph erinnert. Der Schwedenkönig nächtigte in Erfelden, ehe er mit seinen 20.000 Mannen den Rhein überschritt. Die Bauern mussten ihre Scheunentore dabei als »Brücken« opfern.

Tipp: Wir können die Tour verkürzen, indem wir quer durch das NSG zum Rhein fahren

Wein und Religion liegen nicht nur in Oppenheim nahe beieinander

und dort mit der Fähre übersetzen. Alternativ ist es möglich, ab Stockstadt oder Gernsheim den Zug zurück nach Mainz zu nehmen.

Weiter geht's via Stockstadt und Biebesheim nach Gernsheim, wo wir mit der Fähre ans andere Rheinufer wechseln. Wir radeln zunächst auf der Straße Richtung Eich, ehe wir wieder nach rechts auf den Rhein-Radweg abbiegen können, der uns nach Oppenheim geleitet.

Oppenheim präsentiert sich ganz im Zeichen des **Weines.** Nicht zufällig also finden wir hier auch das **Deutsche Weinmuseum**. Nicht nur die Reben, auch die Schauseite der prachtvollen **Katharinenkirche** ist zur sonnigen Weinebene hin ausgerichtet. Berühmt ist sie weniger durch das **Beinhaus** als durch die **Oppenheimer Rose**: Zwei Fenster bestehen in ihrem Zentrum aus einer Rosette – als »rosa mystica« Symbol Mariens. Rechts die Rose, links die Lilie. Das Werk kommt im Innern vor allem in der **Vormittagssonne** zur Geltung. Ein kurzer Aufstieg führt hinauf zur Ruine der **Festung Landeskrone**, von wo aus wir einen tollen Blick über die **Rheinebene** genießen dürfen.

Weiter geht´s zunächst auf unserem Radweg am Rhein entlang, dann auf hügeligen Straßen und Wegen über Niersteiner Warte, Lörzweiler, Gau-Bischofsheim nach Mainz-Laubenheim. Über die Weisenauer Brücke radeln wir dann wieder zurück zum Bahnhof Mainz-Gustavsburg, um diese lange Tour zu beenden.

Kartentipp:
ADFC Regionalkarte »Rheinhessen« 1:50.000, ISBN 978-3-96990-014-7, 9,95 €

Digital für Smartphones und Tablets: www.fahrrad-buecher-karten.de/kartenapp

87 Suche nach Vorfahren

Von Sachsenhausen über Kelsterbach

Bei der Tour durch die grüne Lunge Frankfurts treffen wir auf Zeugen der Vergangenheit: Im eiszeitlichen Mainbett gibt es bronzezeitliche und römische Spuren.

111Touren Info:

27 km, flache Rundtour meist auf Radwegen.
Start / Ziel: Eiserner Steg
(Mainufer Frankfurt-Sachsenhausen)
Info: www.frankfurt-tourismus.de

Los geht´s am Mainufer des Eisernen Stegs stromabwärts. Stets in Ufernähe überqueren wir die Mainuferstr. auf dem Radweg der Autobahnbrücke. Am Ende der Brücke links hinunter in die **Goldsteinsiedlung**, links in die Morgenzeile, vor der Bushaltestelle rechts in den Anlagestreifen.

Aus dem 1932 aufgelegten Projekt »Zur Milderung der Arbeitslosigkeit durch Errichtung von Kleinsiedlerstellen« stammen die typischen **Goldstein-Häuser** mit einseitigem Schrägdach.

Weiter geht's auf der Straße nach links und weiter geradeaus »Zur Waldau«. An dessen Ende rechts in den Wald, den Schienen rechts folgend hinter dem Friedhof links in die Unterschweinsteigschneise. Am Wegekreuz links, an der folgenden Gabelung rechts und auf dem Hauptweg durch die Kurve (Spessarteichenweg) hinauf auf die eiszeitliche Mainuferböschung. Oben rechts in die Grenzschneise.

Hier auf der »**Hölle über dem Wartberg**« liegt die größte **Hügelgräbergruppe** des Stadtwaldes. Insgesamt sind 370 eisenzeitliche Gräber nachweisbar.

Weiter geht´s für 4 km auf der Grenzschneise und der Unterschweinsteigschneise auf der Dammkrone am »Steilhang« (Aushub für den Hauptbahnhof) vorbei. Nach einem Schlenker folgen wir der Grenzschneise und queren die **ehemalige Bahntrasse** nach Schwanheim. Am Wegestern geradeaus, an der Schwedenschanze rechts hinunter ins **eiszeitliche Mainbett**. Unten links auf der Straße an der **Riedwiese** vorbei, die vor vielen tausend Jahren entstand. Durch ein Gatter kommen wir wieder in den **Stadtwald**. In einer Linkskurve liegen etwas abseits ein seltenes **römisches Brunnengrab** und die Reste eines **römischen**

Viel mehr als nur Wolkenkratzer bietet die Frankfurter City

Landgutes. Über die Schwanheimer Wiesen kommen wir zur Schwanheimer Bahnstr., der wir nach rechts folgen.

Tipp: Ein kleiner Abstecher führt nach Schwanheim mit **Stadtwerke-Museum** (z.B. zur Waldbahn), **Heimatmuseum** und berühmten **Äppelwoikneipen**.

Weiter geht´s am Wald/Wiesenrand und der Kobelt-Ruhe **(Walderholungsstätte)** vorbei. Auf einem mit Eichen bestandenen Weg kommen wir zum Ortsrand von Schwanheim, wo wir vor den Schienen rechts in den Wald einbiegen. Nach einem Rechtsbogen radeln wir durch eine gerade Schneise an weiteren **Hügelgräbern** vorbei. Wir sind hier in den **»Schwanheimer Dünen«,** auch eine Hinterlassenschaft der Eiszeit. Vom Friedhof radeln wir entweder den Hinweg retour oder unter der Autobahn hindurch, an Golfplatz und **Schäfersteinen** vorbei durch die Stadt zurück zum Ufer.

Kartentipp:
ADFC Regionalkarte »Frankfurt/Wiesbaden/Darmstadt« 1:50.000,
ISBN 978-3-96990-176-2, 10,95 €

Digital für Smartphones und Tablets: www.fahrrad-buecher-karten.de/kartenapp

88 Spannendes Lahntal

Von Wetzlar nach Weilburg

Der 245 km lange Lahntalradweg ist schön längst kein Geheimtipp mehr. Verglichen mit einigen anderen Flussradwegen ist er aber noch gering frequentiert, was uns ungetrübten Radelspaß garantiert. Wir haben uns hier einen der schönsten Streckenabschnitte herausgesucht, der nicht nur beste Wegstrecke und -kennzeichnung, sondern auch viel Sehenswertes zu bieten hat.

111Touren Info:

27 km, Streckentour meist auf befestigten Radwegen bzw. Straßen/Wegen, zwei kurze Steigungen, sonst weitgehend flach, perfekte Wegweisung als Lahntalradweg
Start: Lahnbrücke in der Wetzlarer Altstadt
Ziel: Altstadt Weilburg
Info: www.wetzlar.de

Wetzlar ist einfach toll: Schon das Panorama über das **Lahn-Wehr** hinweg auf den ökumenisch genutzten **Dom** lässt uns mit der Zunge schnalzen. Daher ist es hier auch der erste Tipp, sich am Ufer oder im Biergarten niederzulassen, und den Blick zu genießen. Die Wasservögel bieten dabei ebenso viel Abwechslung, wie die Wasserwanderer, die hier ihre Boote umsetzen müssen.
Rund um den Kornmarkt erstreckt sich eine herrliche **Altstadt** mit vielen bestens erhaltenen Fachwerkhäusern. Von der ehemaligen Stadtmauer ist der **Säuturm** der eindrucksvollste noch erhaltene Teil. Die **Steinerne Brücke** über die Lahn, an der unsere Tour beginnt, wurde schon 1288 erwähnt.

Tipp: Rund um die alte Lahnbrücke wird regelmäßig das **Brückenfest** gefeiert. Wer dann gerade nicht hier ist, besucht eventuell das **Gallusfest** im Oktober oder das dreijährig stattfindende Ochsenfest, das das größte Fest Mittelhessens ist.

Los geht´s an der Lahnbrücke vor der Wetzlarer Altstadt. Auch der Bahnhof ist nicht weit. Wir steigen direkt

Hoch über der Lahnschleife liegt Schloss Weilburg

ein in den Lahntal-Radweg. Die Schilder weisen uns präzise den Weg vorbei an Altenberg und Oberbiel nach Solms.

Bei Oberbiel lockt das 1983 stillgelegte **Eisenerzbergwerk Grube Fortuna** zu einem Besuch, während wir uns in Solms das **Industrie- und Heimatmuseum** ansehen können.

Weiter geht´s von Solms den Radwegschildern folgend via Leun nach Tiefenbach. Nun kommen die beiden Bergwertungen, die aber auch ungeübte Fahrer nicht vor unüberwindbare Hindernisse stellen. Über Löhnberg-Selters und Ahausen gelangen wir zu unserem Tourziel in Weilburg.

Bei Leun lohnt sich ein Abstecher über die Lahn hinweg, um sich die **Fachwerkhäuser** an der Limburger Straße anzusehen, wo auch das berühmte **Erkerhaus** steht.

Nachdem wir uns auch in Tiefenbach, hier in der Mittelstraße, schöne **Fachwerkbauten** angesehen haben, kommen wir nach zwei Anstiegen ins Herz von Weilburg, das sich um eine Lahnschleife herum schmiegt. Oben vom Berg grüßt die stattliche barocke **Schlossanlage**, die auch Schauplatz von Konzerten ist. Absolut einmalig ist das Tunnelensemble für Straße, Schiene und Boote. Vor allem den **Bootstunnel** müssen wir uns unbedingt ansehen!

Tipp: Am Ende der Tour können wir uns entscheiden: entweder zurück nach Wetzlar per Rad oder Bahn, oder weiter nach Limburg mit seiner tollen **Altstadt** (ca. 35 km).

Kartentipp:
ADFC Regionalkarte »Lahntal« 1:75.000, ISBN 978-3-96990-027-7, 9,95 €
Digital für Smartphones und Tablets: www.fahrrad-buecher-karten.de/kartenapp

89 Zu Füßen des Vogelsbergs

Von Laubach über Schotten

Mitten in Hessen, und damit auch ziemlich mittig in Deutschland liegt eine Region, die von Radurlaubern nur selten beachtet wird. Warum eigentlich? Rund um den vulkanischen Vogelsberg liegt eine sanft gewellte Mittelgebirgslandschaft mit tollen alten Städten. Zwei davon wollen wir hier erkunden.

111Touren Info:

35 km, Rundtour meist auf befestigten Radwegen bzw. Straßen/Wegen, einige deutliche Steigungen, gute regionale Wegweisung
Start / Ziel: Laubach, Parkplatz am Bürgelweg
Info: www.laubach.de

seiner Vergangenheit als Burg. Von der ehemaligen Stadtbefestigung sind noch einige Reste wie der Klipsteinturm übrig. Unweit unseres Startortes liegt ein Mekka für Motorradfans: Das **Münch-Museum** zeigt das Wirken des Konstrukteurs Friedel Münch, der mit dem Bau der bombastischen Münch Mammut Motorradgeschichte schrieb.

Tipp: Mit äußerst unterhaltsamen **Führungen** lässt sich Laubach erkunden und verstehen. Ob Nachwächter-, Kräuterweiber- oder Hofrat Crespel-Führung. Langweilig wird es hier nie!

Das 750 erstmals erwähnte Stadt Laubach ist einfach toll - in der City finden wir viele gut erhaltene **Fachwerkhäuser** und Kopfsteinpflaster. Der wahre Schatz liegt aber eingebettet in einem weitläufigen englischen Garten: Hier ragt das imposante **Schloss** empor. Die wehrhaften Rundtürme erzählen uns von

Los geht´s vom Parkplatz am Bürgelweg Richtung Innenstadt, durch den kleinen Park, rechts in die Kaiserstraße und auf der Hauptrichtung durch den Ort. Stets den Schildern der Mühlenroute folgend durch den Ort und auf der Straße „Kurze Hohl" heraus. Auf welliger Straße nach Freienseen. Dann entspannt am Bachlauf entlang, später rechts auf den R 4

Ein Abstecher führt hinauf nach Burg Ulrichstein

und mit teils starker Steigung nach Betzenrod (und ggf. weiter nach Schotten).

Tipp: Wer mit dem E-Bike unterwegs ist, oder eine „Bergwertung" einstreuen möchte, folgt den Schildern nach Ulrichstein (im Nordosten). Nach vielen Kurven und Steigungen empfängt uns ein sehenswerter Ort, der von einer **Burgruine** gekrönt wird. Und die liegt auf mehr als 600 m Höhe!

Die **Alte Kirche** von Betzenrod kommt in schönem Fachwerk daher. Ein kleiner Abstecher führt ins Herz des Luftkurortes Schotten, der eine tolle **Altstadt** besitzt. Rank und schlank präsentiert sich das idyllische **Schloss Eppstein**. Weniger Idylle, dafür mehr PS gibt es bei den Rennen auf dem Schottenring, der rund um den Ort führt.

Wer länger in der Gegend ist, folgt ab Schotten dem Radweg entlang der Nidda und kommt nach wenigen Minuten zum **Nidda-Stausee**, der touristisch bestens erschlossen ist. Nach der Abkühlung können wir noch etwas weiter radeln in den Ortskern von Nidda, der auch einige **Fachwerkhäuser** bereithält. Oberhalb am Berg liegt der Kurort Bad Salzhausen, das neben Abgeschiedenheit mit **Bäderarchitektur** gefällt.

Von schlanker Gestalt: Schloss Eppstein

Weiter geht´s von Betzenrod die Altenhainer Straße entlang, wieder bergauf und hügelig via Einhartshausen nach Gonterskirchen. Mit einer weiteren starken Steigung am Steinbacher Kopf vorbei zurück nach Laubach.

Kartentipp:
ADFC Regionalkarte »Vogelsberg« 1:75.000,
ISBN 978-3-96990-012-3, 9,95€

Digital für Smartphones und Tablets: www.fahrrad-buecher-karten.de/kartenapp

90 Tanz auf dem Vulkan

Vom Hoherodskopf nach Glauburg

Vom 763 m hohen Hoherodskopf schweift der Blick über die wunderbare hügelige Landschaft des Vogelsbergs. Nachdem wir viele Freizeitattraktionen hier oben genossen haben, rollen wir stets bergab – und das meist auf besten Wegen. Unterwegs lernen wir wunderschöne große und kleine Ortschaften kennen.

111 Touren Info

45 km, Streckentour meist auf befestigten Radwegen bzw. Straßen/Wegen, keine Steigungen, durchgängiges Gefälle und Wegweisung als Hoherodskopfsteig, Vulkanradweg bzw. Bahnradweg Hessen

Start: Parkplatz bzw. Bushaltestelle Hoherodskopf

Ziel: Bahnhof Glauburg-Stockheim

Info: www.erlebnisberg-hoherodskopf.de

Unsere Tour startet am **Hoherodskopf**, der mit 763 m **zweithöchste Berg des Naturparks Vogelsberg**. Kein Basalt-Massiv ist größer in Europa als diese aus vulkanischer Aktivität entstandene Region. Um diese seltene Natur zu erhalten, wurden 883 qkm unter Schutz gestellt.

Tipp: Die Zeit verfliegt im Nu hier oben am Hoherodskopf, denn es gibt sehr viel zu entdecken: „Bodenständige" vergnügen sich beim **Minigolf** oder auf dem Spielplatz, Wagemutigere wandeln auf dem **Baumkronenpfad**, schwingen sich im Kletterwald von Baum zu Baum oder rasen auf der **Sommerrodelbahn** nach unten.

Weit ins Land blickt der 144 m hohe **Fernmeldeturm**. Von seiner Erbauung im Jahr 1977 an war er lange Zeit das höchste Bauwerk im Vogelsbergkreis. Inzwischen gibt es aber höhere Windkraftanlagen in der Nachbarschaft. Im Jahr 2001 wurde der Turm beschädigt, als ein Leichtflugzeug bei dichtem Nebel an ihm zerschellte. Für die zweiköpfige Besatzung endete der Unfall leider tödlich.

Los geht´s am Hoherodskopf, den wir vom Parkplatz aus über die Zufahrtsstraße nach unten verlassen. An der „Kreuzung" mit der

Auf der Sommerrodelbahn geht's fast genauso schnell zu Tal wie mit dem Bike

Landstraße biegen wir rechts ab und rollen in teils engen Kehren über den „Hoherodskopfsteig" talwärts nach Herchenhain. In Hartmannshain treffen wir hinter der Lauterbacher Straße (B275) rechts auf den Vulkanradweg und folgen ihm über Ober-Seemen nach Gedern.

Das markanteste Bauwerk des Luftkurortes Gedern ist das perfekt restaurierte Schloss. Hier ist nicht nur die Stadtverwaltung untergebracht, sondern auch ein Hotel, in dem wir urig speisen und in echten Himmelbetten übernachten können. **Schloss Gedern** basiert auf einer alten Festung aus dem 14. Jh., was wir noch bestens an der Brücke und dem Torbogen nachvollziehen können. Umgeben wird es von einem Park, der im Stile eines englischen Landschaftsgartens angelegt wurde.

Sehenswert ist auch der **Forellenbrunnen** von Gedern, der sich im Wappen der Stadt wiederfindet.

Weiter geht´s von Gedern auf dem Vulkanradweg bzw. Bahnradweg Hessen via Merkenfritz, Hirzenhain und Ortenberg nach Glauburg, wo unsere Tour am Bahnhof endet.

In Ortenberg legen wir wieder einen längeren Stopp ein, denn hier entdecken wir tolle **Fachwerkhäuser**, unter ihnen auch das **Alte Rathaus**, das sogar noch einen Turm spendiert bekam. Das **Obertor** und viele weitere historische Bauten versetzen uns in die Zeit des Mittelalters.

Tipp: Es ging auf der gesamten Strecke bergab, daher ist vielleicht noch Zeit und Kraft vorhanden, dem Tal der Nidder weiter zu folgen. Der **Vulkanradweg** bzw. **Bahnradweg Hessen** führt dort auf gewohnt guter Trasse durch Altenstadt und Nidderau in die Märchenstadt Hanau, wo die Gebrüder Grimm einst wirkten.

Die Kelten siedelten schon früh an der Stelle, wo sich heute die Stadt Glauburg befindet. Im 5. Jh. legten sie einen **Grabhügel** für ihren Fürsten an. Am „Keltenkreisel" erinnert eine Statue an diesen **„Keltenfürst vom Glauberg"**, der sogar schon auf einer Briefmarke verewigt wurde. Mehr dazu erfahren wir im **Museum** namens **Keltenwelt**.

Kartentipp:
ADFC Regionalkarte »Vogelsberg/Wetterau«
1:75.000, ISBN 978-3-96990-012-3, 9,95 €
Digital für Smartphones und Tablets: www.fahrrad-buecher-karten.de/kartenapp

91 Märchenhaft kuren

Von Steinau über Bad Orb

Gleich zwei Kurorte werden wir auf unserer Tour kennenlernen, doch im Gedächtnis bleiben ganz bestimmt die Brüder Grimm, die eine Zeit ihres Lebens hier in der Region verbrachten und sich mit den berühmten Märchen verewigten.

111 Touren Info

43 km, Rundtour meist auf befestigten Radwegen bzw. Straßen/Wegen, eine starke Steigung, die vermieden werden kann, Wegweisung teils als Hessischer Radfernweg Nr. 3 bzw. Bahnradweg Hessen

Start / Ziel: Bahnhof Steinau an der Straße

Info: www.steinau.eu

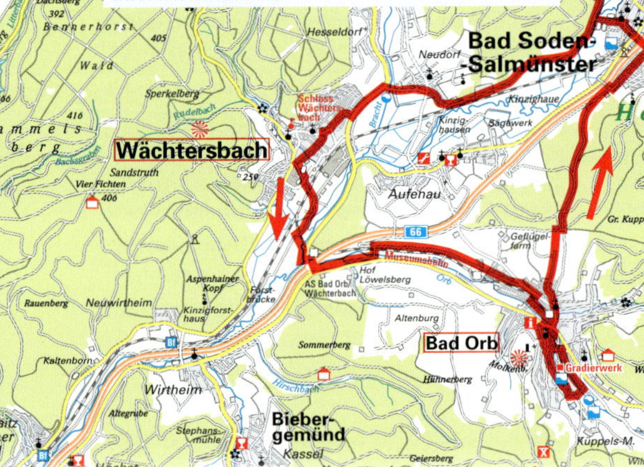

Die schmucke hessische Stadt Steinau an der Straße bezeichnet sich selbst stolz als **„Brüder-Grimm-Stadt"**. Die weltberühmten Märchenschreiber verbrachten hier ihre Kindheit.

Tipp: Beim Besuch des **Erlebnisparks Steinau** begeistern Attraktionen wie eine Sommerrodelbahn und vor allem die vielen **Tiere**: Pferde, Ziegen, Gänse, Hühner, Schafe, Schweine und weitere tierische Bewohner freuen sich auf ein Leckerchen und eine Streicheleinheit!

Steinau liegt nicht nur an der **Deutschen Märchen-** sonder auch an der **Fachwerkstraße,** also machen wir uns auf in die **historische Altstadt**, um entlang der engen Gassen prachtvolle **Fachwerkhäuser** zu entdecken, die von einer gut erhaltenen **Stadtmauer** umschlossen werden. Die Grafen von Hanau verewigten sich hier mit dem Bau von **Schloss Steinau.**

Los geht´s am Bahnhof von Steinau, den wir nach links über die Bahnhofstraße verlassen, um hinter dem Parkplatz in der Rechtskurve rechts in den Weg abzubiegen, der später zur Bahnhofsiedlung wird. Kurz darauf schräg links hinunter auf der Dreiturmstraße. Unten schwenken wir rechts auf den Hessischen Radfernweg Nr.3 ein, der uns am Stausee vorbei via Ahl, Bad Soden und Neudorf nach Wächtersbach führt. Hinter dem Ort zweigen wir links ab vom R3 nach Bad Orb.

Ab 1982 wurde der **Kinzig-Stausee**, der in erster Linie die Region vor Hochwasser schüt-

Die Grafen von Hanau gönnten sich dieses schöne „Einfamilienhaus"

zen soll, in Betrieb genommen. Dass die Menschen hier nicht baden dürfen, hilft den seltenen Wasservögeln, für die hier ein Refugium erhalten wird.

Wächtersbach hat eine glanzvolle Historie als Residenzstadt, was wir am **Schloss Wächtersbach**, das aus einer alten Burg hervorging, bestens nachvollziehen können. In der **Altstadt** können wir einkehren und uns gut erhaltene Fachwerkhäuser ansehen. Auf dem nahegelegenen Bergrücken namens „Vier Fichten" drehen sich die Räder des **Windkraftparks**.

Weiter geht´s nach einem Schlenker um den Kurpark und durch die Innenstadt von Bad Orb, das wir über Bahnhofstraße, Am Schafstrieb und Rhönstraße mit einer sehr anstrengenden Steigung verlassen. Auf der anderen Seite des Bergs hinunter und vor der A66 rechts, links in die Berliner Straße. In Bad Soden-Salmünster am Kreisel links auf die Weinstraße und rechts-links an den Sportanlagen vorbei. So gelangen wir wieder auf den Hessischen Radfernweg Nr.3, der uns zurück nach Steinau führt, wo die Tour mit einer kleinen Steigung am Bahnhof endet.

Der **„Solplatz"** und das **Heimatmuseum** in Bad Orb berichten aus einer Zeit, in der hier Sole aus dem Boden gefördert und zu Salz verdampft wurde. Wer nicht kuren mag, widmet sich der Stadtbefestigung, der Altstadt, der **Burg Bad Orb**, der **Martinskirche** und dem imposanten **Gradierwerk** gleich gegenüber der Therme. Dort, wo heute der „Märchenwald" ist, verbrachten zwei Jungs namens **Grimm** ihre Zeit.

Tipp: Hinter Bad Orb geht unsere Tour mit einer sehr kräftigen **Steigung** weiter. Wer keine Ambitionen als Bergziege hat, sollte besser durch´s Tal zurückradeln, wie wir herkamen.

Die **Kur- und Gesundheitsstadt** Bad Soden-Salmünster ist überregional bekannt für ihre Passionsspiele. Außerhalb der Spielzeit können wir uns den **Bergfried** der Ruine Stolzenberg und das **Huttenschloss** ansehen.

Kartentipp:

ADFC Regionalkarte »Spessart/Main/Odenwald«
1:75.000, ISBN 978-3-96990-115-1, 9,95 €

Digital für Smartphones und Tablets: www.fahrrad-buecher-karten.de/kartenapp

92 Tourstart mit Segen

Von Fulda nach Bad Hersfeld

Fulda verwöhnt uns mit herrlichen Barock-Fassaden, die ihren Höhepunkt im Dom St. Salvator finden. Gleich neben dem „Barockviertel" erhebt sich das Stadtschloss oberhalb des Schlossparks. Von hier machen wir uns auf dem Fulda-Radweg auf eine entspannte Radtour, die mit Bad Hersfeld ein würdevolles Ziel findet.

111 Touren Info

55 km, Streckentour meist auf befestigten Radwegen bzw. Straßen/Wegen, keine größeren Steigungen, fast komplett Wegweisung als Fulda-Radweg

Start: Bahnhof Fulda

Ziel: Bahnhof Bad Hersfeld

Info: www.fulda.de

Das wichtigste Bauwerk von Fulda ist ohne Frage der **Dom St. Salvator**, der uns klar symbolisiert: Wir sind in einer Bischofs- und einer Wallfahrtsstadt. Die Wallfahrer pilgern zum **Grab des Heiligen Bonifatius,** der hier im Dom seine letzte Ruhestätte fand.

Der Dom erhebt sich über die Dächer des „Barockviertels", das nicht nur Fans dieser Epoche begeistert. Gleich nebenan liegt der Schlosspark und zu seinen Seiten die Orangerie, das Adelspalais und das Stadtschloss.

Farbenfrohe Arkaden, feinstes Fachwerk und mehrere Türmchen zieren das **Alte Rathaus** von Fulda, von dem aus wir die Shoppingmeile erreichen.

Los geht´s am Bahnhof von Fulda, den wir geradeaus über die Bahnhofstraße verlassen. An der Ampel rechts in die Rabanusstraße, an deren Ende links in die Schlossstraße, an der Paulusspromenade rechts und gleich wieder links in die Johannes-Dyba-Allee, die zur Wilhelmstraße wird. Am Abtstor rechts, gleich wieder links und am Ende (Weggabelung) der Wiesenmühlenstraße rechts.

Vom Mittelalter in Fulda...

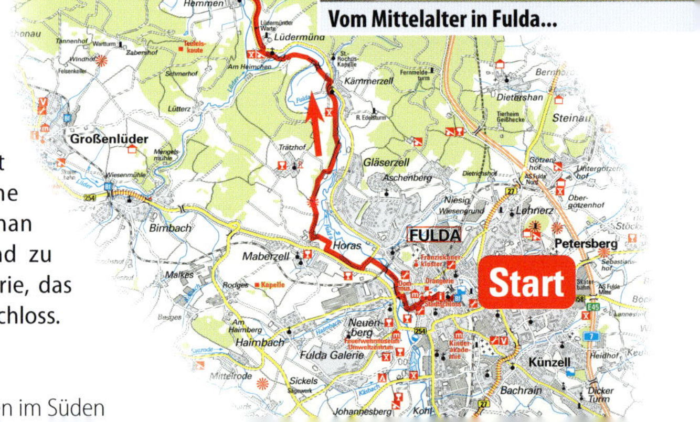

So gelangen wir auf den Fulda-Radweg, der uns nach rechts vorbei an Kämmerzell, Lüdermund, Hartershausen, Pfordt, Hutzdorf, Queck, Unter-Schwarz und Niederjossa nach Niederaula führt.

Ein alter **Wehrturm** ist das Wahrzeichen von Lüdermünd, wo der kleine Fluss Lüder in die Fulda mündet.

... ins Mittelalter nach Bad Hersfeld

Tipp: Ein kleiner Abstecher bringt uns nach Schlitz, das nur aus Burgen zu bestehen scheint: Es gibt eine **Vorderburg** mit Burgmuseum, eine Hinterburg, eine **Ottoburg** und eine **Schachtenburg**. **Schloss Hallenburg** ist heute Sitz der Landesmusikakademie. Und damit noch nicht genug: Wunderbare **Fachwerkhäuser** ziehen sich vom Tal hinauf zum Burgberg.

Mit einem spannenden Achitekturmix präsentiert sich die Kirche von Niederaula, die bei genauem Hinsehen noch die Schießscharten der alten **Wehrkirche** erkennen lässt.

Weiter geht´s von Niederaula auf dem Fulda-Radweg vorbei an Beiershausen und Asbach nach Bad Hersfeld, wo unsere Tour in einem Bogen nach Norden über den Bahnradweg Hessen am Bahnhof endet.

Das Prunkstück von Bad Hersfeld ist die **größte romanische Kirchenruine Europas**, die eine herrliche Kulisse für die Bad Hersfelder Festspiele darstellt. Doch auch die Innenstadt von Bad Hersfeld verzaubert uns mit vielen **Fachwerkhäusern**, einer einladenden Fußgängerzone und guten Einkehrmöglichkeiten. Den Wissensdurst können wir im **Stadtmuseum** stillen, das in einem erhaltenen Flügel der Kirchenruine untergebracht ist.

Tipp: Wer gar nicht genug bekommen kann von dieser herrlichen Region, hängt eine Tagesetappe an und rollt auf dem **Bahnradweg Hessen** wieder zurück nach Fulda. Eines der Highlights ist **„Point Alpha"** oberhalb des Ortes Geisa. Hier standen sich die Ost- und Westmächte fast Auge in Auge gegenüber. Hier oben finden wir schaurige Reste dieses „Kalten Krieges" und ein Museum dazu.

Selbstverständlich gibt es im Kurort Bad Hersfeld auch einen **Kurpark**, der seit 2009 zum European Garden Heritage Network gehört. Er misst stattliche 6,5 ha und verwöhnt uns mit Quellwasser im Pavillon, einem **Kurhaus** und einer Wandelhalle.

Kartentipp:
ADFC E-Bike-Karte »Rhön«
1:75.000, ISBN 978-3-96990-072-7, 9,95 €

Digital für Smartphones und Tablets: www.fahrrad-buecher-karten.de/kartenapp

93 Ob man jemanden antrifft am Antriftsee?

Von Alsfeld über Treysa

Diese Tour wird besonders den Fachwerk-Freunden viel Spaß bereiten, denn entlang der Tour finden wir immer wieder prachtvolle Häuser in diesem Baustil. Einige Passagen der Tour sind durch die Steigungen etwas anstrengend, andere Passagen zum perfekten Gleiten geeignet, wie die Trasse des Bahnradwegs Rotkäppchenland.

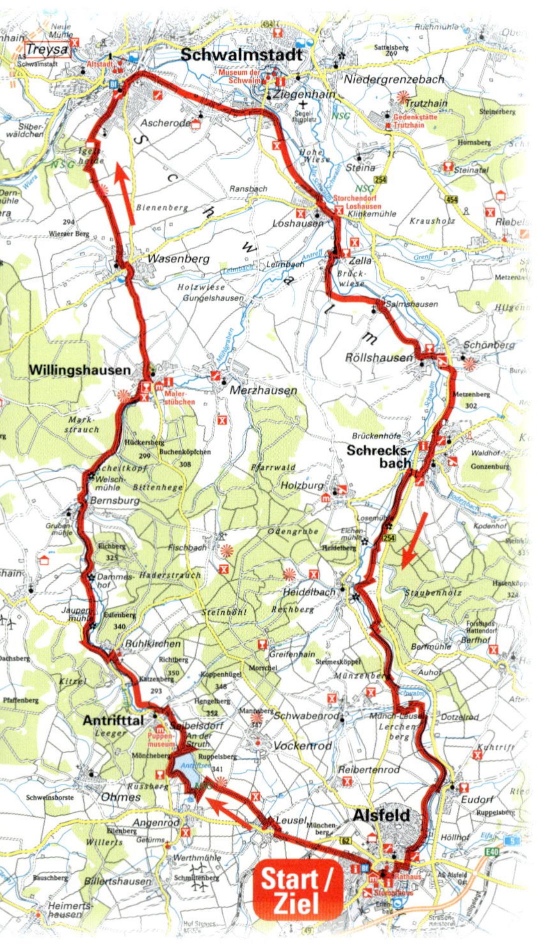

111 Touren Info

53 km, Rundtour meist auf befestigten Radwegen bzw. Straßen/Wegen, einige merkliche Steigungen, teils Wegweisung als HR2, Antriftseetour, Bahnradweg Rotkäppchenland, Schwalm-Radweg sowie HR4

Start / Ziel: Bahnhof Alsfeld

Info: www.alsfeld.de

Sage und schreibe **400 Baudenkmäler** prägen das Stadtbild von Alsfeld, das schon immer an einer wichtigen Handelsroute lag und daher schon früh zu Wohlstand und den Stadtrechten kam. Inzwischen hat sich der **anerkannte Erholungsort** zu einem beliebten Ausflugs- und Urlaubsziel entwickelt.

Tipp: Schnell übersehen haben wir den **Pranger**, den wir an einer Ecke des „Weinhauses" in direkter Nähe zum Rathaus finden. Wer sich in Alsdorf einst nicht an die Regeln hielt, wurde hier mit dem Eisenring angekettet und dem Gespött der Bürger ausgesetzt.

Wie es sich für eine mittelalterliche Stadt gehört, finden wir am zentralen **Marktplatz** ein prachtvolles, mit mehreren Türmen verziertes Rathaus. Über den kunstvollen Arkaden erblicken wir feinstes **Fachwerk**, das wir an weiteren zahlreichen Gebäuden finden, wenn wir durch die teils engen Gassen der Altstadt streifen. Zur Historie Alsdorfs erzählt uns das in einem Patrizierhaus untergebrachte **Stadtmuseum** alles Wissenswerte.

Los geht´s am Bahnhof von Alsfeld, den wir nach links über die Bahnhof- und wieder links über die Marburger Straße verlassen. Die Schilder des Radwegs R2 bzw. der „Antriftseetour" lotsen uns in Leusel rechts weg von der B62, durch den Ort und mit einer Steigung

Filigrane Architektur in Alsfeld

vorbei an einem Aussichtspunkt zum Anstrifftsee. Den umrunden wir zur Hälfte im Uhrzeigersinn, um dann durch das Antrifttal via Ruhlkirchen, Bernsburg, Willingshausen und Wasenberg nach Treysa zu radeln.

Wir kurbeln einen Berg hinauf und können zur Belohnung eine schöne **Aussicht** genießen, bevor es zum **Antrifftsee** geht. Die Talsperre wurde angelegt, um die Region vor Hochwasser zu schützen. Wanderer und Spaziergänger nutzen den Uferweg auch gerne, um eine Runde um den See zu drehen.

Weiter geht´s von Treysa, das wir am Parkplatz Haaßehügel vorbei im Rechtsbogen auf dem Bahnradweg Rotkäppchenland verlassen, der auch mit HR 4 und später als Schwalm-Radweg gekennzeichnet ist. Durch Ascherode, Loshausen, Zella, Salmshausen, Röllshausen, Schrecksbach und Münch-Leusel gelangen wir wieder zurück nach Alsfeld, wo uns die Schilder des R2 direkt zurück zum Bahnhof leiten.

Auch in Treysa kommen Fachwerk-Fans voll auf ihre Kosten, denn nicht nur Teile des **Rathauses**, sondern auch viele Gebäude der Ober- und der Unterstadt wurden so gestaltet. Die meisten Häuser entstanden nach einem Großbrand im Jahre 1640. Treysa bietet sich für eine längere Rast an, um den Anblick der **historischen Fassaden** zu genießen und im Brauhaus der Privat-Brauerei Haaß einzukehren.

Tipp: Wir folgen ein gutes Stück dem **Bahnradweg Rotkäppchenland**. Wo sich einst eine Bahntrasse durch´s Hessenland schlängelte, können wir ohne größere Steigungen auf bestem Untergrund radeln. Insgesamt sind es 60 km, auf denen dieser Themenradweg mit Brücken und teils wunderbaren Aussichten die Städte Neustadt und Niederaula miteinander verbindet.

Auf dem Rückweg schauen wir uns noch das **Alte Burghaus** von Schreckbach an, das genau wie die umlaufende Mauer aus Natursteinen gefertigt wurde und auf einen alten Adelssitz zurückgeht.

Kartentipp:
ADFC Regionalkarte »Vogelsberg/Wetterau«
1:75.000, ISBN 978-3-96990-012-3, 9,95 €
Digital für Smartphones und Tablets: www.fahrrad-buecher-karten.de/kartenapp

94 Kann man schöner studieren?

Von Bad Laasphe nach Marburg

Der eher weniger befahrene obere Teil des Lahn-Radweges geleitet uns zu einer der schönsten Städte Hessens: Marburg hat nicht nur eine lange Tradition als Universitätsstadt, sondern auch eine wunderschöne Altstadt zu bieten, die sich unterhalb des Schlosses erstreckt.

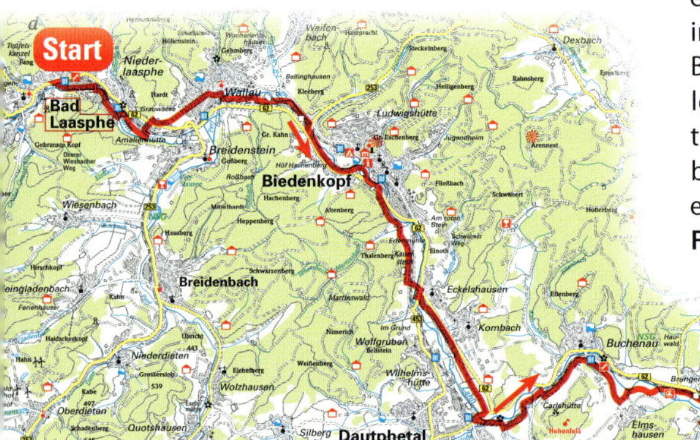

111 Touren Info

49 km, Streckentour meist auf befestigten Radwegen bzw. Straßen/Wegen, keine größeren Steigungen, fast durchgängig Gefälle und Wegweisung als Lahntalradweg

Start: Bahnhof Bad Laasphe

Ziel: Bahnhof Marburg

Info: www.tourismus-badlaasphe.de

Bad Laasphe verteilt sich wie viele andere Städte im Sieger- bzw. Sauerland auf viele größere und kleinere Orte – in diesem Falle sind es sogar 24! Die Kernstadt hat sich zu einem begehrten **Wander- und Kneipp-Kurort** entwickelt. Südöstlich des Rothaargebirge-Hauptkamms gelegen, wurde Laasphe selbst um 780 erstmals erwähnt.

Tipp: Durch Bad Laasphe verläuft der **Rothaarsteig**. Der 156 km lange Fernwanderweg zählt zu den beliebtesten und schönsten Routen Deutschlands. Kürzer und noch unterhaltsamer sind die **Themenwanderwege**, wie z.B. der „Mythen- und Sagenweg", der „Märchenwanderweg Kleiner Rothaar", der „Laaspher Bierwegelchen" oder der „Mensch und Hund Erlebnispfad".

Gute 470 m über den Dächern der Stadt erhebt sich **Schloss Wittgenstein**. Schon im Jahre 1174 gab es an dieser Stelle eine Burg, die in der Folge zu diesem prachtvollen Anwesen ausgebaut wurde. Die Fürsten zu Syn-Wittgenstein wohnten hier bis 1950. Zu seinen Füßen erstreckt sich eine sehenswerte Altstadt mit fotogenen **Fachwerkhäusern**.

Los geht´s am Bahnhof von Bad Laasphe, den wir nach links verlassen, um den Kreisel ebenfalls nach links zu verlassen. So gelangen wir auf den Lahntalradweg, der uns via Amalienhütte und Wallau nach Biedenkopf bringt.

Das immer noch genutzte **Backhaus** bildet das Zentrum von Niederlaasphe, in dem es weitere historische Gebäude zu entdecken gibt.

Junge Studenten und alte Gebäude prägen das Bild von Marburg

An einem Weiher stehen die Reste der **Amalienhütte**. Das Roheisenwerk, das 1975 schloss, erhielt seinen Namen von der ehemaligen Besitzerin Amalie Jung.

Unübersehbar thront das **Landgrafenschloss** seit dem 15. Jh. über Biedenkopf. Das dort ansässige „Hinterlandmuseum" erzählt uns mehr über die Region und den Ort, der von Fachwerkhäusern geprägt wird.

Weiter geht´s von Biedenkopf auf dem Lahntalradweg vorbei an Eckelshausen, Kombach, Dautphetal, Buchenau, Kernbach, Caldern, Cölbe und Wehrda nach Marburg, wo wir in einer Schleife die B3 überqueren und den Bahnhof ansteuern, um die Tour zu beenden.

Die Philipps-Universität von Marburg ist die älteste noch existierende protestantisch gegründete Uni der Welt. Und so ist auch das Gebäude der Alten Universität direkt am Ufer der Lahn einer der wichtigsten Anlaufpunkte für uns.

Tipp: Viele Studierende bedeutet viel Wissen – also machen wir uns auf in eines der zahlreichen Museen der Stadt: Wir haben z.B. die Wahl zwischen dem **Mineralogischem Museum** oder der **religionskundlichen Sammlung** oder dem **Museum Anatomicum**, das trotz der gezeigten Knochen und Schädel kein Gruselkabinett, sondern eine streng wissenschaftliche Sammlung ist.

Wunderbar ist die Innenstadt Marburgs rund um den Marktplatz. Wir entdecken Fußgängerzone, historisches **Rathaus**, Kugelkirche, St. Marienkirche und **Elisabethkirche**. Letztere ist ein Muster der frühgotischen Baukunst. Im Innern verbirgt sich der goldene **Schrein** der Heiligen Elisabeth. Über die ganze Szenerie blickt das **Landgrafenschloss**, das auf dem Schlossberg liegt.

Auch interessant zu wissen: Mehrere bedeutende Unternehmen aus dem Bereich der **Pharma-Industrie** haben sich hier angesiedelt, darunter auch das seit „Corona" bekannte Unternehmen Biontech.

Kartentipp:
ADFC Regionalkarte »Lahntal«
1:75.000, ISBN 978-3-96990-027-7, 9,95 €

95 Ganz schön anstrengend, so eine Edersee-Runde

Von Bad Wildungen über Waldeck

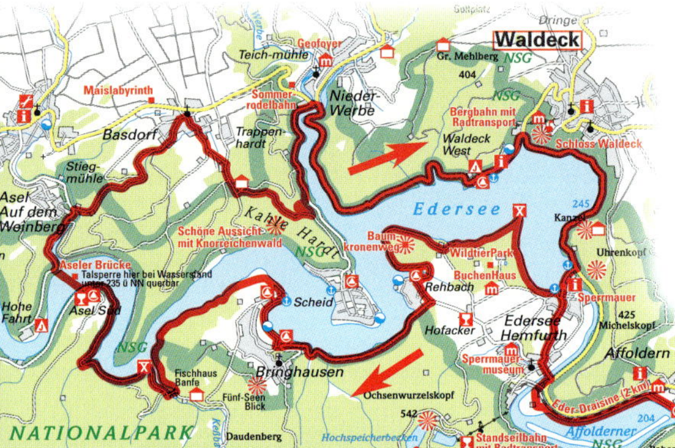

Bad Wildungen ist schon seit 1906 als **Heilbad** anerkannt und kann immer noch auf ein hervorragendes Renommee als **Kurort** verweisen. Hoch über der Stadt thront das großartige **Schloss Friedrichstein**, das gleich mehrere Museen beherbergt.

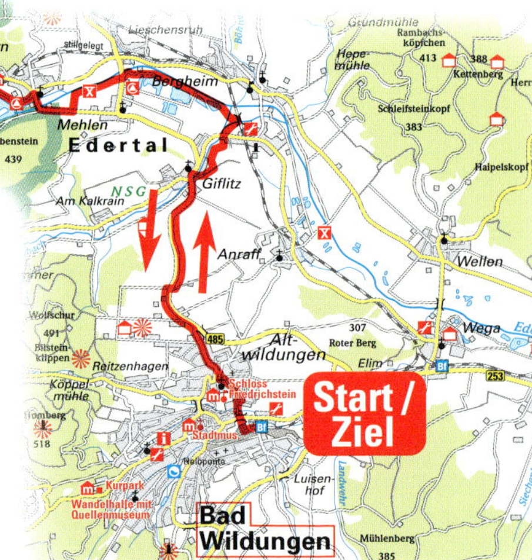

Vom schmucken Bad Wildungen…

Im Natur- und Nationalpark Kellerwald-Edersee, der inzwischen als UNESCO-Weltnaturerbstätte geschützt wird, hat man die Eder zum Edersee aufgestaut, der sich harmonisch in die gebirgige Landschaft einfügt. Eine Runde um den See gestaltet sich durch die Steigungen als schweißtreibend.

111 Touren Info

66 km, Rundtour meist auf befestigten Radwegen bzw. Straßen/Wegen, mehrere deutliche Steigungen, teils Wegweisung als Ederseerundweg bzw. Oranier-Fahrradroute

Start / Ziel: Bahnhof Bad Wildungen

Info: www.bad-wildungen.de

Los geht´s am Bahnhof von Bad Wildungen, den wir nach links und am Kreisel (fast) geradeaus in den Gräfin-Cülenburg-Weg hinein verlassen. Nach dem Rechtsbogen am Querweg rechts, geradeaus über die Bahnhofstraße hinweg und weiter auf der ansteigenden Rörigstraße, später in der Gabelung links in den Hohlweg. Beinahe oben angekommen, zweigen wir links in „Zum Hettensee", rechts in Schloss-, links in Anraffer- und rechts in Giflitzer Straße ab. Bis Giflitz rollen wir parallel der B485, ehe wir mit den Schildern des Eder-Radwegs durch Affoldern und Hemfurt-Edersee zur Sperrmauer des Edersees gelangen.

... geht's an den fjordartigen Kellersee

Direkt zu Beginn unserer Tour kommen wir am **Königsquellenpark** vorbei, wo wir ein Häuschen finden, in dem die **Königsquelle** sprudelt. Wenig später treffen wir auf die Eder, die hier mit Kanus befahrbar ist und in den Affolderner See mündet.

Tipp: Wer einmal das Verkehrsmittel wechseln möchte, probiert sich an der **„Eder-Draisine"** aus und „pedaliert" über die 2 km lange Strecke.

Im Jahre 1905 wurde die Entscheidung zum Bau des Edersees getroffen, um verschiedene Kanäle mit Wasser zu versorgen. Das Projekt war seinerzeit von so großer Bedeutung, dass sogar Kaiser Wilhelm II. die Baustelle besuchte. Eindrucksvoll ist die 48 m hohe **Staumauer**, die im Zweiten Weltkrieg durch eine Bombe stark beschädigt wurde, was zu hohen Opferzahlen führte. Das Muster einer **Rotationsbombe** ist vor dem **Sperrmauer-Museum** zu sehen.

Weiter geht´s von der Sperrmauer des Edersees, den wir im Uhrzeigersinn umrunden. Dabei tangieren wir Rehbach und Bringhausen und gelangen nach Asel Süd. Hier nehmen wir die Fähre und setzen unsere Tour mit einer kräftigen Steigung nach Basdorf und anschließendem Gefälle fort. Stets in Ufernähe kurbeln wir zurück zur Sperrmauer, um ab hier auf unserem Hinweg zum Bahnhof von Bad Wildungen zurück zu radeln.

In direkter Nähe zu unserem Radweg liegen der **Wildpark Edersee** mit einer Greifvogelstation und der **„TreeTopWalk"**, wo wir in schwindelerregender Höhe über einen Baumkronenpfad wandern.

Bestens erhaltene **Fachwerkhäuser** und feine Gotteshäuser entdecken wir in den Ortschaften Nieder-Werbe und Banfe.

Tipp: Ein kleiner Abstecher führt nach Waldeck, das uns mit **Pulverturm**, **Stadtkirche**, **Oberem Tor** und einem 120 m tiefen **Brunnen** empfängt. Unübersehbar thront **Schloss Waldeck** über dem Ort. Beim Besuch des Museums erfahren wir auch, dass sich hier eine Zeit lang ein Frauengefängnis befand. Angesichts der teils steil abfallenden Felsen schien dies ein idealer Ort dafür zu sein. Heute wird die Anlage als Hotel und Restaurant mit einer atemberaubenden **Aussicht** genutzt.

Die 177 km lange Eder gehört zu den saubersten Flüssen Hessens – und mit 11,8 qkm Fläche wurde der Edersee zum **zweitgrößten Stausee Deutschlands**.

Kartentipp:
ADFC Regionalkarte »Kassel / Nordhessen«
1:75.000, ISBN 978-3-96990-109-0, 9,95 €

Digital für Smartphones und Tablets: www.fahrrad-buecher-karten.de/kartenapp

96 An der Diemel entlang

Von Liebenau nach Bad Karlshafen

Der Diemel-Radweg ist überregional nur wenig bekannt. Schade eigentlich, denn auf seinen rund 110 km Gesamtlänge bietet er alles, was wir brauchen: perfekte Radwege mit Beschilderung und sehenswerte Orte. Grund genug, sich ein Stück des Radwegs genauer anzusehen.

111Touren Info:

30 km, Streckentour auf meist befestigten Radwegen bzw. Straßen/Wegen, keine nennenswerten Steigungen, perfekte Wegweisung als Diemel-Radweg.
Start: Bahnhof Liebenau
Ziel: Bahnhof Bad Karlshafen
Info: www.stadt-liebenau.de
www.bad-karlshafen.de

Tipp: Wer mehr über den Hintergrund des Radweg-Logos erfahren möchte, begibt sich auf den **»Eco Pfad Muschelkalk im Diemeltal«.** Auf der etwa 10 km langen Wanderung wird die Entstehung der Region aus einem subtropischen Muschelkalk-Meer anhand zahlreicher Tafeln erklärt. Schmetterlinge begleiten unseren Weg – sie stehen hier unter Schutz.

Wir folgen auf unserer kurzen Tour einfach den Schildern des Diemel-Radwegs, der, wie es sich gehört, an der Quelle, im Hochsauerland bei Willingen-Usseln beginnt. Liebenau hat eine lange Geschichte, die durch **Hügelgräber** belegt wird. Eine Runde durch die Stadt führt an **Fachwerkhäusern**, Resten der **Stadtmauer** und der **Kirche** mit ihrem interessanten Turm und sehenswerten Wandmalereien vorbei. Hintergrundinformationen dazu gibt´s im Heimatmuseum.

Los geht´s am Bahnhof von Liebenau, den wir rechts über die Bahnhofstraße verlassen. Der Alte Steinweg bringt uns nach links und über die Diemel, am anderen Ufer folgen wir dem Diemel-Radweg nach rechts. So kommen wir über Lamerden und Hofschütz nach Trendelburg.

Halbzeit am Trendelburger Gästehaus

Trendelburg wird von seiner gleichnamigen **Burg** bewacht, die würdevoll auf einem Sandsteinfelsen thront. Wunderbare Gassen führen uns im Ort vorbei am **Historischen Rathaus** und an gut erhaltenen **Fachwerkfassaden**. Im Stadtteil Friedrichsfeld lockt ein Ausflug zum **Naturdenkmal »Wolkenbruch«** und ein Stück weiter in Gottsbüren lädt eine **Wallfahrtskirche** zur inneren Einkehr.

Weiter geht´s von Trendelburg den Radweg-Schildern folgend an Wülmersen und Helmarshausen vorbei zu unserem Ziel in Bad Karlshafen. Der Bahnhof liegt auf der anderen Weser-Seite.

Tipp: Direkt an unseren Radweg grenzt der rund 200 qkm große **Reinhardswald**. Kaum ein anderes Mittelgebirge kann mit so vielen Legenden, Sagen und Märchen aufwarten. Hier spielen auch teilweise die Märchen der Gebrüder Grimm. Das **»Dornröschenschloss« Sababurg** ist dabei immer von besonderer Bedeutung.

Weitläufige Landschaften im Diemeltal

Das **Rittergut Schloss Wülmersen** ist immer für ein Fotomotiv gut. Schließlich ist es ein echtes Wasserschloss.

Bad Karlshafen entstand um 1700 an der Mündung der Diemel in die Weser. Heute empfängt uns die Kurstadt mit herrlichen Barockfassaden. Ansehen müssen wir uns **Rathaus**, **Zollhaus**, **Freihaus** und **Invalidenhaus**.

Kartentipp:

ADFC Regionalkarte »Kassel/Nordhessen« 1:75.000,
ISBN 978-3-96990-109-0, 9,95 €

Digital für Smartphones und Tablets: www.fahrrad-buecher-karten.de/kartenapp

97 Hessische Fachwerkträume

Von Rotenburg nach Melsungen

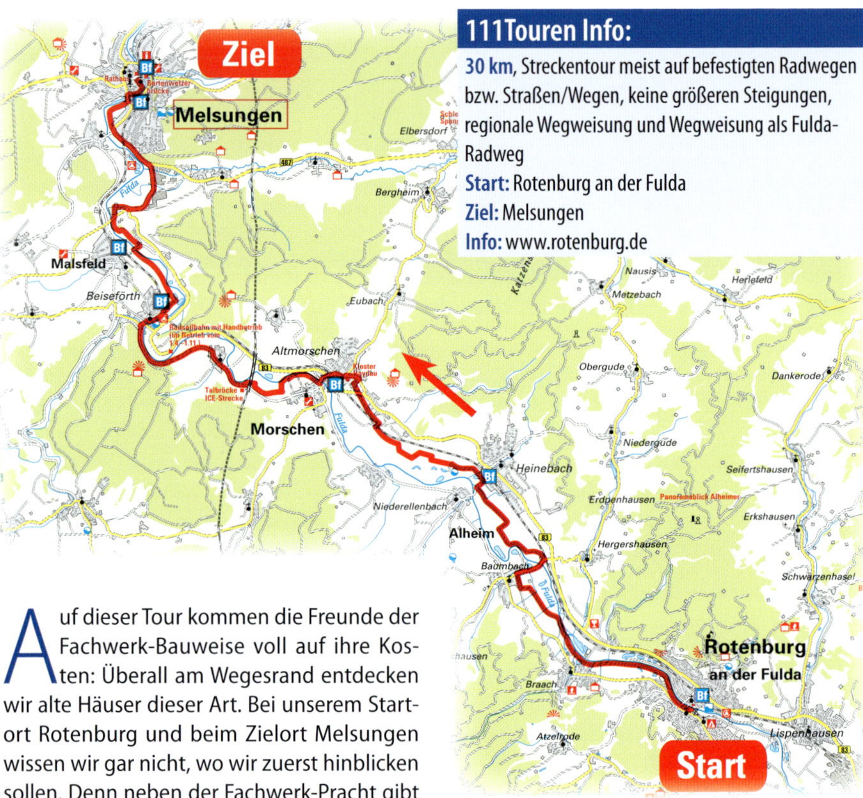

111Touren Info:

30 km, Streckentour meist auf befestigten Radwegen bzw. Straßen/Wegen, keine größeren Steigungen, regionale Wegweisung und Wegweisung als Fulda-Radweg

Start: Rotenburg an der Fulda

Ziel: Melsungen

Info: www.rotenburg.de

Auf dieser Tour kommen die Freunde der Fachwerk-Bauweise voll auf ihre Kosten: Überall am Wegesrand entdecken wir alte Häuser dieser Art. Bei unserem Startort Rotenburg und beim Zielort Melsungen wissen wir gar nicht, wo wir zuerst hinblicken sollen. Denn neben der Fachwerk-Pracht gibt es herrliche Fotomotive am Ufer der Fulda.

Die Sehenswürdigkeiten von Rotenburg liegen auf beiden Ufern der Fulda, so dass wir vor Beginn der Tour eine ausführliche Sightseeing-Tour einplanen müssen: Mitten in einem alten Park liegt das **Landgrafenschloss**, während wir in der Innenstadt ein perfekt erhaltenes Ensemble von historischen **Fachwerkhäusern** bestaunen können. Das Häusermeer wird noch heute beschützt von Teilen der alten Stadtmauer mit ihren Wehrtürmen. Aus den Dächern heraus erheben sich die Jakobi- und die Stiftskirche. Wer sich weiterbilden möchte, besucht das **Heimatmuseum**.

Tipp: Kindheitserinnerungen werden wach, wenn wir das **Puppen- und Spielzeugmuseum** von Rotenburg besuchen. Wer Kinder dabei hat, wird über die Reaktionen des Nachwuchses staunen, denn für viele ist heute undenkbar, dass Spielen einmal ohne elektronische Medien möglich war.

Los geht´s am Bahnhof von Rotenburg, den wir über die Fulda hinweg verlassen, um hinter der Brücke Anschluss an den Fulda-Radweg zu finden. Der geleitet uns zuverlässig und meist autofrei vorbei an Braach, Baumbach, Alt-/Neumorschen und Binsförth nach Beiseförth

In Melsungen kehren wir am Ende der Tour ein und genießen den Blick auf´s Rathaus

Der Anblick ist schon toll: Nachdem wir das **Naturschutzgebiet** Weidenkeil durchradelt haben, erblicken wir das prachtvolle **Kloster Haydau**, in dem heute ein Kultur- und Tagungszentrum untergebracht ist.

In Binsförth liegt ein ehemaliges **Rittergut** direkt am Wegesrand, in dem sich ein ökologischer Landwirtschaftsbetrieb befindet.

In Beiseförth lohnt sich der Besuch des **Korbmacher-Museums**. Familien mit Kindern können die **Märchenmühle** ansteuern, in denen die Geschichten der Gebrüder Grimm dargestellt werden.

Wer ohne Kinder radelt, widmet sich eventuell der **Hessischen Löwenbier-Brauerei** von Malsfeld – aber bitte fahrtüchtig bleiben!

Weiter geht's von Beiseförth durch Malsfeld zu unserem Tourziel in Melsungen.

Kartentipp:
ADFC Regionalkarte »Kassel / Nordhessen«
1:75.000, ISBN 978-3-96990-109-0, 9,95

Digital für Smartphones und Tablets: www.fahrrad-buecher-karten.de/kartenapp

Auch in Melsungen können wir ein prachtvolles **Landgrafenschloss** bestaunen. Noch deutlich imposanter ist aber das mit herrlichem Fachwerk gestaltete **Rathaus**. Der Eulenturm erzählt uns aus jener Zeit, in der die Stadt stark bewehrt war. Einen Besuch wert ist auch die gotische **Stadtkirche**, die sogar den großen Stadtbrand im Jahre 1554 überstand. Auf der **Bartenwetzer-Brücke** überqueren wir würdevoll die strudelnde Fulda. Wer genau hinsieht, erkennt Einkerbungen an der Brücke und damit den Hintergrund des Namens: Einst wetzten die Melsunger Bürger ihre Äxte im weichen Sandstein der Brücke. Die vielen Biergärten und Cafés der **Altstadt** sind ideal dafür geeignet, die Tour ausklingen zu lassen.

98 Geschichte zum Anfassen

Von Gerstungen nach Eisenach

Unsere Tour führt uns durch das Werratal zu einem der bedeutendsten Orte Deutscher Geschichte. Vor dem Besuch von Luthers Heimstatt steht eine sportliche Herausforderung – oder ein Ritt mit dem Esel.

111Touren Info:

27 km, weitgehend flache Streckentour meist auf Radwegen mit einigen kleineren Steigungen, perfekte Rad-Wegweisung.
Start: Bahnhof Gerstungen
Ziel: Bahnhof Eisenach
Info: www.gerstungen.de
www.eisenach.de

Hauptziel in Gerstungen ist das **Schloss**, in dem sich heute das **Heimatmuseum** befindet. Der alte **Stadtkern** rund um den **Markt** mit seinem **Storchenbrunnen** besteht teils aus **Fachwerkhäusern.** Ein Stück werraaufwärts steht im Ortsteil Untersuhl eine seltene **Rundkirche**.

Los geht´s vom Bahnhof in die Hauptstraße und rechts abbiegend zum **Schloss**. In der Nähe nutzen wir die Werrabrücke und biegen dahinter direkt links ab. Den Radwegschildern folgend kommen wir immer in Flussnähe via Sallmannshausen nach Lauchröden.

Direkt an unserem Weg durch Sallmannshausen ragt die **Pfarrkirche** empor, die einen **spätgotischen Schnitzaltar** beherbergt. Auf der anderen Uferseite liegt Neustädt, auf dessen Dorfplatz wir einen **Ziehbrunnen** finden.

Tipp: In Lauchröden biegt der Werra-Radweg links über den Fluss nach Herleshausen mit **Schloss Augustenau** und der **Burgkirche** ab. Wer abkürzen mag, radelt in Lauchröden geradeaus via Göringen direkt nach Wartha, wo der Werra-Radweg wieder auf dieses Ufer wechselt.

Weiter geht's am Ufer entlang oder über die Straße. Im schnell erreichten Hörschel

Auf dem Marktplatz blickt der Storch auf schöne Fassaden

wechseln wir durch rechts abbiegen auf den ausgeschilderten »Radweg Thüringer Städtekette«.

Immer parallel der Bahnlinie kommen wir am **Opel-Werk** vorbei zum Bahnhof, die Innenstadt Eisenachs liegt geradeaus weiter der Katharinenstr. folgend.

Um Eisenach rankt sich eine Vielzahl von Sagen und Legenden – die Stadt ist ein wichtiger Teil deutscher Geschichte. So ist es nicht verwunderlich, dass wir im Ort **Industriemuseum, Automuseum, Burschenschaftsdenkmal, Bachhaus** (Bach wurde hier geboren), **Lutherhaus, Reuter-Wagner-Villa**, mehrere sehenswerte **Kirchen** und weitere herausragende Ziele finden. Das Highlight ist aber ohne Frage die **Wartburg**, die wir mit dem Rad und jeder Menge Schweiß oder auf dem Rücken eines Esels erreichen können. Die Strapazen lohnen sich: An der herrlichen **Architektur** kann man sich ebenso wenig satt sehen, wie an der **Aussicht** über die Region. Gut vorstellbar, wie Luther hier das Neue Testament übersetzte.

Kartentipp:
ADFC Regionalkarte »Kassel Nordhessen«, 1:75.000,
ISBN 978-3-96990-109-0, 9,95 €
Digital für Smartphones und Tablets: www.fahrrad-buecher-karten.de/kartenapp

99 Spielen und Erleben am Bahnhof

Von Meiningen über Schmalkalden

Eine äußerst abwechslungsreiche Tour erwartet uns: Zunächst rollen wir ganz entspannt durch die Täler und entdecken schöne Ortschaften. Dann wird es anstrengend, wenn wir zur Herrenkuppe hinauf kurbeln.

111 Touren Info

50 km, Rundtour meist auf befestigten Radwegen bzw. Straßen/Wegen, eine starke Steigung, Wegweisung teils als Werratal-Radweg bzw. als Mommelstein-Radweg

Start / Ziel: Bahnhof Meiningen

Info: www.meinigen.de

Meiningen wurde schon im Jahre 982 erstmals erwähnt und entwickelte sich rasch zu **einer der wichtigsten Städte Südthüringens**.

Englische Gartenträume in Meiningen

Tipp: Besonders schön sind die großen Parks, die sich mitten durch Meiningen ziehen. Zu Beginn unserer Tour rollen wir auch direkt durch den **Stadtpark**, der als typischer Englischer Garten angelegt wurde. Nicht minder schön sind der **Schlosspark**, der das **Schloss Elisabethenburg** umgibt und der **Landschaftspark Herrenberg**.

Der riesige, autofreie **Marktplatz** ist die gute Stube Meiningens – in alle Richtungen blicken wir hier auf tolle Bürgerhauser, von denen einige sehr farbenfroh gestaltet wurden. Rund herum erstreckt sich die Altstadt, in der wir bei genauem Hinsehen viele plätschernde Brunnen entdecken.

Schloss Landsberg sehen wir schon von weitem

Los geht´s am Bahnhof von Meiningen, das wir geradeaus über die Lindenallee und durch den Stadtpark hindurch (rechts am Großen Teich vorbei) verlassen. An der querenden Straße (T-Kreuzung) geradeaus in die Landsberger Straße, über die Werra hinweg und hinter der nächsten Brücke rechts auf den Werratal-Radweg (Am Weidig), der uns via Weidig, Walldorf, geradeaus Wasungen Schwallungen nach Niederschmalkalden bringt. Hier verlassen wir den Werratal-Radweg nach rechts und folgen dem Mommelstein-Radweg nach Schmalkalden.

Links taucht über unseren Köpfen **Schloss Landsberg** auf. Mit mehreren Türmen wurde die Anlage einst als Lustschloss errichtet, inzwischen können wir hier feudal in einem Hotel nächtigen.

In Walldorf müssen wir uns die **Kirchenburg** ansehen, die im 16. Jh. erbaut und 2019 nach einem Großbrand wiedereröffnet wurde. Sehr außergewöhnlich ist die **Sandstein- und Märchenhöhle**, bei der wir in ein unterirdisches Labyrinth entführt werden.

Auch in der Altstadt von Wasungen erwarten uns mehrere **Fachwerkhäuser**, die sich teils direkt ans Rathaus anschließen. Oberhalb der Werra liegt die **Burgruine Marienluft** mit einer herrlichen Aussicht.

Weiter geht´s von Schmalkalden, wo wir den Mommelstein-Radweg geradeaus über die Bahnschienen und nach links am Bahnhof vorbei verlassen. Wir fahren zwischen Schule und Siechenteichen in die Krötengasse, immer geradeaus und deutlich bergauf über die Straßen „Am Nürnberger Räsle“, Wolfsberg und „Am Volksgarten“. An der Querstraße rechts in den Weg „Welgerstal“ und mit weiter starker Steigung durch eine S-Kurve in die Natur. An der querenden Notstraße fahren wir rechts und rollen durch den dichten Wald hinunter an der Oberwallbachmühle und dem Ort Wallbach vorbei nach Walldorf. Ab hier geht es auf der Hinroute zurück nach Meiningen, unserem Ausgangsort.

Fachwerkhäuser aus dem Spätmittelalter, die zu rund 90% in der originalen Bauform erhalten blieben, prägen die Altstadt von Schmalkalden. Auch das **Lutherhaus** und das **Technikmuseum „Neue Hütte“** wurden im Fachwerkstil erbaut. Ganz anders präsentieren sich **Schloss Wilhelmsburg**, der Marstall und die **Stadtkirche St. Georg**. Der **Erlebnisbahnhof** stellt uns auf eine echte Probe, denn wir müssen alle Sinne einsetzen, um dieses etwas andere Museum mit seinem „Dunkelcafé“ zu verstehen.

Tipp: Der zweite Teil der Tour ist anstrengend. Daher ist zu überlegen, auf dem Hinweg durch das **Tal** zurück zu radeln oder die Bahn zu nehmen.

Gegen Ende unserer Tour verzückt uns die **Dorfkirche** von Wallbach mit einem Kirchenschiff aus Fachwerk.

100 Sieht aus wie in Franken

Von Eisfeld über Hildburghausen

Einst lag die Region, in der wir heute unterwegs sind, direkt an der Grenze zwischen der DDR und der BRD. Heute ist diese einst stark bewachte Grenze zum Glück nicht mehr erkennbar. Auch die Sprache und die Architektur lassen uns ins Grübeln geraten: Sind wir noch in Thüringen oder in Franken?

111 Touren Info

46 km, Rundtour meist auf befestigten Radwegen bzw. Straßen/Wegen, hügeliger Verlauf mit mehreren Steigungen, Wegweisung teils Werratal-Radweg sowie ein kleines Stück als Werra-Obermain-Radweg

Start / Ziel: Bahnhof Eisfeld

Info: www.eisfeld.de

Tipp: Nur wenige Kilometer südlich von Eisfeld verlief einst die innerdeutsche Grenze. Diese war bis Ende der 1980er Jahre scharf bewachtes „Niemandsland“, so dass sich hier eine interessante Natur entwickeln konnte. Der **Fernradweg „Grünes Band Deutschland“** zeichnet diesen Verlauf nach. Auch der **„Iron Curtain Trail“** widmet sich der ehemaligen Teilung Deutschlands. Dort, wo einst der „Eiserne Vorhang“ zwischen NATO-Staaten und den Ländern des Warschauer Paktes verlief, können wir etwas über diese dramatische Geschichte „erfahren“.

Unterhalb von Schloss Eisfeld entdecken wir viele, teils farbenfroh gestaltete, historische Gebäude. Über die Szenerie wacht die **Dreifaltigkeitskirche St. Nikolai**, neben der auch ein **Pfarrhaus** steht, das im Fachwerkstil erbaut wurde.

An der höchsten Stelle der Stadt liegt **Schloss Eisfeld**, das uns mit seinem hufeisenförmigen Grundriss begeistert. Herzogin Sophia Albertine von Sachsen-Hildburghausen hatte hier einst ihren Witwensitz, nachdem die Landesvögte lange Zeit im Schloss residiert hatten. Bei der Erbauung im 13. Jh. wurden Reste einer Wehranlage genutzt, die es schon vorher gab. Heute dient die bestens restaurierte Anlage kulturellen Zwecken.

Los geht´s am Bahnhof von Eisfeld, den wir nach links auf der B89 verlassen, um direkt wieder links in die „Bockstädter Straße“ abzubiegen und die Schienen zu unterqueren. Wir sind nun bereits auf dem Werratal-Radweg, der uns durch Bockstadt und Harras nach Veilsdorf bringt. Den Ort verlassen wir mit einer Steigung auf der Brauhausgasse bzw. Hetschbacher Straße, um direkt hinter dem

Viel Grün wechselt mit...

Friedhof rechts und sofort wieder links abzuzweigen. Mit weiteren Steigungen radeln wir via Eishausen sowie ein Stück auf dem Werra-Obermain-Radweg durch Stressenhausen und Leimrieth nach Hildburghausen.

In Veilsdorf lohnt es sich, die Einheimischen einmal anzusprechen, denn hier wird **„itzgründisch"** geredet, ein Dialekt, der aus Unterostfranken stammt. Wer seine Sprachkenntnisse aufgefrischt hat, widmet sich dem schönen Fotomotiv, welches die Alte Schule, das Pfarrhaus und die **Trinitatiskirche** bilden.

Tipp: Die Tour verläuft hinter Veilsdorf mit mehreren anstrengenden Steigungen. Wer darauf lieber verzichten mag, folgt einfach dem **Werratal-Radweg** nach Hildburghausen, was nur einige kleinere Hügel beschert.

Hildburghausen präsentiert sich als ehemalige Residenzstadt mit einem wunderschönen **Ortskern**, der vom arkadengeschmückten **Rathaus** geprägt wird. Das alte Schloss, in dem schon Johann Wolfgang von Goethe

... städtischem Flair in Hildburghausen

verweilte, wurde im Zweiten Weltkrieg leider zerstört. So können wir uns nur noch den erhaltenen Keller und den tollen **Schlosspark** ansehen. Eine spannende Symbiose aus alt und neu ist das **Stadttheater**.

Weiter geht´s von Hildburghausen, das wir auf dem Werratal-Radweg verlassen. Durch Birkenfeld ist Veilsdorf rasch erreicht, von wo aus wir auf derselben Strecke zum Eilsfelder Bahnhof zurück radeln, auf der wir herkamen.

Auf dem Rückweg schauen wir uns in Harras noch die **Kirche St. Jakobus** und die teils bunten alten Häuser an.

Kartentipp:
ADFC Regionalkarte »Coburg/Bamberg«
1:75.000, ISBN 978-3-96990-143-4, 10,95 €

Digital für Smartphones und Tablets: www.fahrrad-buecher-karten.de/kartenapp

101 Eine echte Hammer-Tour

Von Arnstadt nach Gotha

Johann Sebastian Bach verbrachte seine jüngeren Lebensjahre in der Region, die wir auf dieser Radtour näher kennenlernen werden. Dabei stellen wir fest: Die Ortschaften haben nicht nur Geschichte, sondern auch viel Schönes zu bieten. Allerdings haben wir auch zwei gute Steigungen zu verkraften.

111 Touren Info

42 km, Streckentour meist auf befestigten Radwegen bzw. Straßen/Wegen, zwei Steigungen im ersten Drittel, dann Gefälle, Wegweisung teils als Bach-Rad-Erlebnis-Route bzw. als Apfelstädt-Radweg

Start: Bahnhof Arnstadt-Süd

Ziel: Bahnhof Gotha

Info: www.arnstadt.de

Unser Startort Arnstadt nennt sich auch gerne **„Bachstadt"**. Damit wird darauf verwiesen, dass im Jahre 1703 die neue Orgel in der Kirche von einem gewissen **Johann Sebastian Bach** geprüft wurde. Dem 18-jährigen jungen Mann brachte das direkt eine Einstellung als Organist ein – der Start in eine „Weltkarriere".

Tipp: Wer sich am 2. Augustwochenende in der Stadt aufhält, hat die tolle Gelegenheit, dem **„Bach Sommer"** beizuwohnen. Das ist nicht nur für Klassik-Fans ein besonderer Genuss!

Gleich zu Beginn unserer Tour rollen wir an der bestens erhaltenen **Stadtmauer** von Arnstadt vorbei. Sie ist nur ein Teil der vielen Sehenswürdigkeiten der Stadt. Auch die **Johann-Sebastian-Bach-Kirche**, die Liebfrauenkirche und die Ruine von **Schloss Neideck** zählen dazu. Der Schlossturm ist noch erhalten und präsentiert uns eine grandiose Aussicht.

Los geht´s am Bahnhof von Arnstadt, den wir nach links auf der Gerastraße verlassen. An der nächsten T-Kreuzung rechts und hinter dem Kurhausplatz links in die Lindenallee. Am Kreisel geradeaus, dann folgen wir der ansteigenden Marlittstraße durch die Rechts- und später durch die Linkskurve. An der Kreuzung halblinks in den Fuhrmannsweg, dann mit weiterer Steigung aus der Stadt hinaus. Die Bach-Rad-Erlebnis-Route führt uns durch Espenfeld, Gossel und Crawinkel nach Ohrdruf.

„Wasserkunst" – in Gotha passt der Begriff wirklich!

Arnstadt, Wechmar, Ohrdruf und Dornheim: In diesen Orten verbrachte Johann Sebastian Bach seine frühen Lebensjahre. Der rund 60 km lange **Bach-Radweg** verbindet diese Städte miteinander und verwöhnt uns zudem mit teils herrlichen Aussichten.

Tipp: Der **Tobiashammer** kurz vor Ohrdruf ist mehr als nur der Namensgeber dieser Radtour: Er ist eine perfekte Symbiose aus Kunst, Museum und natürlich Technik. Tobias Albrecht wurde im Jahre 1592 der neue Besitzer einer Hammerschmiede, die es seinerzeit wahrscheinlich schon seit mehr als 100 Jahren gab. Vier Wasserräder treiben noch heute die technischen Einrichtungen an, die aufgeteilt sind in **Schleiferei**, Poch- und Walzwerk sowie in **Fallhämmer**, was wir uns bei Schauvorführungen ansehen können. Ein **Skulpturenpark** macht das Kunstwerk komplett.

Auch in Ohrdruf verbrachte Bach einige Jahre. Das auffälligste Bauwerk der Stadt ist **Schloss Ehrenstein**, das als Residenz für die Grafen von Gleichen errichtet wurde. Interessant ist auch der **Turm** der ehemaligen Michaeliskirche von Ohrdruf, der mit 54 m als Wahrzeichen der Stadt gilt.

Weiter geht´s von Ohrdruf auf der Bach-Rad-Erlebnis-Route, die später durch den Apfelstädt-Radweg ergänzt wird, vorbei an Schwabhausen und Günthersleben nach Gotha. Hier steuern wir direkt den Bahnhof an, wo diese Tour endet.

Gotha hat sich aus einer alten Residenzstadt entwickelt, was wir bis heute am prachtvollen **Schloss Friedenstein** bestens nachvollziehen können. Es liegt eingebettet im **ältesten Englischen Garten Europas**. Wenn wir uns Orangerie, Prinzenpalais und Kasematten angesehen haben, widmen wir uns dem **Herzoglichen Museum** im Schloss, bevor wir uns in der Stadt die Wasserkünste und das **Alte Rathaus** ansehen.

Kartentipp:
ADFC E-Bike-Karte »Thüringer Wald«
1:75.000, ISBN 978-3-96990-165-6, 10,95 €
Digital für Smartphones und Tablets: www.fahrrad-buecher-karten.de/kartenapp

102 Drei »gleiche« Burgen – ein Radweg

Von Gotha nach Erfurt

Die bedeutendsten Metropolen Thüringens werden mit dem spektakulären Radweg »Thüringer Städtekette« bestens erschlossen. Wir nehmen uns die Etappe zwischen Gotha und Erfurt heraus und stellen fest: Es gibt noch viel mehr zu erleben, außer einer guten Rad-Trasse.

111Touren Info:

40 km, Streckentour auf meist befestigten Radwegen bzw. Straßen/Wegen, keine nennenswerten Steigungen, perfekte Wegweisung als Radweg »Thüringer Städtekette«
Start: Bahnhof Gotha
Ziel: Bahnhof Erfurt
Info: www.gotha.de, www.erfurt.de

Die prunkvolle Vergangenheit Gothas wird uns überall vor Augen geführt: Sei es beim frühbarocken **Schloss Friedenstein**, den barocken **Bürgerhäusern** oder anderen Gebäuden, die eher aus der Zeit der Renaissance stammen. Wie auch das **Historische Rathaus** am Hauptmarkt. Von hier ist es nur ein Katzensprung bis in den herrlichen **Schlosspark**.

Tipp: In Gotha ist das ganze Jahr über hinweg etwas los. Highlights sind u.a. das **Gothardusfest** (Musiker, Gaukler und ein umfangreiches Kulturprogramm) im Mai, die **Familientage mit Orangenblütenfest** im Juni und das Barockfest im August.

Los geht´s am Bahnhof von Gotha, den wir geradeaus zur Neubauerstrßae verlassen. Hier biegen wir rechts und gleich wieder rechts ab in die Mozartstraße. Nach Querung der Südstraße links zur Florschütz- dann rechts auf der Florschützstraße, später Töpfleber Weg. Schon sind wir auf dem Radweg Thüringer Städtekette mit seinem auffälligen Logo. Er bringt uns hinaus aus der Stadt und via Töpfleben, Günthersleben und Wechmar nach Mühlberg.

In Wechmar locken Aufenthalte an der **Veit-Bach-Mühle** und am Bach-Stammhaus, während wir in Mühlberg die **Mühlburg** ansteuern sollten. Nur wenige Kilometer neben unserem Radweg liegt Holzhausen mit der **Wachsenburg**. Wissenswertes wird uns im Thüringer Geopark **Drei Gleichen** vermittelt.

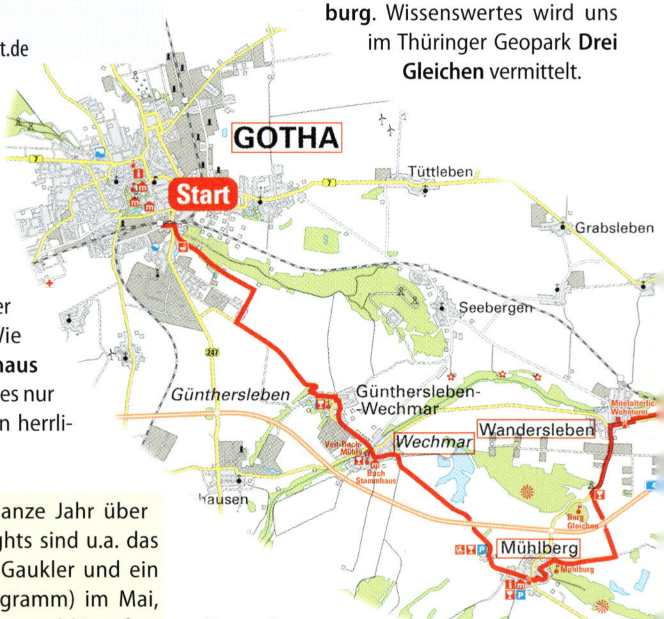

Zur **Burg Gleichen** gelangen wir direkt hinter Mühlberg. Der Legende nach soll 1231 ein Kugelblitz alle drei Burgen gleichzeitig in Brand gesetzt haben. Der Feuerschein soll weithin sichtbar gewesen sein.

Weltberühmt: das Ensemble von Mariendom und Severikirche

Weiter geht´s von Mühlberg den Schildern der Thüringer Städtekette folgend über Wandersleben, Apfelstedt , und Neudietendorf nach Ingersleben.

Es folgt eine Steigung nach Möbisburg ehe wir über Bischleben und Hochheim ins Herz von Erfurt gelangen. Unser Radweg führt uns direkt zum Hauptbahnhof von Erfurt.

In Wandersleben können wir uns einen mittelalterlichen **Wohnturm**, in Ingersleben das **Freisassenhaus** (ein Bauernhaus) und nach der Unterquerung der Autobahn die **Marienthalbrücke** ansehen.

Tipp: Ein Erfurt-Besuch ist nicht komplett ohne eine Visite in der Natur: Sei es im **Zoopark**, im **egepark** (Freizeit- und Erholungspark) oder an der **Citadelle Petersberg** mit einem weit verzweigten Minenlabyrinth.

Erfurt ist mehr als nur die Landeshauptstadt: Es ist ein Traum, durch die Gassen zu schlendern und sich die vielen historischen Gebäude anzusehen. Allein das Ensemble von **Mariendom** und **Severikirche** – getrennt von der raumgreifenden Freitreppe – ist ein Gedicht! Highlight ist selbstverständlich die 120 m lange **Krämerbrücke**: Die einzige vollständig bebaute und bewohnte Brücke Europas.

Kartentipp:

ADFC Regionalkarte »Erfurt und Umgebung« 1:75.000,
ISBN 978-3-87073-839-6, 8,95 €

Digital für Smartphones und Tablets: www.fahrrad-buecher-karten.de/kartenapp

103 Vom Windknollen blickte schon Napoleon auf Jena

Von Weimar nach Jena

111 Touren Info

26 km, Streckentour meist auf befestigten Radwegen bzw. Straßen/Wegen, eine moderate Steigung in der Mitte, am Ende langes Gefälle, teils Wegweisung als Radweg Thüringer Städtekette

Start: Bahnhof Weimar

Ziel: Bahnhof Jena-Paradies

Info: www.weimar.de

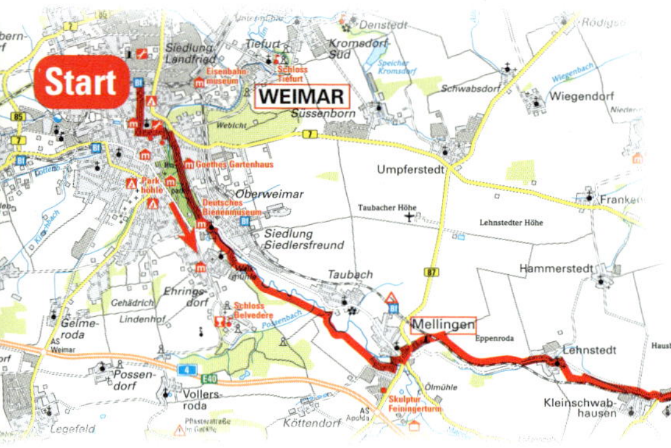

Die „Kulturstadt Weimar" zieht uns mit ihrem historischen Charme und den berühmten Persönlichkeiten schnell in den Bann. Von hier führt der Radweg Thüringer Städtekette vorbei am „Windknollen" in die spannende Stadt Jena.

Wir starten in der Geschichte...

Kaum eine andere Stadt Deutschlands bietet so viel Kultur auf engstem Raum – der Begriff „Kulturstadt Weimar" passt bestens! Weltbekannt sind die berühmten Künstler der Stadt: Wir besuchen das Liszt-Haus, Goethes Wohnhaus mit **Goethe-Nationalmuseum** und **Schillers Wohnhaus mit Schillermuseum**. Übrigens: Schiller und Goethe blicken sich noch heute ganz tief in die Augen – als Denkmäler, versteht sich.

Die Liste der Top-Ziele scheint endlos hier in Weimar zu sein: **Historisches Rathaus**, Stadthaus, Villa Saukel, **Anna-Amalia-Bibliothek**, Stadtkirche St. Peter und Paul, Herderkirche und das **Stadtschloss** mit seinem großartigen **Schlossturm** markieren den historischen Stadtkern. Dieser erlebte ein „goldenes Zeitalter", in dem Herzogin Anna Amalia wirkte und ein „silbernes Zeitalter", in dem Großherzogin Sophie lebte.

Los geht´s am Bahnhof von Weimar, den wir geradeaus über den August-Baudert-Platz und weiter schnurgeradeaus über die Carl-August-Allee verlassen. Am Rathenauplatz rechts um das Museum herum und jeweils geradeaus auf dem Weimarplatz und der Karl-Liebknecht-Straße. Am Goetheplatz links in die Straße „Graben", dann haben wir den Radweg „Thüringer Städtekette" erreicht. Dieser führt uns stets in der Nähe des Flusses Ilm nach Mellingen.

... und erreichen die Zukunft

Wir rollen auf dem Themenradweg **„Thüringer Städtekette“**, der sich auf rund 230 km zwischen Altenburg und Eisenach durch die wunderschöne Thüringer Landschaft schlängelt.

Tipp: Kurz vor Jena kommen wir am 363 m hohen **Windknollen** vorbei. Wenn wir hier hinauf kurbeln, fühlen wir uns nicht nur wegen der spärlichen Vegetation wie im Wilden Westen – auch die Ringelnattern, Milane, Falken, Habichte und anderen Bewohner des „Napoleonberges“ tragen zu diesem Eindruck bei. Der große Feldherr nutzte die strategisch günstige Lage, um in der Nähe zu campieren und die **Schlacht bei Jena und Auerstedt** zu eröffnen. Der **Napoleonstein** erinnert an diese Zeit.

Weiter geht´s von Mellingen auf dem Radweg „Thüringer Städtekette“ mit einer Steigung und später mit Gefälle via Lehnstedt, Klein- und Großschwabhausen nach Jena. Am Saale-Ufer rechts, so dass wir unsere Tour am Bahnhof Jena-Paradies beenden können.

Jena ist eine junge, quirlige Stadt, was an den vielen Studierenden liegt, die hier an der **größten Uni Thüringens** eingeschrieben sind. Die Stadt darf sich mit vielen Titeln schmücken wie **„Lichtstadt“** oder **„Reformationsstadt Europas“**.

Tipp: In Jena entstanden die **ersten Hochhäuser Deutschlands**, darunter der „Bau 36“ und der „Zeiss Bau 15“. Noch imposanter ist der gleich gegenüber stehende, 144,5 m hohe **Jentower**. Hier wird er aber meist nur „Uniturm“, „Intershop Tower“ oder „Keksrolle“ genannt. Egal: Die Aussicht von der Besucherplattform in der 29. Etage ist atemberaubend!

Ansehen müssen wir uns unbedingt einige der **„Sieben Wunder von Jena“**, bei denen für jeden Geschmack etwas dabei ist. Wenn wir genau hinsehen, entdecken wir auch Reste der alten **Stadtmauer** und weitere historische Gebäude. Und wenn das Wetter mal nicht passen sollte, besuchen wir die **Goethe Galerie**, eine stylische Einkaufspassage.

Kartentipp:
ADFC Regionalkarte »Saale-Unstrut«
1:75.000, ISBN 978-3-96990-093-2, 9,95 €

Digital für Smartphones und Tablets: www.fahrrad-buecher-karten.de/kartenapp

104 Seen und sehenswerte Industrie

Von Leipzig über Markkleeberg

Dass Leipzig eine eigene Reise wert ist, dürfte sich herumgesprochen haben – die Innenstadt quillt über an Sehenswertem. Wenn wir durch den Süden Leipzigs radeln, zeigt sich ein ganz anderes Bild: Nach idyllischen Kilometern durch das Naturschutzgebiet Auwald erkunden wir mehrere Seen, die zum Baden einladen. Der Begriff „Park" wird entlang der Tour gleich mehrfach genutzt: Beim Kanupark, beim Modellbaupark und beim Bergbau-Technik-Park.

Hätten Sie´s erahnt? Leipzig war in den letzten Jahren die am stärksten wachsende Großstadt Deutschlands. Inzwischen sind es deutlich über eine halbe Millionen Einwohner, die sich vom Flair bezaubern lassen. Mit dem **Neuen Rathaus**, der Thomaskirche und zahlreichen anderen alten Gebäuden wird die Vergangenheit gelebt. Mindestens genauso wichtig sind aber Gegenwart und Zukunft, denn die Kreativszene hat Leipzig auch schon lange entdeckt. Und wer es richtig modern mag, besucht die **Kundenzentren** des Porsche- oder BMW-Werks. Aber auch das Flanieren durch Fußgängerzonen und **Parks** gehört unbedingt zur Freizeitgestaltung in der Stadt.

111Touren Info:

43 km, Rundtour meist auf befestigten Radwegen bzw. Straßen/Wegen, keine größeren Steigungen, gute regionale Wegweisung

Start / Ziel: Hauptbahnhof Leipzig

Info: www.leipzig.de

Tipp: Mehr als eine Viertelmillion Besucher pilgern jedes Jahr im Frühsommer in die Leipziger Innenstadt, wenn das **Stadtfest** steigt. Von den Bühnen schallt Musik für wirklich jeden Geschmack, für Kinderbelustigung und für das leibliche Wohl wird auch bestens gesorgt.

Reich verziert zeigt sich Leipzigs Rathaus

Nicht skuril genug? Dann besuchen Sie zu Pfingsten das **Wave-Gotik-Treffen**. Es ist inzwischen das weltgrößte Treffen der »schwarzen Szene«.

Los geht´s am Leipziger Hauptbahnhof. Diesen im Rücken folgen wir der B 87 nach rechts bis zum Waldplatz, bei der Krankenkasse über die breiten Straßen und via Aachener Straße zum Ufer der Elster, dem wir nach links folgen. Auf dem Elsterradweg bis zum Ufer des Cospudener Sees, den wir gegen den Uhrzeigersinn umrunden. Am Ortseingang Zöbigker rechts nach Markkleeberg.

Wir erreichen den **Cospudener See**, der als einer von 19 Gewässern zur Leipziger **Seenlandschaft** gehört. Dies ist eine neue Landschaft, die aus der Renaturierung des ehemaligen Tagebaus entsteht. Eine Wasserfläche von ca. 70 qkm wird hier einmal Wasserfans begeistern.

Tipp: Spaß für Jeden und jedes Alter garantiert das **See- und Hafenfest Cospuden**. Schiffsrundfahrten, Händler und Schausteller sorgen hier für Kurzweil.

Weiter geht´s in Markkleeberg über die Bahn und parallel der B 2 links Richtung Zentrum. Rechts über Seenallee zum Markkleeberger See und am Ufer weiter bis zum Modellbaupark und zum Schloss Güldengossa. Von dort geradeaus nach Liebertwolkwitz. Ab hier neben der Prager Straße her zurück ins Zentrum von Leipzig und zum Hauptbahnhof.

Schon viele Funktionen übernahm das **Torhaus** von Markkleeberg – heute ist es ein Museum. Auch das **Rathaus** und das Westphalsche Haus sollten wir uns genauer ansehen. Für Abkühlung sorgt der nahe gelegene See, in dem es auch einen **Kanupark** gibt. Ursprünglich Für Olympia 2012 geplant, bietet er heute Spitzensportlern eine einzigartige Trainingsstätte. Auch als Gäste können wir uns durchwirbeln lassen. Eine Welt in 1:8 erwartet uns im **Modellbaupark Auenhain**. Genau die entgegen gesetzte Dimension lässt unsere Augen im **Bergbau-Technik-Park** überlaufen: Hautnah erleben wir hier die Tagebau-Großmaschinen. Wer´s lieber feiner mag, besucht das am Wegesrand liegende schmucke **Schloss Güldengossa**. Auf unserem Rückweg kommen wir direkt am **Völkerschlachtdenkmal** vorbei. Mit seinen imposanten 91 m Höhe ist es eines der größten Denkmäler Europas. Es war 1813, als hier die sogenannte Völkerschlacht stattfand, die ein Baustein zur Niederlage Napoleons war. Die Einweihung des „Völki" war übrigens genau 100 Jahre später.

Kartentipp:
ADFC Regionalkarte »Leipzig und Umgebung« 1:75.000,
ISBN 978-3-87073-833-4, 8,95 €

Digital für Smartphones und Tablets: www.fahrrad-buecher-karten.de/kartenapp

105 Ein überdimensionaler Bohrer? Nein, ein Pegelturm!

Von Delitzsch über Bitterfeld

111 Touren Info

46 km, Rundtour meist auf befestigten Radwegen bzw. Straßen/Wegen, keine größeren Steigungen, teils Wegweisung als Kohle-Dampf-Licht-Tour

Start / Ziel: Bahnhof Delitzsch

Info: www.delitzsch.de

Von der altehrwürdigen Residenzstadt Delitzsch starten wir in eine Rundtour, die uns auf besten Radwegen entlang endloser Uferlinien führt. Diese Seen entstanden nach dem Ende des Braunkohletagebaus und sorgen nun für echtes Urlaubs-Feeling.

Schon in der Jungsteinzeit kamen die ersten Siedler nach Delitzsch. Im Mittelalter kamen gut betuchte Bürger in die Stadt, die ab dem 17. Jh. zu einer Residenzstadt wurde. Das ist bis heute bestens zu erkennen, denn die gut erhaltene Stadtbefestigung umschließt eine **Altstadt**, die uns mit mehreren **Parks**, Türmen, **Rathaus**, Stadtschreiberhaus, Ritterhaus, Bürger- und Patrizierhäusern begeistert.

Tipp: Einen ausgezeichneten Überblick über die Stadt und unsere Radel-Region können wir uns vom **Schlossturm** aus verschaffen.

Das auffälligste Gebäude der Stadt ist **Schloss Delitzsch**, das uns mit barockem Glanz inmitten eines wunderbaren Gartens empfängt. Schon früh gab es an dieser Stelle eine gotische Wasserburg, die später als Witwen- und Reisesitz des Herzogtums ausgebaut wurde.

Los geht´s am Bahnhof von Delitzsch, den wir über den Kreisel geradeaus in die Eilen-

In Delitzsch haben wir viel zu entdecken

burger Straße verlassen, die vor dem Denkmal rechts abknickt und als Marienstraße weiterführt. An der Bitterfelder Straße fahren wir rechts und im Kreisel geradeaus. Wir befinden uns bereits auf der Kohle-Dampf-Licht-Tour, deren Schilder uns am Linksknick der Straße weiter geradeaus führen. Nachdem wir die Schienen gequert haben, erreichen wir linkerhand den Neuhauser See, den wir gegen den Uhrzeigersinn zur Hälfte umrunden. Am Ufer des Ludwigsees folgen wir den Schildern nach rechts, die uns nach Bitterfeld bzw. ans Ufer des Großen Goitzschesees führen, das wir im Uhrzeigersinn befahren.

Die **„Kohle-Dampf-Licht-Tour"** geleitet uns durch eine weite Landschaft mit mehreren großen Seen, die von Menschenhand geformt wurde. Zwischen 1949 und 1991 wurde hier mit riesigen Baggern die Erde von links nach rechts bewegt, um Braunkohle zu fördern und daraus Energie zu gewinnen. Seit dem Ende der Förderung läuft die Renaturierung, was uns beste Radwege am Ufer der gefluteten Seen präsentiert.

Tipp: Am Wegesrand entdecken wir eine Figurengruppe. Sie nennen Sich **„Wächter der Goitzsche"** und wachen über die gerade neu entstehende Landschaft.

Bitterfeld erfuhr einen erheblichen Strukturwandel: Einst wurde im Tagebau Energie gewonnen und im **Elektrochemischen Kombinat** Metalle, Kunststoffe und andere Rohstoffe erzeugt. Sage und schriebe 13.000 Beschäftigte zählte das Kombinat und war damit der drittgrößte Chemiebetrieb in der DDR. Inzwischen stellt man sich rund um das sehenswerte **Rathaus** auf die Zukunft als touristisches Zentrum der Region ein.

Weiter geht´s von Bitterfeld am Ufer des Großen Goitzschesees, dann am Ufer des Seelhauser Sees entlang. An der Strecke liegen Mühlbeck, Pouch, Löbnitz, Sausedlitz und der Paupitzscher See, den wir „rechts liegen lassen". Hier treffen wir wieder auf den Neuhauser See und folgen nach links dem Hinweg zurück zum Delitzscher Bahnhof, wo unsere Tour endet.

Direkt am Wegesrand liegen die neuen Wahrzeichen von Bitterfeld: Die Museumslok, die Marina und der 25 m hohe **Pegelturm**, der so aussieht wie ein überdimensionaler Bohrer.

Der kleine Ort Mühlbeck am Rande unseres Radwegs ist das **„Erste Buchdorf Deutschlands"** – den Titel erhielt es wegen der vielen Antiquariate im Ort.

Ewas abseits unserer Strecke liegt Löbnitz mit seinem heute als Pflegeheim genutzten Schloss und mehreren **Windmühlen**.

Kartentipp:
ADFC Regionalkarte »Dresden & Umgebung«
1:75.000, ISBN 978-3-96990-095-6, 9,95 €
Digital für Smartphones und Tablets: www.fahrrad-buecher-karten.de/kartenapp

106 Die Entdeckung einer seltenen Schiffsmühle

Von Eilenburg über Bad Düben

Der gut präparierte Mulde-Radweg sorgt auf der ersten Hälfte der Tour für Radel-Freuden. Nachdem wir uns den kleinen, aber feinen Kurort Bad Düben angesehen haben, rollen wir durch eine idyllische Heidelandschaft wieder zurück.

111 Touren Info

43 km, Rundtour meist auf befestigten Radwegen bzw. Straßen/Wegen, keine größeren Steigungen, teils Wegweisung als Mulde-Radweg

Start / Ziel: Bahnhof Eilenburg

Info: www.eilenburg.de

Als „civitas Ilburg" tauchte das heutige Eilenburg im Jahre 961 zum ersten Mal in den Büchern auf. Es entwickelte sich eine florierende Stadt mit prachtvollen Häusern. Im Zweiten Weltkrieg tobte hier aber ein erbitterter **Verteidigungskrieg**, so dass die Stadt am Ende fast dem Erdboden gleich war.

Tipp: Gleich zu Beginn unserer Tour taucht eines der Wahrzeichen Eilenburgs im Blickfeld auf: Fast 61 m hoch ist der 1916 fertiggestellte **Wasserturm** in der Nähe des Mulde-Ufers. Hier wurde einst das Wasser für die Deutsche Celluloid-Fabrik (DCF) bereitgehalten.

Mit viel Aufwand wurde ein Teil des historischen Stadtbildes wieder aufgebaut. So können wir uns das repräsentative **Rathaus**, die **Bergkirche** und einige historische Häuser rund um den weitläufigen Marktplatz ansehen.

Los geht´s am Bahnhof von Eilenburg, den wir nach links über die Sydowstraße, dann rechts und am Ende links abbiegend auf der Bahnhofstraße verlassen. Am Marktplatz rechts und geradeaus über die Flussbrücke hinweg. So gelangen wir auf den Mulde-Radweg, der uns aus Eilenburg heraus und via Mörtitz, Gruna und Ober-/Niederglaucha nach Bad Düben bringt. Dazu verlassen wir den Mulde-Radweg und fahren mit dem Radweg Berlin-Leipzig nach rechts über die Brücke in die Innenstadt.

Bereits 1915 erkannte man die heilende Wirkung des Moores und der guten Luft in Düben, was zur Adelssprechung als **Kurort** reichte. Der Titel „Bad" kam 1948 hinzu.

Burg Düben dürfte es schon vor 981 gegeben haben, denn seinerzeit wurde sie erstmals genannt. Das farbenfrohe Haupthaus wird ergänzt durch ein schickes Fachwerkgebäude und den fachwerkgeschmückten **Bergfried**.

Burg Düben gibt es schon seit hunderten von Jahren

Tipp: Direkt am Fuße der Burg finden wir eine absolute Rarität: Eine **Bergschiffmühle**, die es in dieser Form vermutlich schon 1686 gab. Über lange Zeit wurde mit Wasserkraft Getreide gemahlen – die Technik funktioniert heute noch, doch zum Antrieb dient heute ein Elektromotor. Den Namen bekam die Mühle, weil es in unmittelbarer Nähe ein Alaunbergwerk gab, in dem Kalium-Aluminium-Salz abgebaut wurde. Der korrekte Begriff lautete also Bergwerks-Schiffmühle.

Mehr als Platz genug finden Kur- und Radel-Gäste im 80.000 qm umfassenden **Kurpark**, den es bereits seit 1846 gibt. Gleich nebenan können wir uns im **Heide-Spa** der totalen Entspannung hingeben. Und wenn die Wellness-Angebote dort schläfrig gemacht haben, kehren wir im Luxus-Hotel ein.

Nördlich von Bad Düben erstreckt sich die **Dübener Heide**, die weitgehend unter Naturschutz steht. Die Region ist auch bekannt für ihren Dialekt, der nur hier gesprochen wird.

Weiter geht´s von Bad Düben, das wir so verlassen, wie wir herkamen – über die Mulde-Brücke. Dahinter, mit den Schildern des Radwegs Berlin-Leipzig, geradeaus entlang der B2 nach Wellaune. Hier schräg links auf die Dorfstraße und am Ortsende rechts. In Noitzsch verlassen wir den ausgeschilderten Radweg, fahren links, beim Tiergarten rechts und schnurgerade nach Zschepplin. Von der Hauptstraße links in die Oststraße, an der Weggabelung links und am Ortsende rechts. Durch Hainichen haben wir unseren Startort Eilenburg rasch erreicht, wo wir die Tour am Bahnhof beenden.

Hinter dem Ort „Wellaune", der uns gute Laune bereitet, rollen wir durch die **Noitzsche Heide**, und ein Stück weiter tauchen wir ein ins **Naturschutzgebiet Vereinigte Mulde Eilenburg**. Rund 1453 ha der Region wurden hier wegen der seltenen Flora und Fauna unter Schutz gestellt.

Kartentipp:
ADFC Regionalkarte »Dresden & Umgebung«
1:75.000, ISBN 978-3-96990-095-6, 9,95 €

Digital für Smartphones und Tablets: www.fahrrad-buecher-karten.de/kartenapp

107 In der ersten Radfahrerkirche Deutschlands

Von Torgau über Mühlberg

111 Touren Info

62 km, Rundtour meist auf befestigten Radwegen bzw. Straßen/Wegen, keine größeren Steigungen, größtenteils Wegweisung als Elbe-Radweg

Start / Ziel: Bahnhof Torgau

Info: www.torgau.de

Viel Grün und noch viel mehr Wasser prägen diese wunderbare Rundtour, die uns auf beiden Seiten der Elbe entlang führt. Start und Ziel liegen in der wunderschönen sächsischen Stadt Torgau, aber auch die anderen Orte entlang der Strecke bieten uns reichlich zum Ansehen.

Ein Blick auf die Karte reicht, um zu erkennen, dass Torgau von einem **Grüngürtel** umschlungen wird, der an den Ufern der Elbe verläuft. Nicht zuletzt deshalb war Torgau 2022 Schauplatz der Landesgartenschau. Wir rollen zu Beginn der Tour am ehemaligen Gelände der **Landesgartenschau** vorbei, das durch zwei große Seen geprägt ist und teils als **Vogelschutzgebiet** ausgewiesen wurde.

Tipp: Weltberühmt wurde Torgau, als sich am 25.04.1945 zur Mittagszeit die russischen und die amerikanischen Truppen direkt an der Elbe begegneten. Jedes Jahr wird deshalb der **„Elbe Day"** gefeiert, wobei der exakte Ort der ersten Begegnung bei Strehla war. Dennoch sollten wir diese Geschichte im Hinterkopf haben, wenn wir in Torgau an der Elbbrücke stehen.

Die Silhouette von Torgau wird an der Elbe vom **Schloss Hartenfels** geprägt – vermutlich gibt es kein Schloss aus der Frührenaissance, das besser erhalten ist. Zu seinen Füßen erstreckt sich eine **Altstadt**, in der wir sage und schreibe **500 Baudenkmäler** finden. Es gibt also mehr als genug zu sehen – am besten heben wir uns das für nach der Tour auf, denn auch Einkehrmöglichkeiten gibt es reichlich. Wer dabei zu sehr ins Schwitzen gerät, fährt vor die Tore der Stadt, denn hier liegt der **Große Teich** mit Bademöglichkeiten.

Los geht´s am Bahnhof von Torgau, den wir nach links über die Straße Dr.-Külz-Ufer verlassen. Wir bleiben auf dem Radweg geradeaus und biegen am Ende rechts in die Wolfersdorffstraße. Kurz darauf links in den Repitzer Weg und sofort rechts in „Am Stadtpark".

Schloss Hartenfels ist eines von sage und schreibe 500 Baudenkmälern der Stadt

Am Ufer treffen wir auf den Elbe-Radweg, dem wir flussaufwärts nach rechts folgen. So gelangen wir via Loßwig, Bennewitz, Weßnig, Döbeltitz, Belgern und Dröschkau nach Plotha und zur B182. Hier verlassen wir den Elbe-Radweg, fahren ein Stück links, überqueren nach links die Elbe und erreichen Mühlberg.

Die Region um Loßwig ist landwirtschaftlich geprägt. In dem typischen Straßendorf steht eine Kirche mit einem wuchtigen Turm.

Tipp: Es hat fast den Eindruck, als würden uns einige Augen aus dem roten Dach der **Ersten Radfahrerkirche Deutschlands** anblicken, die wir in Weßnik ansteuern. Das leuchtend gelb gestaltete Gotteshaus wird seit 2003 als Radfahrerkirche genutzt.

In Mühlberg müssen wir einen längeren Stopp einplanen, denn es gibt viel zu sehen: Eine lange Einfahrt zu einem Torbogen ziert **Schloss Mühlberg**, das auf den Mauern einer alten Wasserburg entstand. Im Stadtmuseum, das in der alten **Probstei** untergebracht ist, erfahren wir mehr über Stadt, Schloss und Kloster. Letzteres entstand im Jahre 1228 als **Zisterzienserinnenkloster Marienstern** und erfuhr 2000 durch den Claretinerorden neue Aufgaben.

Im Stadtkern finden wir rund um den **Altstädter Markt** eine ganze Reihe historischer Häuser, unter ihnen auch das Rathaus. Die **Postdistanzsäule** ist eine Rekonstruktion, was ihrer Schönheit aber keinen Abbruch tut.

Weiter geht´s von Mühlberg, das wir auf dem diesseitigen Elbe-Radweg über die Straßen „Straße der Jugend" und links „Am Sportplatz" verlassen. Martinskirchen, Srtehla, Kathewitz, Pülswerda, Graditz und Werdau liegen auf unserem Weg zurück nach Torgau. Hier überqueren wir in einer Schleife mit der B87 die Elbe und steuern auf dem gleichen Weg wie beim Start den Bahnhof von Torgau an, um die Tour zu beenden.

Wenn wir durch Strehla radeln, müssen wir uns daran erinnern, dass es genau hier war, als sich die **Befreiungstruppen** aus Ost und West einst begegneten.

Kartentipp:
ADFC Regionalkarte »Elbe – Elster – Flaeming Skate«
1:75.000, ISBN 978-3-96990-166-3, 10,95 €
Digital für Smartphones und Tablets: www.fahrrad-buecher-karten.de/kartenapp

108 Wein und Porzellan

Von Dresden nach Meißen

Der Elberadweg führt uns hinaus aus dem Touristen-Trubel Dresdens. Vorbei an rebenbestandenen Elbhängen radeln wir in die »Hauptstadt des Weißen Goldes« und genießen die herrlichen Momente auf dem guten Radweg.

111Touren Info:

25 km, flache Streckentour über Radwege und Nebenstraßen, gute Rad-Wegweisung.
Start: Bahnhof Dresden-Neustadt
Ziel: Bahnhof Meißen
Info: www.dresden.de
www.stadt-meißen.de

Los geht´s vom Bahnhof Dresden-Neustadt unter den Gleisen her, links in die Eisenbahnstr. und weiter geradeaus auf die Uferstraße. Ab hier folgen wir dem gut ausgebauten und beschilderten Radweg nach rechts. Nach kurzer Zeit verlassen wir das Elbeufer schon wieder, denn der Radweg folgt nicht dem Flussbogen, sondern verläuft geradlinig über Moritzburger-, Leipziger-, Kötzschenbrodaer- und Lomatzscher Str. unter der Autobahn her zum Riegelplatz. Dort biegen wir links in die Grimm -Str. ein und erreichen bald wieder die Elbe, die hier an Kaditz vorbei fließt.

Der Dresdner Ortsteil Kaditz konnte sich rund um die alte **Emmauskirche** seinen **dörflichen Charakter** bewahren.

Weiter geht´s auf dem Elberadweg vorbei an den Ufern von Radebeul und Kötzschenbroda.

Radebeul und Kötzschenbroda haben sich mit einigen Nachbargemeinden zusammengeschlossen. Im **Pfarrhaus** neben der Radebeuler **Kirche** unterschrieben Sachsen und Schweden nach dem 30-jährigen Krieg den Friedensvertrag. Westernfans wird es in die Karl-May-Straße Nr. 5 ziehen, denn hier gibt es ein interessantes **Karl-May-Museum**.

Tipp: Von Radebeul nach Radeburg können wir mit der historischen **Schmalspurbahn** dampfen.

Weiter geht´s: Der Elberadweg führt uns stets in Ufernähe durch das Spaargebirge und durch das sächsische **Weinanbaugebiet**. Die Räder rollen in dieser schönen Umgebung fast von allein bis ins Zentrum von Meißen.

An der Elbe gibt es prachtvolle Gebäude…

Johann Friedrich Böttger gelang 1709 die Herstellung des ersten weißen Porzellans – schon ein Jahr später entstand die erste **Porzellanmanufaktur**, deren Produkte mit den gekreuzten blauen Schwertern immer noch Weltruhm ernten – Grund genug, die etwas außerhalb liegende Fabrik anzusteuern. Wir erreichen sie ab dem Markt über Webergasse, Görnische Gasse und Am Steinberg. Aber auch die **Altstadt** dürfen wir nicht einfach »links liegen lassen« – das Ensemble aus **Burg, Dom, Bischofsschloss, Burgkeller** und **Frauenkirche** ist ein sehr lohnenswertes Ziel. Einige Jahrhunderte lang saßen hier die drei Gewalten Markgraf, Bischof und kaiserlicher Burggraf eng beieinander.

… und einen erstklassigen Radweg!

Kartentipp:

ADFC Regionalkarte »Dresden und Umgebung« 1:75.000,

ISBN 978-3-96990-095-6, 9,95 €

Digital für Smartphones und Tablets:
www.fahrrad-buecher-karten.de/kartenapp

109 Bizarre Felsen

Von Dresden nach Bad Schandau

Nach dem Kulturgenuss im Überfluss in Dresden radeln wir die Elbe hinauf. Vorbei am »Blauen Wunder« erreichen wir die eindrucksvolle Felsenlandschaft der sächsischen Schweiz.

111Touren Info:

47 km, weitgehend flache Streckentour über Radwege mit einer Steigung, perfekte Wegweisung.
Start: Bahnhof Dresden-Neustadt
Ziel: Bahnhof Bad Schandau
Info: www.dresden.de
www.bad-schandau.de

Seit jeher ist Dresden eine der schönsten deutschen Städte – die Touristenmassen können hier nicht irren. Die **Altstadt**, die sich malerisch am **Elbufer** erhebt, bietet soviel Sehenswertes, dass man hier Tage verbringen könnte. **Semperoper, Zwinger, Kathedrale St.Trinitatis, Albertinum, Hofkirche** und natürlich die wieder aufgebaute **Frauenkirche** lassen nur noch Zeit zum Staunen.

Los geht´s vom Bahnhof Neustadt rechts unter der Unterführung her entlang der Eisenbahnstr. Richtung Elbe, dann links auf den Uferweg. Nach Unterquerung von Eisenbahn- und Marienbrücke verlassen wir kurz hinter der Augustusbrücke (dies ist die älteste und wohl auch schönste Brücke) den Uferweg, um via Brücke auf die andere Uferseite zu radeln. Wieder am Fluss angekommen, fahren wir unterhalb der Brühlschen Terrassen und unter der Carolabrücke her auf den Elbuferweg, dem wir nun einfach stets folgen.

An den Hängen des anderen Ufers erspähen wir die drei **Loschwitzer Schlösser**, ehe wir das »**Blaue Wunder**« passieren.

Die 1893 erbaute technische Meisterleistung bekam den Namen durch den hellblauen Anstrich. Auf unserem weiteren Weg an der Elbe entlang kommen wir an der **Schifferkirche »Maria am Wasser«** mit einem markanten **Zwiebeltürmchen** vorbei.

Tipp: Die Benutzung der Pillnitzer Fähre gehört zum Pflichtprogramm, denn zum sehenswerten **Schloss Pillnitz** gehören gleich **fünf Parks**. Bei Botanikern bekannt ist die **japanische Kamelie** auf dem Weg zur **Orangerie**.

Weiter geht´s auf dem rechten Uferradweg (also vis-a-vis des Schlosses), wo wir auf den nächsten Kilometern die Beschilderung gut beachten müssen, um zielsicher Pirna zu erreichen.

Das »Tor zur sächsischen Schweiz« verfügt rund um die **Stadtkirche St.Marien** über eine sehenswerte **Altstadt** mit dem **Canalotto-Haus** und der **Postdistanzsäule.**

Das Elbsandsteingebirge erklimmt schwindelerregende Höhen

Weiter geht´s am Ufer entlang, wobei sich beiderseits des Flusses das imposante Elbsandsteingebirge empor reckt. Diese Idylle begleitet uns durch Obervogelsang, Wehlen (mit Wehranlage auf dem Bergsporn) und Rathen nach Königstein.

Im Ort selbst sind von ehemals 1.000 kursächsischen **Postmeilensäulen** noch 176 erhalten. 240 m über der Elbe bauten mehrere Baumeister an **der Festung Königstein**, die mit **22 Gebäuden** eine Stadt für sich ist. Interessant sind auch das **Militärhistorische Museum** und der 152 m tiefe **Brunnen**.

Weiter geht´s mit der Fähre ans andere Elbufer, dem wir via Prossen und Rathmannsdorf nach Bad Schandau folgen.

Der **Kurort** gefällt mit seinem **Heimatmuseum** und der **St.Johanniskirche**.

Kartentipp:
ADFC Regionalkarte »Dresden und Umgebung« 1:75.000,
ISBN 978-3-96990-095-6, 9,95 €

Digital für Smartphones und Tablets: www.fahrrad-buecher-karten.de/kartenapp

110 Die Landeskrone setzt der Tour die Krone auf

Von Görlitz über Kößlitz

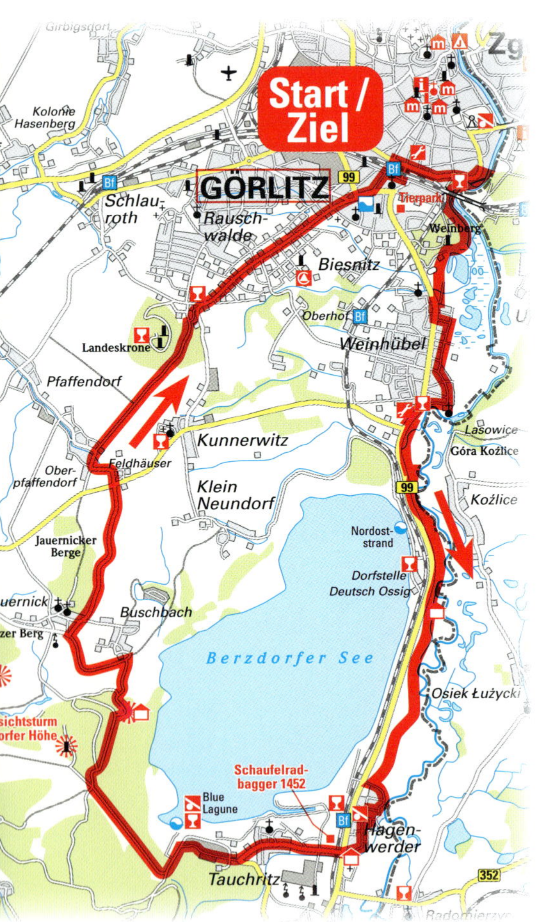

111 Touren Info

29 km, Rundtour meist auf befestigten Radwegen bzw. Straßen/Wegen, drei Steigungen mit jeweils rund 50-80 Hm, teils Wegweisung als Oder-Neiße-Radweg bzw. als Sächsische Städteroute

Start / Ziel: Bahnhof Görlitz

Info: www.goerlitz.de

Die Stadt **Görlitz** schmiegt sich ans Ufer der Neiße und grenzt damit direkt an Polen. Ein Besuch des Stadtzentrums gleicht einer Zeitreise: Wir entdecken Gebäude aus den Zeiten der Spätgotik, der Renaissance und des Barock. Dass alles so perfekt erhalten ist, verdankt Görlitz dem glücklichen Umstand, dass es im Zweiten Weltkrieg nur wenige Schäden gab. Sage und schreibe **4.000 Denkmäler**, darunter Gebäude und kulturelle Raritäten, zieren die Innenstadt, die damit als **„größtes Denkmal Deutschlands"** gilt. Kein Wunder, dass hier immer wieder Filme gedreht werden, die in einer historischen Kulisse spielen.

Tipp: Um diese einzigartige Altstadt nicht nur zu besichtigen, sondern auch zu verstehen, sollten wir uns einer der zahlreichen **Stadtführungen** anschließen. Neben den täglichen Rundgängen können wir an Begehungen zu den Drehorten verschiedener Filme oder an **Kostümführungen** teilnehmen, bei denen uns ein Mönch, ein Stadtbaumeister oder ein Kaufmann begleiten.

Bei dieser Rundtour starten wir in einer der schönsten Städte Deutschlands. Nachdem wir tief in längst vergangene Zeiten eingetaucht sind, schwingen wir uns auf die Bikes und drehen eine Runde, die uns auf dem Oder-Neiße-Radweg sowie um den Berzdorfer See herum führt.

Aus den zahllosen prachtvollen Gebäuden etwas herauszustellen, erscheint aussichtlos – daher lassen wir uns einfach durch die Straßen treiben und genießen die einmalige Szenerie. Wem der Sinn nach Shopping steht, besucht das Kaufhaus Görlitz, das „selbstverständlich" auch ein historisches Ambiente bietet.

Görlitz ist ohne Frage eine der schönsten Städte Deutschlands

Los geht´s am Bahnhof von Görlitz, den wir nach rechts auf der Bahnhofstraße verlassen. Am Kreisel geradeaus weiter auf der Bahnhofstraße. Dann rollen wir schräg links auf der Schillerstraße und geradeaus auf der Dr.-Kahlbaum-Allee zum Flussufer. Hier biegen wir zwei Mal rechts ab und treffen auf den Oder-Neiße-Radweg, der uns stets zwischen Fluss und Bundesstraße vorbei an Wienhübel nach Hagenwerder führt. Hier verlassen wir den Oder-Neiße-Radweg, fahren im Rechtsbogen weiter auf der Robert-Koch-Straße und geradeaus über den Kreisel nach Tauchritz.

Der Ort Hagenwerder war in der DDR überregional bekannt, denn das Kraftwerk hier am Ort wurde als „Betrieb der sozialistischen Arbeit" ausgezeichnet.

Weiter geht´s von Tauchritz um den Berzdorfer See nach Jauernick und mit Steigungen auf der Sächsischen Städteroute durch Pfaffendorf und vorbei am Berg Landeskrone zurück nach Görlitz. Hier wenden wir uns dem Bahnhof zu, wo die Runde endet.

Der Ort Tauchritz profitiert vom großen **Berzdorfer See**, denn direkt vor den Toren des Ortes liegen eine kleine **Marina** und ein **Badestrand**. Nur wenige Meter weiter wurde ein exklusives **Wellness-Hotel** direkt am Ufer angelegt.

Tipp: Rechts neben uns erstreckt sich schon über mehrere Kilometer der Berzdorfer See, der uns bisher aber verborgen blieb. Das ändert sich, wenn wir hinter Tauchritz bergauf kurbeln, denn hier ergeben sich tolle **Weitblicke** über das Wasser. Wo einst riesige Bagger die Braunkohle zu Tage förderten, blicken wir heute auf eine 960 ha. große Wasserfläche, auf der auch **Wassersport** möglich ist. Damit ist der Berzdorfer See einer der größten Seen des Freistaates Sachsen.

Der Berg namens **Landeskrone** entstand einst durch vulkanische Tätigkeit. Mit seinen 419 m ist er eine nicht zu übersehende Landmarke. Wir radeln direkt an seinem Fuß vorbei.

Kartentipp:
ADFC Regionalkarte »Oberlausitz/Lausitzer Seen«
1:75.000, ISBN 978-3-96990-142-7, 10,95 €
Digital für Smartphones und Tablets: www.fahrrad-buecher-karten.de/kartenapp

111 So viele Teiche? Na klar, wir sind auf dem Froschradweg!

Von Rietschen über Rothenburg / O.L.

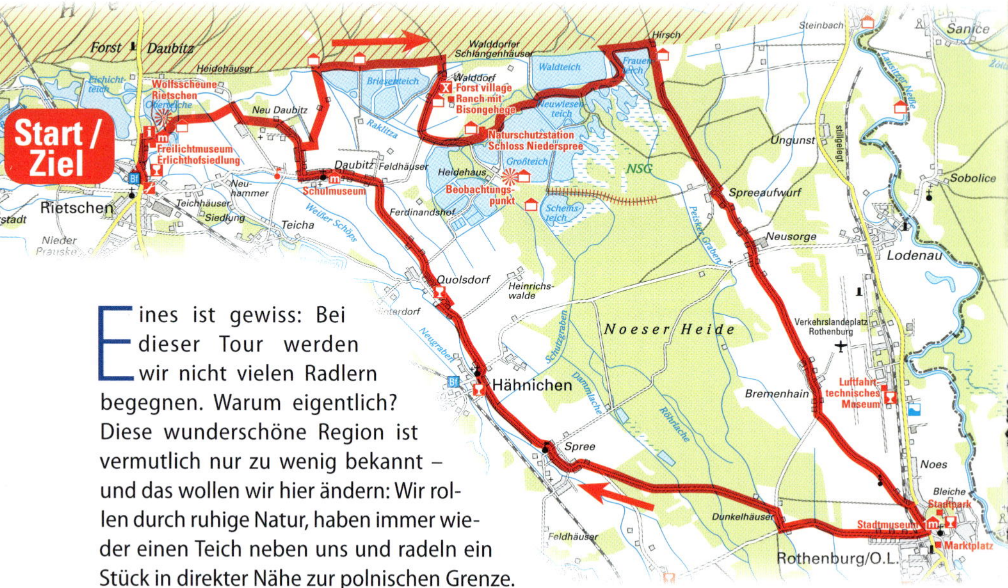

Eines ist gewiss: Bei dieser Tour werden wir nicht vielen Radlern begegnen. Warum eigentlich? Diese wunderschöne Region ist vermutlich nur zu wenig bekannt – und das wollen wir hier ändern: Wir rollen durch ruhige Natur, haben immer wieder einen Teich neben uns und radeln ein Stück in direkter Nähe zur polnischen Grenze.

111 Touren Info

42 km, Rundtour meist auf befestigten Radwegen bzw. Straßen/Wegen, keine größeren Steigungen, teils Wegweisung als Frosch-Radweg

Start / Ziel: Bahnhof Rietschen

Info: www.rietschen.de

Die Region um das heutige Rietschen war bereits in der Bronzezeit besiedelt, wovon ein Gräberfeld zu berichten weiß. Unübersehbar ist die Kirche von Rietschen, denn sie steht auf einer Anhöhe und ist zudem in leuchtendem Gelb getüncht. Erst 1916 wurde das Gotteshaus fertiggestellt.

Los geht´s am Bahnhof von Rietschen, den wir nach rechts über die Bahnhofstraße verlassen, um an der nächsten Ecke links in die Muskauer Straße abzubiegen. Beim Supermarktparkplatz schräg rechts in den Forsthausweg. An dessen Ende rechts in den Turnerweg. Auf kleinen Wegen radeln wir durch Neu Daubitz, wo wir zwei Mal links abzweigen, um am Rand des Truppenübungsplatzes an unzähligen Teichen und Walddorf vorbei zu radeln. Die Schilder des Frosch-Radweges geleiten uns dann am Ende des Frauenteiches nach rechts zuverlässig via Neusorge und Bremenhain nach Rothenburg (Oberlausitz).

Kaum haben wir die Stadt verlassen, kommen wir an der **Erlichthofsiedlung** vorbei. Richtig urig sehen sie aus, die historischen **Schrotholzhäuser**. Angeschlossen sind ein Museum mit alten Gartenbaugeräten, eine Weberei und eine Keramikwerkstatt.

Tipp: Wer noch nicht die richtige Wegzehrung in den Packtaschen hat, wird bestimmt in der Erlichthofsiedlung fündig:

Die Heide- und Teichlandschaft ist perfekt geeignet zur Entschleunigung

Es gibt eine **Steinofenbäckerei** und einen Schokoladenladen.

Im kleinen Ort Daubitz-Walddorf entdecken wir mächtige Tiere auf den Weiden: **Bisons** grasen hier auf dem Gelände der Forest Village Ranch.

Tipp: Wir cruisen durch das unendlich erscheinende Oberlausitzer **Heide- und Teichgebiet**. Es liegt im Urstromtal, in der die Saale in der Eiszeit verlief. Durch die sandigen Schichten bildeten sich Moore und Teiche aus. Insgesamt werden 335 Teiche gezählt, was die Region zum größten Teichgebiet Europas macht, das wirtschaftlich genutzt wird.

Dann wird es deutlich moderner: Das Gelände vom Vekehrsflugplatz Rothenburg-Goerlitz tangieren wir auf seiner gesamten Länge. In die Geschichte der Anlage geht ein **Museum** ein.

Den **Stadtpark** von Rothenburg gab es vermutlich schon im 15. Jahrhundert. Seinerzeit gab es hier auch ein Schloss. Heute bietet uns das restaurierte Stadtzentrum einige historische Fassaden und die evangelische **Stadtkirche**, die weit über die Dächer hinausragt.

Weiter geht´s von Rothenburg / O.L., das wir nach rechts entlang der Uhsmannsdorfer Straße verlassen. Die Orte Spree, Hähnichen, Quolsdorf und Daubitz liegen auf unserem Weg nach (rechts) Neu Daubitz. Von hier folgen wir derselben Strecke zum Rietschener Bahnhof zurück, auf der wir herkamen.

Ein Rittergut war die Keimzelle des heutigen **Schlosses Daubitz**. Die barocke Anlage liegt inmitten eines Schlossparks.

Auch in Hähnichen werden wir mit „mystischen" Zeichen und Wörtern daran erinnert, dass wir hier im Land der Sorben unterwegs sind. Das **Sächsische Sorbengesetz** ist die Grundlage dafür, dass wir die Sprache auch auf den Ortsschildern wiederfinden. Das Volk der Sorben pflegt seine Traditionen zum Glück bis heute, so dass wir auch die eine oder andere Tracht bei unserer Radtour erblicken können.

Kartentipp:
ADFC Regionalkarte »Oberlausitz/Lausitzer Seen«
1:75.000, ISBN 978-3-96990-142-7, 10,95 €

Digital für Smartphones und Tablets: www.fahrrad-buecher-karten.de/kartenapp

»Erfahren« Sie die schönsten Radtouren…

GPS-Tracks Download

Alle Routen mit Streckenbeschreibung, Tipps zu Sehens- und Erlebenswertem, Kartenausschnitt und Fotos. Mit GPS-Tracks zum kostenlosen Download.

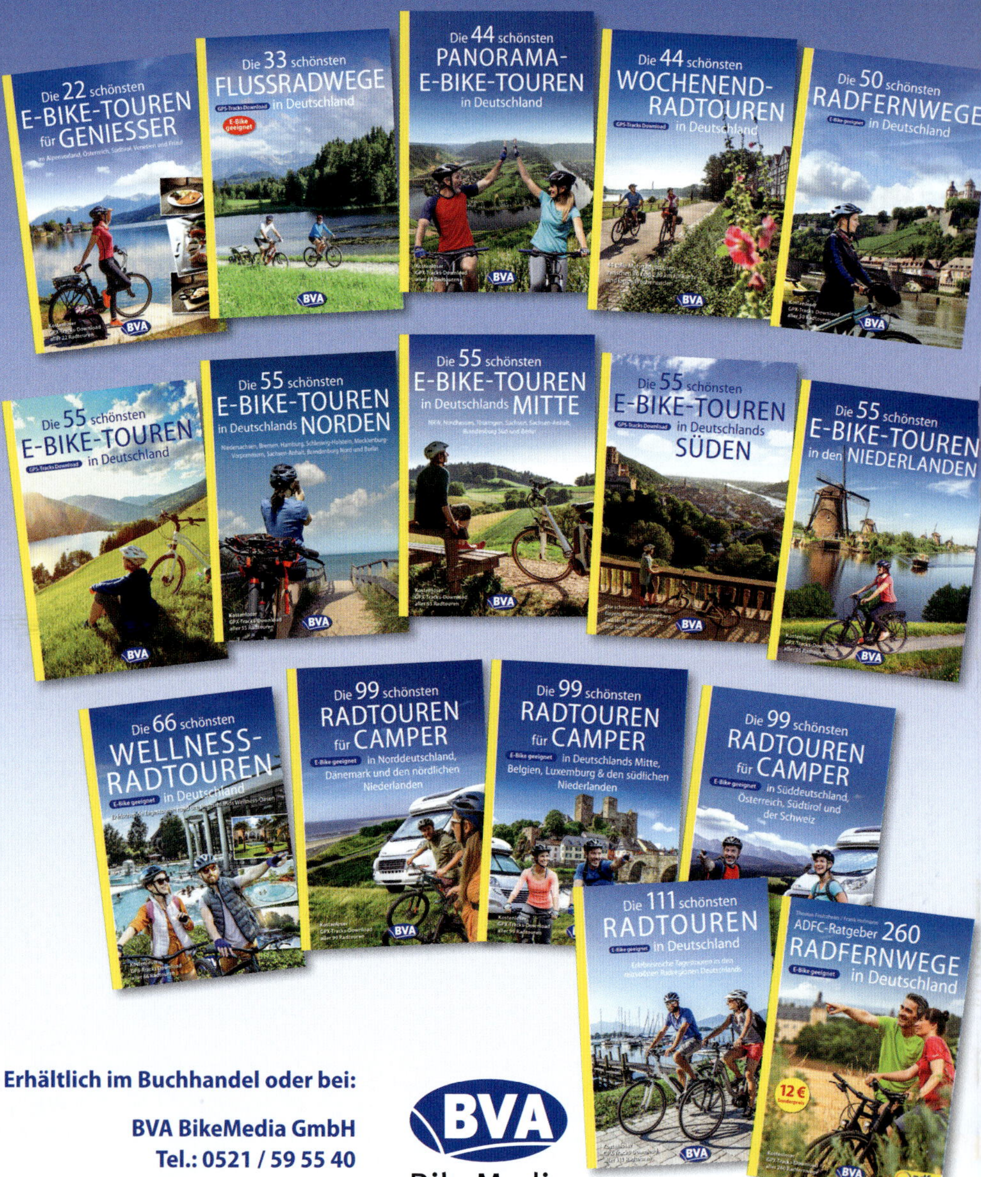

Erhältlich im Buchhandel oder bei:

BVA BikeMedia GmbH
Tel.: 0521 / 59 55 40
bestellung@bva-bikemedia.de

BVA BikeMedia

www.fahrrad-buecher-karten.de